rororo

ro
ro
ro

KARIN KUSCHIK

50 Sätze, die das Leben leichter machen

Ein Kompass für mehr innere Souveränität

Rowohlt Taschenbuch Verlag

27. Auflage Februar 2026

Originalausgabe
Veröffentlicht im Rowohlt Taschenbuch Verlag,
Kirchenallee 19, 20099 Hamburg, April 2022

Covergestaltung zero-media.net, München
Satz aus der Questa Sans
bei hanseatenSatz-bremen, Bremen
Druck und Bindung CPI books GmbH, Leck
ISBN 978-3-499-00836-8

Kontaktadresse nach EU-Produktsicherheitsverordnung:
produktsicherheit@rowohlt.de

FSC
www.fsc.org
MIX
Papier | Fördert
gute Waldnutzung
FSC® C083411

Allen Klienten und Freunden, die mit hartnäckigem Wohlwollen immer wieder nachgefragt haben, wo das denn nun alles endlich nachzulesen ist. Hier, ihr Lieben. Hier.

VORWORT

Haben Sie ein Glück! Karin Kuschik ist endlich öffentlich – toll! Wie oft ich schon von dieser wundervollen Frau und ihrer Fähigkeit, andere zu transformieren, geschwärmt habe. Und wie oft ich sie beschworen habe, das doch bitte jedem zugänglich zu machen, denn bisher war dieses Privileg vor allem Unternehmen und Künstlern vorbehalten. Mit ihrem ersten Buch ändert sich das nun.

Seit mehr als fünfzehn Jahren berät mich Karin in Sachen Regie und Dramaturgie, bei Texten für meine Shows, Keynotes oder für meine Seminare; sie coacht mich in Bühnen- und Interviewpräsenz. Meist verlasse ich mich blind auf sie, denn sie hat diese besondere Fähigkeit, sich in andere hineinzuversetzen, und ist als Meisterin der Rhetorik den meisten immer einen Schritt voraus. In unserem Zusammenspiel bin ich nie nur beruflich, sondern auch als Mensch gewachsen, denn ein Treffen mit Karin ist auch immer ganz nebenbei ein Life-Coaching. So weiß ich heute genauer, was ich will, drücke mich klarer aus und wirke souveräner. Ähnliches konnte ich auch bei vielen ihrer anderen Klienten beobachten. Und jetzt also: Karin Kuschiks geballtes Wissen in einem Buch.

Um es gleich vorwegzunehmen: Dieses Buch ist ein Genuss!

Dass Karin Analogien liebt, sich gern temporeich und bildhaft ausdrückt, wusste ich natürlich – allein deshalb schon höre ich ihr immer gerne zu. Dass sie dieses Talent nun auch als Autorin beweist, ist wunderbar und hat mir das Lesen zu einer wahren Freude gemacht.

Unterhaltsam auf den Punkt gebrachte, bereichernde Inhalte, deren Wahrhaftigkeit berühren und die für jeden von unschätzbarem Wert sein können. Es sind einfache Formeln, die funktionieren – was ich vollmundig versprechen kann, da ich einige davon seit Jahren praktiziere. Mir haben sie eine Menge Diskussionen erspart. Mit anderen und auch mit mir selbst.

«Use it or lose it» ist das Mantra meiner Hypnose-Seminare, denn unser Gehirn vergisst tatsächlich alles, was wir nicht regelmäßig wiederholen. Deshalb gefällt es mir, dass es in diesem Buch nicht darum geht, im stillen Kämmerlein zu üben, sondern direkt an der Front. Heißt: Wenn es passt, einfach mal einen Satz raushauen, auch wenn es Überwindung kostet. Belohnt werden Sie in jedem Fall mit einer außergewöhnlichen Erfahrung. Und genau darum geht es natürlich in der Persönlichkeitsentwicklung: neue Erfahrungen machen.

In der Hypnose ist das ebenso. Je außergewöhnlicher die Erfahrung, je magischer das Erlebnis, desto schneller entwickeln wir uns weiter. Als Magier und Hypnotiseur weiß ich in besonderem Maße um die Macht der Sprache. Kraftvolle Worte können neue Gedanken, neue Muster und neue Erfahrungen auslösen. Und so empfinde ich auch viele Sätze dieses Buches als kleine Hypnosen, weil sie uns sofort in einen angenehmeren Bewusstseinszustand befördern oder, anders formuliert, in eine neue, souveräne Haltung hinein *hypnotisieren können*.

Da Karin gerne achtsam mit der Zeit ihrer Mitmenschen umgeht, verzichtet sie auf das «Aufpumpen» der Inhalte, eine wohltuende Seltenheit bei Sachbüchern. Stattdessen gibt es kompakte, überzeugende Botschaften, verpackt in kurzweilige Alltagsgeschichten. Sie werden merken: Kaum haben Sie ein Kapitel zu Ende gelesen, fangen Sie schon mit dem nächsten an, auch wenn es bereits nach Mitternacht ist. Dieses Buch hat Serien-Suchtcharakter.

Ich wünsche Ihnen viel Spaß beim Lesen. Freuen Sie sich auf 50 Zauberformeln, die Ihr Leben leichter machen.

Ihr Thimon von Berlepsch,

Autor von «Update für dein Unterbewusstsein», SPIEGEL-Bestseller #1

EINLEITUNG

Halleluja, war das ein Mondflug! Kaum kam mein Buch pünktlich zum Frühlingsanfang 2022 heraus, schoss es schon wie ein vorwitziger Krokus durch die Eisdecke, und plötzlich war es bunt: SPIEGEL-Bestseller in der ersten Woche, monatelang auf Platz 1, sieben Länder kaufen die Auslandsrechte, und auch das Hörbuch bricht Rekorde. Entsprechend hagelt es Interviewanfragen, und ich komme aus dem Staunen nicht mehr raus, denn nun mache ich tatsächlich das, wovor ich mich mein Leben lang gedrückt habe: Ich stehe selbst im Mittelpunkt. Ein klarer Game-Changer – bisher hatte ich immer bewusst andere ins Rampenlicht gerückt, gefällt mir einfach besser. Selbst wenn ich als Moderatorin, Speakerin oder Coach auf der Bühne stand, ging es vorrangig um die Inhalte meiner Auftraggeber – und nie um mich. Ich kenne die Rolle der Postbotin, und jetzt bin ich plötzlich der Brief? Ein merkwürdiger Twist, durfte ich mich erst mal dran gewöhnen. Ein Jahr ist das nun her, und irgendwie suche ich in meiner Rakete immer noch nach dem passenden Helm …

Was es mir leichter macht: Das wunderbare Feedback der Follower, Buch- und Hörbuchfans. Denn alle scheinen sich einig zu sein: Dieses Buch funktioniert: «Ich hab deine

Sätze angewendet, Karin. Die Reaktion war köstlich, alles viel leichter, als ich dachte. Ich war souverän und mache das jetzt öfter!» Herrlich, genau so war's gemeint. Daher ganz herzlichen Dank für all die persönlichen Nachrichten. Sie sind eine großartige Inspirationsquelle für mich. Für mein Speed-Coaching-Format «Listen & Learn» zum Beispiel waren sie der ausschlaggebende Impuls. Was für ein Geschenk!

Dieses Buch soll Ihnen Zeit sparen. Zeit, die sonst womöglich für Missverständnisse, Rechthaberei oder sinnlose Selbstgespräche draufgehen würde. In jedem Fall für etliche Umwege, die oft direkt ins Drama führen. Ich biete stattdessen kleine Sätze mit großer Wirkung an. Aussagen, die Ihr Leben leichter machen, denn jede einzelne ist eine Einladung zu mehr Ehrlichkeit, Klarheit, eindeutiger Selbstführung und zu noch mehr Authentizität.

Wenn Sie auch nur fünf der fünfzig Tipps in Ihren aktiven Wortschatz übernehmen, verändern Sie mit hoher Wahrscheinlichkeit Ihr Leben: in der Außenwirkung und nach innen – ist ja auch schön, vor sich selbst gut dazustehen.

Manche der Vorschläge mögen befreiend radikal klingen, einige bestimmt auch herrlich unspektakulär oder regelrecht banal. Das ist volle Absicht. Denken Sie ruhig, dass Sie das mit links schaffen, das ist genau mein Ziel. Einfach in der Anwendung und überzeugend in der Wirkung. Gibt es eine bessere Kombination? Ihr Leben soll ja leichter sein.

Wenn Sie sich für Klarheit, Abgrenzung und Wertschätzung interessieren, ist dieses Buch besonders hilfreich, denn in Tausenden Coaching-Sessions habe ich erlebt, dass fast jedes Thema seine Wurzeln genau hier hat. Egal, mit welchem Anliegen Klienten auf mich zukamen, am Ende ging es immer um eines dieser Themen und oft um alle drei. Entsprechend zahlen auch alle Geschichten des Buchs genau auf dieses Konto ein, mit «Selbstführung» als Zusatzzahl. Denn wer sich für die Entwicklung seiner Persönlichkeit interessiert, entscheidet sich ganz automatisch auch immer für ein Führungsthema: Wie führe ich Mitarbeiter, wie meine Beziehungen, meine Ehe? Wie führe ich ein Gespräch oder eben auch mich selbst? Selbstführung, da bin ich mir sicher, ist die Voraussetzung für weniger Ego und mehr Ich und damit eben auch ein Garant für dieses großartige, feine, ganz anlassfreie Glücksgefühl.

Ist Ihnen aufgefallen, wie viele Wissensriesen und Umsetzungszwerge es gibt? Eine fatale Kombination, überflüssig und schade obendrein. Von jeher biete ich daher Abkürzungen an, mit denen Sie Ihr Wissen schnell, verlässlich und entspannt in die Tat umsetzen können. Denn eins ist klar: Wer sich einen Fundus an verlässlichen Sätzen zulegt, auf die er im Zweifel zugreifen kann, fühlt sich sattelfest. Und wer diese Sicherheit spürt, kann auch das wunderbar beruhigende Gefühl erleben, das entsteht, wenn sich innere Souveränität breitmacht. Dann ist alles möglich. Dann wird alles leicht.

Weil ich Storytelling liebe und Beispiele sowieso, tauche ich in jedem Kapitel in wahre Geschichten ein, die davon erzählen, wie ein Satz entstanden ist, in welcher Situation er Gold wert war oder wem er das Leben leicht gemacht hat. Alle Geschichten in diesem Buch stimmen also – und auch wieder nicht, denn die Namen sind frei erfunden, auch Städte, Branchen und Orte habe ich kreuz und quer getauscht. So ist ein wilder Mix entstanden, in dem sich selbst die Beteiligten nicht mehr wiedererkennen dürften. Verschwiegenheit ist Ehrensache.

Vielleicht wundern Sie sich, wieso ich schon bei den Kapitelüberschriften in der Anrede ständig hin- und herspringe? Eben noch ein Du, dann wieder alles hübsch formell – wirkt erst mal unentschlossen. Ich habe das bewusst so gehalten, weil meine 50 Sätze für Gespräche in allen möglichen Situationen passen; im Privatleben wie in der Businesswelt. Sie können sie bei Fremden und bei Freunden anwenden, bei Kunden oder Kindern. Und weil Sie Ihren Chef vielleicht nicht duzen, ihre Tochter aber eben auch nicht siezen, gibt es hier nun diese bunte Mischung.

Das Buch ist übrigens so angelegt, dass Sie völlig frei sind, wie Sie es lesen wollen. Es ist nicht chronologisch aufgebaut. Jedes Kapitel ist in sich abgeschlossen, Sie können sich also austoben und im Buch herumspringen, linear gleiten, zurückhüpfen oder vorspulen. Manche sehen vielleicht zuerst im Inhaltsverzeichnis nach, welcher Satz sie am meisten anspricht, andere verstehen das Getue nicht und machen, was sie immer tun: vorne anfangen und hinten aufhören, ist immerhin ein Buch. Weil es für mich aber eben auch eine Schatztruhe ist, die für bestimmte Situationen konkrete Lösungen anbietet, finde ich es wichtig, dass Sie wissen: Sie können auch ganz selektiv vorgehen und erst mal nur dieses eine Kapitel rauspicken, das für die Besprechung morgen so verheißungsvoll klingt, und den Satz dann direkt anwenden. Oder Sie lassen den Zufall entscheiden, schlagen irgendeine Seite auf und lesen drauflos. Im Zeitalter des Fingerfoods serviere ich also Häppchen. Jedes Häppchen unter zehn Minuten. Sie können meine Sätze in eine Unterhaltung einbauen oder sie als Botschaft nach innen senden – so mancher Satz entfaltet als Selbstgespräch sogar die größte Wirkung.

Noch unbedingt ein paar Gedanken zum Thema Sprachstil. Für mich ist es wichtig, im Fluss zu schreiben. Ich lese auch am liebsten Bücher, die einen gewissen Schwung erkennen lassen. Daher ist es für mich naheliegend, dass ich alles, was mich beim Lesen aufhalten würde, auch als Autorin nicht anbieten will – selbst wenn es politisch korrekter wäre. Sie ahnen sicher, worauf ich hinauswill: der gendergerechte Sprachcode. Als respektvoller, offener Mensch ist es für mich selbstverständlich, dass ich immer alle Menschen meine, erst recht als Frau. Korrekterweise sollte ich das 2023 auch durch die entsprechende Schreibweise zu erkennen geben. Ich habe dennoch bewusst darauf verzichtet. Ich möchte einfach nicht ein ganzes Buch lang von Klientinnen und Klienten oder von Lesenden schreiben. Es widerstrebt mir. Nicht von der Sache her und schon gar nicht von der Haltung, aber meinem Sprachgefühl passt das ganz und gar nicht. Es rebelliert. Ich baue daher auf Ihre

Toleranz für meinen Umgang mit Worten und freue mich, wenn sich auch ohne Sternchen, Doppelpunkt und großem I jede und jeder unbedingt angesprochen fühlt. Ich lade Sie auf jeden Fall herzlich dazu ein, denn ich meine ganz sicher immer alle Menschen und ganz bestimmt auch Sie.

Und jetzt viel Spaß beim Lesen. Ich freue mich sehr, wenn Sie ein paar Magic Moments erleben. Herzlich willkommen in meiner Welt.

1 WER MICH ÄRGERT, BESTIMME IMMER NOCH ICH

Es geht hoch her im Dachgeschoss eines Berliner Tonstudios. Der Manager einer bekannten Schlagersängerin schreit den Musikproduzenten an, der bellt zurück, und das Schlagersternchen steht mittendrin, nuckelt an einem Latte macchiato und bläst Rauchkreise in die Luft. Ich bin als Textdichterin mit von der Partie, und als ich beeindruckt frage, wie sie es schafft, in dem Chaos die Ruhe zu bewahren, lächelt sie nur unbeteiligt und zuckt mit den Achseln: «Och, wer mich ärgert, bestimme immer noch ich!» Alle Achtung. Hätte ich ihr so nicht zugetraut. Was für ein großartiger Satz. «Wer mich ärgert, bestimme immer noch ich?!» Klar, dass ich diesen Satz sofort in mein Repertoire mit aufnehme. Sowohl mir wie auch Hunderten Klienten hat er seitdem das Leben etliche Male ganz wunderbar erleichtert.

«Das Ärgerliche am Ärger ist, dass man sich selbst schadet, ohne anderen zu nutzen», soll Kurt Tucholsky mal gesagt haben. Gefällt mir gut, denn Ärger ist tatsächlich ein durchweg sinnloses Gefühl, das zu nichts führt, außer zu noch mehr Ärger. Genauso wie Freude Freude anzieht und Zweifel neue Zweifel heraufbeschwören, ernährt sich Ärger eben von Ärger. Es macht daher keinen Sinn, sich aufzuregen. Aber sagen Sie das mal jemandem, der gerade kurz davor ist durchzudrehen, weil er bloßgestellt wurde, die Dinge persönlich nimmt oder sich aus welchen Gründen auch immer angegriffen fühlt. In dieser Situation wird sicher niemand sagen: «Ah, das ist ja ein kluger Satz, dann höre ich gleich mal auf mich zu ärgern. Schönen Dank auch für den Tipp!»

Tatsache ist, dass Wissen oder Einsicht höchst selten zu einer Verhaltensänderung führen, denn die ist immer das Ergebnis einer neuen Einstellung. Genau deshalb hat mein erster Satz für Sie auch so viel Kraft. Weil er eben kein Rhetorik-Tool ist, sondern eine Einstellung, eine Haltung ausdrückt. Und wie gelingt uns die? Wenn uns das, was wir rational verstehen, auch emotional berührt. Wenn uns etwas aufrüttelt und dadurch das Gefühl auslöst, dass wir ab jetzt unbedingt etwas Neues erleben *wollen*. Nur wenn unsere Motivation groß genug ist, fassen wir plötzlich einen Entschluss, und ab dann wird tatsächlich vieles leichter.

Ich bin in Frankfurt am Main aufgewachsen, also mit dem typisch hessischen Mantra vertraut: «Bevor ich mich aufrege, ist es mir lieber egal.» Eine sehr förderliche Grundhaltung, denn sie drückt neben dem offensichtlichen Hang zur Gemütlichkeit vor allem eins aus: Selbstbestimmung. In der Konsequenz bedeutet das, dass wir mit dieser Grundhaltung Probleme zwar durchaus ernst nehmen, aber eben nicht so ernst, dass wir deshalb die Macht über die eigenen Gefühle an andere abgeben würden. Wieso sollten wir das auch tun, zudem an jemanden, der uns obendrein noch nervt? Und wieso sollten Sie wollen, dass ein anderer bestimmen darf, wann Sie sich wie fühlen? Ob Sie abends vor lauter Grübeln wach liegen und wie viele E-Mails Sie im Kopf schreiben, die Sie im nächsten Augenblick verwerfen?

All das macht keinen Sinn, verdirbt die Stimmung und stiehlt uns definitiv Lebenszeit, dennoch geschieht es millionenfach. Machen wir uns ruhig die Dimension bewusst: Mit der Energie, die Menschen weltweit täglich darauf verwenden, sich über andere aufzuregen, könnten wir vermutlich dauerhaft ganze Städte beleuchten. Es ist nun einmal so, dass jede Angelegenheit doppelt so anstrengend wird, wenn wir uns über sie ärgern, und dreimal so lästig, wenn wir uns darüber ärgern, dass wir uns ärgern. Lassen wir zumindest hausgemachte Reaktionen doch bitte einfach sein.

 Und wie soll das gelingen? Ist vielleicht doch alles eher Typ-Frage? Zum Glück nicht. Aufregung und Ärger sind ein Unterlassungsthema, eine Frage der fehlenden Entscheidung. Gerade wenn Sie jemand sind, der gerne selbstbestimmt handelt, dem Freiheit und Verantwortung wichtig sind, wird die Überschrift dieses Kapitels für Sie Gold wert sein und auch leichter umsetzbar, als Sie im Moment vielleicht noch glauben. Machen Sie sich einfach klar, dass es eine Illusion ist, Umstände könnten dafür verantwortlich sein, wie Sie sich gerade fühlen. In Wirklichkeit liegt und lag es immer schon an Ihrer ganz persönlichen Art, mit der Sie auf die Umstände reagieren. Wenn Sie sich fest vornehmen, dass Sie ab jetzt selbst bestimmen wollen, wer und was Sie ärgern darf, ist das ein großartiger erster Schritt.

Schließen Sie ruhig einen Pakt mit sich, damit das neue Mantra «Wer mich ärgert, bestimme immer noch ich» sozusagen als Grundrauschen in Ihr System übergeht. Denn wenn es heute Sinn für Sie macht, die Erinnerung daran morgen aber bereits verblasst, bringt es leider nichts. Beschließen Sie einfach, dass Sie bei der nächstbesten Gelegenheit, bei der Sie merken, wie sich Aufregung breitmachen will, nicht sofort reagieren. Atmen Sie stattdessen erst mal aus und erinnern Sie sich beim Einatmen an Ihren neuen Satz. Erst dann entscheiden Sie, ob Sie sich aufregen wollen oder nicht. Wenn Sie keine Lust haben, sich aufzuregen, könnten Sie zum Beispiel so reagieren: «Ich könnte jetzt so vieles sagen, merke aber, dass ich lieber bei der Sache bleiben will. Gut für dich?» Oder: «Ich habe keine Lust mich aufzuregen. Ist mir gerade zu anstrengend. Lass uns lieber bei der Sache bleiben.» Oder: «Aha. Interessant. Und wie wollen wir jetzt weitermachen? Ich schlage mal vor, konstruktiv.»

Im Grunde ist es aber fast egal, was Sie sagen. Wirklich. Nach meiner Überzeugung geht es nie um die nächste Superformulierung, auch wenn die meisten Klienten erst mal eisern an dieser These festhalten. Ich habe es immer so erlebt, dass erfolgreiche Deeskalation an der Haltung liegt, die wir in uns abrufen, bevor wir reagieren. Wenn die stimmt – sagen wir mal: «Ich bleibe jetzt bei mir» –, ist es völlig egal, wie finessenreich oder schlicht wir uns ausdrücken. Sie könnten dann genauso gut auch gar nichts sagen. Erlauben wir aber der Aufregung, im Fokus zu stehen, wird auch die versierteste Formulierung keine gute Lösung bringen.

Und falls Ihr Gegenüber dann doch weiter einsteigen will und sticheln sollte, eben weil Sie so cool bleiben? Etwa «Du sagst ja gar nichts!» oder «Na, willst du nicht ausflippen?». Dann können Sie sich immer noch zurücklehnen, lächeln, in Gedanken Rauchkreise in die Luft blasen und sagen: «Och, weißt du ... Wer mich ärgert, bestimme immer noch ich.»

WAS IHNEN DIESER SATZ SCHENKT?

SOUVERÄNITÄT. EIN GUTES GEWISSEN. ZEIT.

2 ICH MACHE DAS NICHT GEGEN DICH, ICH MACHE DAS FÜR MICH

Katja ist sauer. Sie feuert ihre Tasche auf den gelben Stuhl neben sich und fällt gleich mit der Tür ins Haus: «Ich muss jetzt was loswerden. Von gestern Abend», und los geht's. Sie erzählt, wie sie nach einem dichten, intensiven Tag ausgepowert nach Hause kam, und alles, wonach sie sich seit Stunden gesehnt hatte, war ein ausgedehntes heißes Bad. Dumm nur, dass sich ihr Freund gerade an diesem Abend dazu aufgerafft hat, Kinokarten zu besorgen. Das macht Tom sonst nie, worüber sie sich oft genug beschwert hat. Heikle Situation.

Katja, wild entschlossen und entsprechend zielorientiert: «Das ist ja superschade, genau heute will ich einfach nur ein heißes Bad. Bei mir geht heute gar nichts mehr.»

Tom: «Was? Das kannst du doch jeden Tag haben! Ich hab die Karten schon bezahlt!» Gibt es ja wohl nicht, dass sie jetzt ernsthaft Wasser einlässt. Er folgt ihr ins Badezimmer, wo Katja gerade eine riesige Ladung blaues Salz in die Wanne kippt.

Katja: «Ja toll, jetzt machst du, dass ich mich schlecht fühle!», schreit sie gegen das Wasser an und merkt, wie ihr selbst welches in die Augen schießt.

Tom: «Ich? Wer hat denn wem gerade den Abend versaut? Wenn ich dich *einmal* überraschen will!» Peng. Die Badezimmertür fliegt zu. Blöd gelaufen.

Vielleicht kennen Sie diese Anschuldigungen: «Wenn du so bist, geht es mir richtig mies» oder «Deinetwegen ist mir jetzt schlecht». Klar, in dem Moment der Eskalation glauben wir das vermutlich wirklich – wer fühlt, hat recht. Aber später, mit kühlem Kopf, müssten wir eigentlich wissen, dass das wohl schlecht möglich sein kann. Denn wie genau sollte ein anderer tatsächlich bewirken können, dass wir uns schlecht fühlen? Haben wir da nicht ein Wörtchen mitzureden? Im Grunde sogar alles? Stellen wir unsere Gefühle nicht immer selbst her?

Klingt nach Suggestivfragen, sind auch welche. Denn als Coach bin ich natürlich überzeugt davon, dass wir immer selbst entscheiden, wie es uns geht – quasi Berufspflicht. Sehen Sie das ähnlich, oder winden Sie sich an der Stelle ein bisschen? Was wir glauben können, hängt sehr von unserer Stresstoleranz ab, von unseren Erfahrungen, die natürlich unser Weltbild bestimmen, und auch vom Entwicklungsstand unseres Selbstwertgefühls. Bei der Gelegenheit noch mal ein großes Dankeschön in Richtung Schlagerbranche: «Wer mich ärgert, bestimme immer noch ich», dieser Satz passt hier ja auch ganz gut.

Für den Badewannen-Kino-Abend möchte ich dennoch einen anderen vorschlagen. Ähnlich effektiv und deutlich analytischer: «Ich mache das nicht *gegen dich*. Ich mache es *für mich*.» Wichtige Trennung. Damit können Sie eine saubere Grenze ziehen zwischen sich und anderen. Eine

Linie, die wir leider oft übersehen, wodurch es schnell zu übergriffigem Verhalten kommt. Und wenn das anfängt, stehen wir schon am Eingangstor zu diesem diffusen Feld der Unterstellungen. Einmal dort gelandet, vermischen wir schnell du und ich, Absicht und Wirkung, Wahrheit und Wahrnehmung. Alles ist dann nur noch ein wilder Cocktail, und Abgrenzung kann in diesem Stadium kaum noch gelingen. Wo höre ich auf, wo fängt die oder der andere an? Wer weiß das dann noch so genau …?

«Willst du mit ins Kino?» «Ich möchte lieber zu Hause bleiben.» «Jetzt hast du mir den Abend versaut!» Dieser kurze Schlagabtausch ist nur eine Möglichkeit, den Abend zu erleben. Mal eine Alternative: «Hast du Lust auf Kino?» Dann Katja: «Wie schade, das passt heute überhaupt nicht für mich. Bin total durch und hab mich schon den ganzen Tag auf die Badewanne gefreut.» Und Tom: «Na toll, wenn ich *einmal* Karten kaufe. Hab ich nämlich.» Katja: «Das ist ja jetzt richtig blöd. Tut mir wirklich leid. Für mich ist es trotzdem gerade das absolut Richtige. Danke für die schöne Absicht.» Dann Tom: «Willst du mir das jetzt echt antun?» Und Katja: «Wieso antun? Ich mache das nicht *gegen dich*. Ich mache es *für mich*. Ist ein Riesenunterschied.»

So hätte es auch laufen können. Und wenn sich Tom danach unbedingt weiterhin angegriffen fühlen will – na gut, dann ist das eben so. Aufregung ist freiwillig. Dennoch könnte seine Freundin nach der Unterhaltung ein gutes Gewissen haben. Das ist eben auch freiwillig.

Machen Sie sich möglichst oft klar, dass es ein erheblicher Unterschied ist, ob sich jemand *gegen Sie* entscheidet oder einfach nur *für sich*. Es lohnt sich, das vor der nächsten großen Aufregung mal kurz zu überprüfen. Viele überflüssige Auseinandersetzungen, die Sie je nach Temperament entweder mit sich selbst oder direkt mit einem anderen ausmachen würden, können Sie damit gekonnt umsegeln.

«Ich mache das nicht gegen dich, ich mache es für mich», ist ein Satz, den ich Menschen auf beiden Seiten der Aussage empfehlen möchte: denjenigen, die ihn in Zukunft *sagen* wollen, um sich entspannt abzugrenzen, und auch allen, die lernen dürfen, eine Aussage mal so zu *hören*. Denn meine Erfahrung ist: Gerade für Menschen, die bisher die Neigung hatten, Dinge schnell auf sich zu beziehen, ist die Idee, dass ein Satz tatsächlich einmal *nicht* gegen sie gemeint sein könnte, besonders wertvoll.

Wenn Sie sich von diesen Gedanken angesprochen fühlen und merken, dass hier ein bisschen Energie festsitzt, die Sie lieber zur freien Verfügung hätten, können Sie auch direkt zu Satz 17 oder 42 springen. Auch hier geht es um die Kunst, sich leichter abgrenzen zu können. «Ich glaube, das ist dein Thema», und «Das nehme ich mal lieber nicht persönlich». Beide Sätze können ähnlich befreiend wirken wie der, auf den Katja seit diesem Abend im Bad tatsächlich immer wieder mal erfolgreich zurückgegriffen hat.

Und wenn es andersrum läuft und Sie sich einmal angegriffen fühlen? Dann stellen Sie sich einfach vor, Ihr Gegenüber hätte gerade erklärt, dass seine Entscheidung gar nichts mit Ihnen zu tun hat. Eben nach dem Motto: «Ich mache das nicht gegen dich, ich mache es für mich.» Vermutlich können Sie es dann gleich viel besser nehmen.

WAS IHNEN DIESER SATZ SCHENKT?

KLARHEIT. VERSTÄNDNIS. HARMONIE.

3 ENTSCHULDIGUNG

Was wäre das Leben leicht, wenn jeder in der eigenen Sprache die drei wichtigsten Wörter draufhätte, die in jedem Reiseführer gleich hinter Guten Tag im Anhang stehen: Danke. Bitte. Entschuldigung. Selbst absolute Fremdsprachenmuffel schaffen sich diese drei Begriffe während ihres Urlaubs meistens drauf. Aber in der eigenen Sprache? Da scheinen sie im Alltag öfter mal zu fehlen.

Neulich im Lebensmittelladen. Ein Mann, der seinen Einkaufswagen Richtung Kasse schiebt und dabei einen Zettel liest, fährt so richtig schön mit Schwung in die Achillesferse einer Frau, die vor ihm in der Schlange steht. Sie jault auf, er reißt erschrocken den Wagen zurück. Sie hält sich die Wade, und er sagt entrüstet: «Ja, was? Ich hab meine Lesebrille auf!» Einkaufen ist verhaltenspsychologisch ziemlich interessant.

Im selben Laden werde ich kurz vor dem Automaten für die Flaschenrückgabe Zeugin einer Aussage, die ich schon öfter mal verblüfft gehört habe – Sie vielleicht ja auch. Eine Frau, die sich offenbar gerade umentscheidet, geht ein paar Schritte rückwärts und läuft dabei in eine andere hinein. Sie: «Huch?» Die andere: «Passen Sie doch auf!»

Die erste: «Ja, ich hab hinten keine Augen!!!» Fasziniert mich jedes Mal aufs Neue dieser Satz, denn gerade weil ja klar ist, dass uns allen hinten die Augen fehlen, ist es eben eine gute Idee, sich umzudrehen, bevor man rückwärts läuft. Muss man erst mal drauf kommen, die Karambolage der anderen Frau anzulasten.

Wieso ist der Impuls, sich rechtfertigen zu wollen, eigentlich größer als das Bedürfnis, sich zu entschuldigen? Sollte es nicht umgekehrt sein? Eine Entschuldigung scheint jedenfalls kein angeborener, urmenschlicher Reflex zu sein. Nicht bei jedem ist diese Ausdrucksmöglichkeit als Erstimpuls überhaupt angelegt, fiel mir neulich auf. Für manche von uns ist die Vorstellung sogar schlicht abwegig. Hängt sicher auch davon ab, welche Erfahrungen wir als Kind damit gemacht haben.

«Du gehst jetzt sofort da hin und entschuldigst dich bei dem Jungen! So was macht man nicht. Jetzt gebt euch die Hände!», herrschte neulich eine Mutter ihren Knirps auf dem Spielplatz an. Und als sich ihr vermutlich vier Jahre alter Sohn dann irgendwann mit dem Blick Richtung Boden dazu überwindet, folgt gleich der nächste Appell: «Guckt euch jetzt an, und du meinst es bitte auch so! Wie heißt das Zauberwort?» Tja, so kann Erziehung eben auch sein, denke ich, Eintrichtern statt Einsicht – und plötzlich finde ich es gar nicht mehr so merkwürdig, dass der Mann mit der Lesebrille versäumt hat, mal charmant nachzuhaken: «Oh Entschuldigung! Hat es sehr wehgetan? Tut mir wirklich leid.»

Schon klar, man kann eine Sprache nur sprechen, wenn man sie auch irgendwann gelernt hat. Trotzdem fand ich es schon immer recht bequem, einfach die Versäumnisse aus Kindertagen als dauerhafte Ausrede mit ins Erwachsenenleben zu schleifen. Uns hat damals keiner beigebracht, wie man sich entschuldigt? Das ist natürlich schade. Bringen wir es uns dann heute eben selbst bei – sollte möglich sein, wir sind ja lernfähig. «Es ist nie zu spät, eine glückliche Kindheit zu haben», fällt mir da ein. Allein der Titel von Ben Furmans Buch klingt ganz wunderbar beruhigend und herrlich aussichtsreich für mich. Abgekürzt bedeutet das: Nachholen geht immer.

Wenn Sie zu den Menschen gehören, denen es schwerfällt, sich zu entschuldigen, motiviert es Sie vielleicht, sich klarzumachen, dass Ihre Entschuldigung für Sie selbst der größte Gewinn sein kann. Wir *ent*-schuldigen uns immerhin im wahrsten Sinne, nehmen also eine Schuld, die wir vermutlich als Last empfinden, wieder runter von unseren Schultern. Das erleichtert natürlich. Spitzfindige werfen jetzt vermutlich ein, dass es gar nicht möglich ist, sich zu entschuldigen; das vermag nur ein anderer für uns zu tun. Wir selbst können höchstens um Verzeihung bitten. Stimmt natürlich. Trotzdem ist «Entschuldigung» im Sprachgebrauch der meisten Menschen vorhanden, bleiben wir also ruhig dabei. Denn völlig egal, ob Sie der Entschuldigungs-Typ oder die Kannst-du-mir-verzeihen-Frau sind, es befreit doch beides gleichermaßen. Wir zeigen damit Einsicht, drücken unser Bedauern aus oder auch den Willen zum Geradezurücken. Sagen wir's doch einfach öfter mal, und nehmen wir es umgekehrt auch bitte an, wenn sich jemand bei uns entschuldigt, anstatt es mit «Kein Ding», «Mach dir keinen Kopf» oder «Dafür nicht» abzutun.

Manche schlagen für eine Entschuldigung recht komplizierte Wege ein. Sie lassen lieber Blumen sprechen oder kaufen teuren Schmuck. Ein rausgepresstes «Wegen gestern» muss dann auf der Sprachebene genügen. Besser als nichts natürlich, und so ein Schmuckstück kann auch milde stimmen, klar. Es ändert aber nichts daran, dass der ehrliche Blick in den Spiegel dem Schenker deutlich leichter fallen würde, wenn er sich dazu überwinden könnte, auch die passenden Worte zu finden.

Eine Klientin von mir, sagen wir mal Ute, hat diese Entschuldigungsgeschenke jahrelang erlebt. «Wegen gestern» wäre für ihren Mann allerdings fast schon eine Offenbarung gewesen. So groß fiel sein Eingeständnis dann doch selten aus. Nach einem Ausraster hat er stattdessen meist gemurmelt: «Du weißt ja, wofür ...» Ist natürlich auch eine Art. Irgendwann war Ute dann weg. Für immer. Ausgezogen über Nacht. Die Ketten, Armbänder und Ringe hat sie beim Auszug alle dagelassen.

Nun wollen wir nicht unbedingt gleich ausziehen, weil unser Partner nicht über seinen Schatten springen kann. Was also tun in diesen Momenten, in denen wir eine Ungerechtigkeit erleben, uns verletzt fühlen und auf eine Entschuldigung hoffen, die andere partout nicht liefern wollen? So was passiert ja schnell, wenn zum Beispiel die Einsicht fehlt oder die eigene Sturheit im Weg steht oder der Drang zur Rechthaberei größer ist als der Mut, etwas zuzugeben. Es treibt so manchen in den Wahnsinn, wenn die Entschuldigung ausbleibt. Wie dann also reagieren?

Meine Idee ist: Lassen Sie den folgenden Satz einfach mal tief in Ihr System sinken. Für mich hat er eine Kraft, die unsere fordernde Erwartungshaltung ganz augenblicklich besänftigen kann: «Das Leben wird leichter, wenn wir eine Entschuldigung akzeptieren, die wir nie bekommen haben.»

WAS IHNEN DIESES WORT SCHENKT?

ERLEICHTERUNG. KLARHEIT.
EIN GUTES GEWISSEN.

4 DAS MÖCHTE ICH DIR LIEBER NICHT VERSPRECHEN

Der Blick über den Berliner Abendhimmel ist atemberaubend. Illuminierte Kuppeln, Gründerzeitvillen, Kirchtürme, coole Dachgärten. In einem letzten Hauch von Abendrot das Hochhaus am Alex. Und genau vor mir, riesengroß und völlig surreal, klebt strahlend hell der Fernsehturm vor bodenlangen Fenstern. Ein Panorama wie auf einer gigantischen Fototapete. Was ist das bitte für eine Wohnung? Wo bin ich hier gelandet?

«Wie schön, dass du da bist, mögen die Spiele beginnen!», flötet David quer durch den Raum, und sein neuer Schwarm Julian drückt mir ein Glas Champagner in die Hand. «Toll, dich endlich kennenzulernen!» Bussi links, Bussi rechts, ein kurzer Touch aufs Smartphone noch, und schon schwebt der unverkennbar elegische Sound von *Cigarettes After Sex* aus den Boxen. «Sag mal, kommt *Schöner Wohnen* gleich vorbei? Ist ja irre hier», sage ich zu David, der in einer unfassbar geschmackvollen Designerküche hantiert, die nahtlos in einen Traum von Wohnzimmer übergeht. «Schlossführung?», fragt Julian, dem die Wohnung gehört. Das wird ein guter Abend.

Nach kurzweiligen und tiefgründigen Gesprächen mit mir meist unbekannten Menschen und mitten in die ausgelassene After-Dinner-Stimmung hinein dann die Verkündung unter Freudentränen: «Stellt euch vor, ich habe David gestern gefragt, ob er zu mir auf die Finca zieht, und er hat Ja gesagt. Wir ziehen nach Mallorca!!!» Applaus, Gläserklirren, Glückwünsche und von mir ein Gesichtsausdruck, der für alle anderen hoffentlich wie ein Lächeln aussieht, David aber eindeutig ein «Whaaaaat?!» über den Tisch zuwerfen soll. Da hat er sich ja wieder mal schön reingeritten. Nie im Leben wird er auf die Insel ziehen, dazu kenne ich diesen Freigeist viel zu gut. Der geht weder weg noch hin, hat sich vermutlich einfach von einem romantischen Moment hinreißen lassen. Wie kommt er da jetzt wieder raus?

«Sage nicht Ja, wenn du Nein sagen willst», hing mal jahrelang im Flur einer Freundin. Irgendwann war das Schild weg, und plötzlich höre ich ganz unbekannte Töne von Sandra: «Das möchte ich dir lieber nicht versprechen, Karin. Lasse ich mir noch offen.» Hallo? Sandra war bisher bekannt dafür, rasend schnell Zusagen zu machen, an die sie sich später nicht mehr erinnern kann. Und jetzt also: «Das möchte ich dir lieber nicht versprechen»? Eindeutig Premiere in unserer Freundschaft und ein großer Gewinn für mich, denn als Verfechterin der Worte nehme ich von jeher alles für bare Münze, was zwangsläufig in Enttäuschungen mündet, wenn sich wieder einmal herausstellt, dass etwas, das für mich in Stein gemeißelt ist, für andere pure Spielmasse war. Dass «Ja» für einige Menschen tatsächlich «Nein» bedeutet oder mit «Ich weiß nicht» übersetzt werden kann, kam mir lange gar nicht in den Sinn. Es hat gedauert, bis ich widerwillig akzeptieren konnte, dass das, was ich bei unzuverlässigen Menschen als sprunghaft oder leichtmatrosig ablehne, bei ihnen selbst ganz selbstbewusst «flexibel» heißt. Bei einem lapidaren «Das hab ich doch nicht so gemeint» dachte ich jedes Mal: «Dann saaaaag's doch nicht, wenn du es nicht so meinst!» Wir ticken eben alle unterschiedlich. Gut, wenn man das möglichst früh mit einkalkuliert.

Wenn Sie dieses Phänomen von sich selbst kennen und loswerden möchten, ist es vielleicht eine gute Idee, wenn Sie statt einer gedankenlosen Zusage einen weniger verfänglichen Satz in Erwägung ziehen. Zum Beispiel: «Das möchte ich dir lieber nicht versprechen.» Gerade Menschen, die zwar entscheidungsfreudig klingen, nach eigenem Empfinden aber unverbindlich durch ihre Unterhaltungen tänzeln, finden dieses Statement oft sehr hilfreich. Denn mit jeder Unterlassung dieser kleinen Aussage steigt die Chance, dass sie sich und anderen ein Problem erschaffen.

Seien wir uns lieber darüber bewusst, was wir anderen versprechen wollen und was besser nicht. Denn wer weiß schon, wie genau jemand hört, was wir sagen? Wissen Sie immer genau, wer Ihre Worte auf die Goldwaage legt, wem Ihre Zusage nur mal laut gedacht erscheint und wer die Vereinbarung morgen schon vergessen hat? Zu viele nette Gespräche sind an einem «Das habe ich doch nur so gesagt!» gescheitert, und so mancher hat sich damit schon den Tag, den Abend, den Urlaub ruiniert.

«Mehr Verständnis fürs Missverständnis» habe ich mal einen Business-Workshop genannt. Ein Seminar voller Aha-Momente, auch für mich. Denn es stellte sich überraschend schnell heraus: Das Thema Vereinbarungen ist ein regelrechtes Minenfeld. Nicht unbedingt im Job übrigens, da sind die meisten sehr gewissenhaft. Nur ist es offenbar nicht zwingend, dass Menschen, die im Beruf zuverlässig sind und dort Zusagen ganz selbstverständlich einhalten, dasselbe auch im Privatleben hinkriegen. Ein interessantes Phänomen. Kennen Sie das? Im Job verbindlich, zu Hause plötzlich nachlässig? Bei Kollegen hält Ihr Partner alles ein, und zu Hause scheitert es am Mülleimer? Ist eigentlich nicht möglich, denn Können bedeutet Können. Und wer Fahrrad fahren kann, hat das in der Regel auch nicht nur dienstags und jeden zweiten Freitag drauf, so was ist jederzeit abrufbar. Will sagen, wer im Job Deadlines einhalten kann, müsste das rein logisch auch am Wochenende können. Kollegen gegenüber zuverlässig sein, diese Qualität dann aber bei den eigenen Kindern verlernt haben? Geht eigentlich nicht. Aber wie das so ist mit Eigentlich-Aussagen …

Das Schlüsselwort heißt hier in vielen Fällen Überforderung. Denn gerade High Performer wollen zu Hause endlich mal ihre Ruhe haben. Hier wollen sie auftanken, sich gehen lassen und *einmal nicht* funktionieren müssen. Dass dieses Verhalten beim Rest der Familie als respektlos ankommt und so gar nicht wertschätzend wirkt, ist High Performern meist gar nicht bewusst. Sie wissen, was sie leisten können, und drehen diese Schleife daher nicht. Genau das birgt dann im Hinblick auf den Haussegen enormes Explosionspotenzial.

Wir können diesen Explosionen vorbeugen, wenn wir uns angewöhnen, in Momenten, die ein Commitment von uns verlangen, lieber nicht sofort zu antworten. Erst mal reinhören. Will ich wirklich zusagen? Kann ich es überhaupt einhalten? Möchte ich ihr das versprechen? Wenn die Antwort «Nein» oder «Ich weiß nicht» heißt, sollten Sie nicht «Ja» sagen. Ist mir klar, dass das jeder weiß – macht aber eben nicht jeder. Wissensriese – Umsetzungszwerg, Sie wissen schon. Vielleicht liegt es auch am Mitgefühl. Wir wollen andere nicht enttäuschen und sagen daher manchmal etwas zu, von dem wir bereits ahnen oder sogar wissen, dass wir die Zusage selbst beim besten Willen niemals einhalten können. Konsequenter- und auch dummerweise landen wir mit diesem Verhalten dann irgendwann genau in der Energie, die wir mit unserer Aktion ganz unbedingt vermeiden wollten: für andere eine Enttäuschung zu sein. Denn natürlich stehen wir am Ende dieses Verhaltens dann meistens an dem Punkt, dass wir absagen müssen, was wir nie hätten zusagen dürfen. Ein großer Umweg und so leicht vermeidbar.

«Das möchte ich dir lieber nicht versprechen», der Satz wäre auch für David und die Finca-Frage eine gute Möglichkeit gewesen, egal wie schön der Moment vielleicht gerade war. Er ist übrigens, um das mal nachzureichen, nie nach Mallorca gezogen. Noch nicht einmal in Julians Traumwohnung. Commitments sind einfach nicht sein Ding – Fernsehturmblick hin oder her. Bis er das allerdings explizit so sagen konnte, gingen zwei ganze Jahre und etliche Diskussionen ins Land. Hätte er sich selbst versprochen, ehrlich zu sein, anstatt seinem Freund etwas zu versprechen, das einmal ganz kurz gut klingt und dann lange nicht stimmt, hätte er beiden diesen durchaus nervenaufreibenden Schlenker ersparen können.

«Das möchte ich dir lieber nicht versprechen» in der Hinterhand zu haben, ist absolut empfehlenswert. Wir verhindern damit Auseinandersetzungen, holprige Umwege und jede Menge Enttäuschungen.

WAS IHNEN DIESER SATZ SCHENKT?

HARMONIE. KLARHEIT. SEHR VIEL ZEIT.

5 WOLLEN IST WIE MÜSSEN, NUR FREIWILLIG

Neue Besen kehren gut!», begrüßt mich der Vorstand eines Pharmaunternehmens strahlend und kommt mir auf der erstaunlich großen Bühne eines winzigen Kinos mit ausgestreckten Armen entgegen – Schauplatz für unser Stage-Training. Übermorgen will er vor der Belegschaft seine Auftaktrede halten.

«Gleich mal die Latte hoch legen», lache ich und bin gespannt, was der Tag bringt. Im laufenden Prozess für einen anderen Trainer einzuspringen, kann heikel sein. «Papperlapapp!», kommt es vom CEO, nennen wir ihn Herrn Warncke. «Ich bin eins a vorbereitet, wir können gleich loslegen.» Doch schnell wird klar, das dauert noch, denn schon der Einstiegssatz ist eine Katastrophe: «Wir müssen besser werden, wenn unser Schiff nicht sinken soll!» Stand nicht «Motivationsrede» im Vertrag?

Müssen. Ein schwieriges Wort, um damit Mitarbeiter zu gewinnen. Denn keiner im Publikum ruft natürlich vor Glück: «Wow, toll! Ich will auch unbedingt müssen!»

Herr Warncke hat keine Lust aufs Umschreiben. Er will nicht mit dem Laptop auf roten Samtsesseln sitzen, er kam, um im Scheinwerferlicht zu glänzen. Verstehe ich gut. «Wir dürfen da jetzt trotzdem beide durch. Sie wollen doch Ihre Mannschaft begeistern.» «Eine Stunde», sagt Herr

Warncke spitz, und so komme ich nicht dazu, inhaltlich ein bisschen auszuholen beim Thema «Wollen ist wie müssen, nur freiwillig». Das reiche ich dann hier mal gerne nach.

Müssen drückt immer Zwang aus; da kann einer nicht, wie er will, da sind dem Chef die Hände gebunden. Da hat einer Druck, ist Opfer der Umstände. Gestalter *müssen* nicht, die *wollen*. Eine gute Stunde später ist das auch zu hören. Der Text klingt mittlerweile selbstbestimmt und klar, sodass nun auch Humor Platz hat. Wir proben ohne Pause durch an diesem Tag, und am Ende kann ein zufriedener CEO sogar körperlich spüren, wie gut es sich anfühlt, in kraftvoller Sprache Menschen mitzureißen, denn der Kameramann klatscht plötzlich euphorisch in die Hände. Gänsehaut lügt nie.

Es gibt Studien über Modalverben wie müssen, brauchen, wollen, die eindrücklich belegen, dass *müssen* unseren Stress erhöht. Blutdruck, Blutfettwerte, Stresshormone, alles steigt. Dazu kommt: Wer sich unter Druck fühlt, drückt sich auch so aus. «Ich *muss* das Angebot unbedingt fertig machen», «Wir *müssen* noch zusagen», «Beeil dich, ich *muss* los». Wenn wir erst einmal in der Müsser-Spirale rotieren, merken wir gar nicht, dass wir den Stress damit noch zusätzlich verstärken. Denn wer hundert Mal hört, dass er etwas tun *muss*, fühlt sich danach erst recht unter Druck und haut nun weitere hundert Mal *müssen* raus. Und weil wir auch das natürlich wieder hören, kommt nun noch mehr Druck ins System. Das Ergebnis: Vor lauter Stress erfindet unser Gehirn die dritten hundert Müssen-Sätze – ein Teufelskreis. Als ob wir, wenn uns heiß ist, eine

Daunenjacke anziehen würden und die Heizkörper hochdrehen, anstatt alles runterzuregeln und die Fenster aufzureißen. Was Müssern fehlt, ist der Turnaround zum selbstbestimmten *Wollen*.

In einem Workshop, bei dem ich als Teilnehmerin mit von der Partie bin, hat sich zum Thema *Müssen oder Wollen* einmal folgende Unterhaltung abgespielt: Eine quirlige Frau erzählt, dass sie im Job von einem Abgabetermin gestresst ist. Sie: «Ich kann ja wohl nicht einfach *kein* Angebot abgeben!» «Wieso nicht?», fragt ruhig der Seminarleiter. Sie empört: «Na, ich habe zugesagt!» «Wieso?» «Ich will natürlich den Auftrag kriegen.» «Du *willst* also den Auftrag haben und nichts dafür tun?» «Nein!» «Doch», sagt freundlich unser Trainer. «Konzentrier dich lieber aufs *Wollen*. Was du *müssen* nennst, ist einfach nur der Preis dafür.» Fand ich ziemlich klug.

Derselbe Workshop, etwas später: «Du tust ja so, als ob wir alle die Wahl hätten!», echauffiert sich ein Mittfünfziger in elegantem Anzug, der einen der wenigen Stühle ergattert hat, während die meisten von uns auf Yogamatten sitzen. «Haben wir denn nicht die Wahl?», will der Seminarleiter wissen. «Natürlich nicht! Wenn ich meinen Job nicht ordentlich mache, bin ich ihn los.» «Und dann?» «Ja, dann ...», sucht der Mann nach Worten, «... arbeitslos!» «Und dann?», kommt es wohltemperiert von vorne. «Mein Haus kann ich so jedenfalls nicht abbezahlen, dann das Internat für die Kinder. Kostet ja alles!» «Wer wollte denn, dass die Kinder aufs Internat gehen?» «Na, wir natürlich. Das ist doch eine Riesenchance!» «Aha. Du *willst* das also alles: das Haus, das Internat, den Job. Du *willst* ganz schön viel. Und wenn dir etwas nicht passt in dem ganzen Wollen, glaubst du plötzlich, du *musst*?» Da war der elegante Mann dann nachdenklich. Ich konnte ihn gut verstehen, den Seminarleiter aber noch ein bisschen mehr. Ich war dreiundzwanzig damals und dachte: «Jetzt weiß ich alles!» – wie süß.

«Ich will etwas haben, aber ich will den Preis dafür nicht zahlen.» Bis heute meine Definition von *müssen*. Es lohnt sich, Muss-Gefühle öfter mal zu übersetzen, dann wissen wir besser, wo wir gerade stehen. Ein Beispiel: «Ich muss noch meine Steuer machen.» Vielleicht heißt der Satz ja: «Ich *will* mir das Geld für den Steuerberater sparen»? Und wer kein Geld für den Steuerberater hat, meint damit vielleicht eher: «Ich *will* mein Geld lieber für was anderes ausgeben»? Sie können das endlos weiterspielen. Müssen ist in unserem Teil der Welt selten wahr, es fühlt sich nur so an. Natürlich gibt es Ausnahmen. Ein Beispiel: Jemand wird zu Unrecht verurteilt. Dieser Mensch *muss* dann wirklich ins Gefängnis. Für andere Häftlinge übersetzt sich dieser Satz aber vielleicht eher mit «Ich *wollte* eine Bank ausrauben».

Wir haben etwas entschieden und *wollen* die Konsequenzen dafür nicht tragen, so tarnt sich *Müssen* oft. Das Leben wird leichter, wenn wir Müssen und Wollen sauber trennen.

Ich kann, weil ich will, was ich muss, hat Immanuel Kant gesagt. Gesunde Einstellung, auf die eigene Motivation zu setzen, besonders dann, wenn es um ein Thema geht, vor dem wir uns am liebsten drücken möchten. Nehmen wir mal «Buchhaltung». Ein Wort, das von den meisten vermutlich eher gestöhnt als gesprochen wird. Auch für mich war das Thema lange Anlass, alle Stapel dazu erst mal weiträumig zu umfahren. Irgendwann habe ich mich umentschieden. Ich hatte keine Lust mehr, missmutig Belege sortieren zu *müssen*. Wenn schon Buchhaltung, dann zu meinen Bedingungen. Seitdem werfe ich die «Peaceful Piano»-Playlist an, gebe Lemongrass-Öl in den Diffuser und trinke meinen Lieblingstee. Alles andere macht für mich keinen Sinn. Mein Credo: Bevor wir etwas tun *müssen*, können wir uns genauso gut entscheiden, es tun zu *wollen* – Freiheit macht einfach mehr Spaß.

Im Coaching schlage ich manchmal als Hausaufgabe vor, alle Sätze zu hinterfragen, die mit «Ich muss» und «Ich kann nicht» beginnen. Wer Reflexion mag, wird diese Übung lieben, denn sie bringt Klarheit und auch Verwunderung: Oft sind unsere Sätze nämlich schlicht nicht wahr. Sie entspringen negativen Gefühlen und alten Gedanken, sie drücken Zwang, Bedürftigkeit oder mangelnden Selbstwert aus. «Glaube nicht alles, was du hörst, vor allem nicht, wenn du es sagst», kann für diese Fälle ein befreiendes kleines Selbstgespräch sein.

Verstehen Sie mich richtig: *Müssen* steht bei mir nicht auf dem Index, im Gegenteil. *Müssen* ist wie ein knallrotes Popup Fenster, auf dem steht: «Du bist gerade mächtig unter Druck!» Benutzen Sie das Wort ruhig – Sie sollten es nur auch *hören*. Denn Druck können Sie nur ändern, wenn Sie auch merken, dass es ihn gibt. Es ist ganz nützlich, wenn der innere Wachhund anschlägt, sobald wir mit Stress-Wörtern wie *müssen* in die Hochtaktung gehen. So können wir die Notbremse ziehen und uns fragen, was gerade fehlt. Eine Pause? Essen? Lieber den Termin absagen, tief Luft holen, uns entschuldigen, mal lachen? Was immer es ist, tun Sie es einfach. Denn wer sich und der Welt erzählt, was er alles *muss* – also eigentlich nicht *will* –, dem fehlt eine gehörige Portion Selbstbestimmung. «Wollen ist wie müssen, nur freiwillig» – das ist der feine Unterschied.

Wenn Sie sich also freier fühlen möchten und vielleicht sogar demnächst ein Publikum begeistern wollen: besser keine Titanic-Metaphern benutzen und hören, wann der Wachhund bellt.

WAS IHNEN DIESER SATZ SCHENKT?

SELBSTBESTIMMUNG. FREIHEIT.
VIEL ENTSPANNUNG.

6 ICH FÜHLE MICH HIER GAR NICHT ZUSTÄNDIG

Mila ist eine Bilderbuch-Assistentin, ausgestattet mit dieser wohldosierten Mischung aus vorausschauend, unterstützend, klar, charmant, mitdenkend, verständnisvoll, den Überblick bewahrend und obendrein noch klug. Formvollendet beherrscht sie die hohe Kunst des Drahtseilaktes zwischen sich einbringen und anderen den Vortritt lassen. Was sie noch nicht beherrscht, ist Grenzen setzen. Ganz und gar nicht sogar, und das ist ein Problem. Für ihren Chef, der immer ratlos ist, wenn er sie in Tränen aufgelöst vorfindet, und für Mila selbst, weil sie das Thema Grenzen setzen, wie ich in unserer ersten Session erfahre, mit großen Augen ganz weit von sich schiebt. Damit will sie nichts zu tun haben, denn dass sie ihr Verhalten ändern könnte, ohne dabei ihren Charakter zu verbiegen, ist für sie nicht vorstellbar. «Abgrenzung?! Nein, sorry. Das Team verlässt sich doch auf mich!», klingt es dann fast vorwurfsvoll, als ich das Thema benenne. «So ein Typ bin ich nicht, das kann ich mir nicht leisten.»

Widerwille ist häufig die erste Reaktion, wenn Menschen nie gelernt haben auszusprechen, wie weit andere bei ihnen gehen dürfen. Allein das Wort Abgrenzung kann ein regelrechter Trigger sein. Dennoch erlebe ich genau dieses Thema im Ranking aller Coaching-Anliegen seit Jahren auf den ersten Plätzen. Ich mutmaße sogar mal kühn, auf Platz eins, und zwar egal auf welchem Level jemand arbeitet oder wie privat das Thema vielleicht ist. Eine rein subjektive Einschätzung natürlich, Statistiken führe ich nun nicht. Umso schöner zu erleben, wie schnell viele Klienten dann doch umschwenken können und mit einer Mischung aus Neugierde und Skepsis an eine Aussicht glauben wollen, die für mich gelebte Praxis ist: dass es nämlich sehr wohl geht, sich abzugrenzen *und* dabei charmant zu bleiben. Nein zu sagen, *ohne* ein Schwein zu sein. Denn das ist tatsächlich die Hauptangst von Menschen, die sich auf dem Gebiet noch wacklig fühlen: Sie wollen einfach kein Schwein sein. So und ähnlich drastisch nennen die meisten das andere Ende ihrer selbst aufgestellten Schwarz-Weiß-Skala. Links steht «nett, beliebt, sympathisch» und rechts eben das Schwein. All die wunderbaren Grauton-Varianten dazwischen haben abgrenzungsscheue Menschen noch nicht für sich entdeckt. Nachvollziehbar also, dass jemand aus Angst davor, als böse zu gelten, lieber die Nette bleiben will. Hier kommt dann Mathematik ins Spiel: Wer «Grenzen setzen» nämlich mit hart, abweisend und bossy übersetzt, sich selbst aber als verständnisvoll und nett empfindet, will mit dem Thema natürlich nichts zu tun haben. Was daher fehlt, ist zunächst einmal kein neues Verhalten, sondern schlicht eine neue Gleichung im Kopf. «Grenzen setzen = bossy und taff» ist ganz einfach kontraproduktiv, hier ist ein Ersatz gefragt. «Es fällt mir leicht, mich souverän, klar und charmant abzugrenzen», funktioniert da schon viel besser.

In der Transaktionsanalyse heißt einer der fünf Hauptantreiber «Es allen recht machen wollen». Wer dieses Programm, meist ohne es zu wissen, fest im System verankert hat, steht vor einer unlösbaren Aufgabe, da die eigene Person *auch* zu allen gehört. Wer es aber *allen* recht machen will, stellt sich naturgemäß oft selbst an die letzte Stelle, vergisst sich dummerweise manchmal sogar ganz, und damit machen wir es schon mal *einem* Menschen leider gar nicht recht – uns selbst. Ein Antrieb also, mit dem wir kaum erfolgreich sein können. Was tun?

Eine kleine, feine erste Lösung kann hier das Senden einer Ich-Botschaft sein. Das sind diese unscheinbaren Sätze, in denen nur Sie selbst als Person vorkommen. Von Ihrem Gegenüber fehlt darin jede Spur – von «Sie» oder «du» ist einfach nicht die Rede. Und genau weil das so ist, kann sich auch niemand angegriffen fühlen. Etliche solcher Ich-Botschaften stehen in diesem Buch. Eine davon ist für das Thema Abgrenzung ein Perfect Match – besonders, wenn Sie den Satz wie nebenbei aussprechen: «Ich fühle mich hier gar nicht zuständig.» Bei Mila hat es super funktioniert.

Videokonferenz im Corona-Jahr. Das heißt in Bildern: Der Computer zeigt acht kleine Menschen-Kacheln. Mila, als persönliche Assistentin der Geschäftsführung, und die sieben Hauptabteilungsleiter. Zu sehen sind natürlich auch die unvermeidlichen Bücherregale im Hintergrund und, ich werde es nie verstehen, leider auch viel zu viele Nasenlöcher. Wäre doch nur zum Start des Pandemie-Homeoffice-Zeitalters die Parole «Froschperspektive verboten» ausgerufen worden. Wir hätten alle, zumindest visuell, deutlich schönere Stunden vor dem Bildschirm verbracht. Aber ich schweife ab. In Milas Meeting jedenfalls werden eine Stunde lang Bälle hin- und her gespielt, Ergebnisse verkündet, Fragen gestellt und Strategien besprochen. Am Ende der Konferenz, für die Mila das Protokoll schreibt, schiebt ihr der Social-Media-Manager noch schnell eine Aufgabe zu, die mit ihrem Bereich so gar nichts zu tun hat – dürfte auch den anderen im Videocall klar gewesen sein, aber die meisten sind bereits in Aufbruchsstimmung und daher schon am Handychecken. Kurz bevor alle den Computer zuklappen, wagt sich Mila vor: «Ich fühle mich da gar nicht zuständig.» «Wie bitte?!?» Der Social-Media-Mann ist perplex, die anderen sechs blicken wieder in die Kamera. Stille. «Na, das ist gar nicht mein Bereich», sagt Mila mit minimalem Achselzucken, das sie ganz wunderbar erstaunt wirken lässt. So hatte ich mir das vorgestellt. Habacht-Stimmung auf allen Kanälen. «Das hast du doch sonst auch immer gemacht!», vorwurfsvoller, schneidender Tonfall aus der Social-Media-Ecke. Dann Mila mutig: «Ja, genau. Das war total unaufmerksam von mir. Kein Wunder, dass ich kaum zu meinen eigenen Themen kam. Ich möchte das jetzt gern mal korrigieren: Ich bin da einfach nicht zuständig. Delegiere das doch bitte an Stefan. Ist er nicht auch dafür eingestellt worden?» Tja, was will man da noch sagen … Genau so steht es tatsächlich in der Jobbeschreibung. Ein entspanntes Eins-zu-Null für Mila, die sich zum ersten Mal souverän in der Haltung und daher gar nicht bossy oder böse durchgesetzt hat. Kein fieser Tonfall, kein Schwein weit und breit. Ich schmunzle, während ich das schreibe, weil ihr diese Wirkung einfach so wichtig war.

Stefan hat das Thema dann tatsächlich übernommen, und Mila hat seitdem mehr Zeit fürs Wesentliche. Immer seltener trägt sie nun diese unsichtbare Botschaft auf der Stirn: «Alles bitte hier abladen». Ihre freundlich-patente Art wird nur noch selten ausgenutzt. Ein klarer Hinweis darauf, dass sie mit «Ich fühle mich hier gar nicht zuständig» eben nicht nur einen Spruch aufgesagt hat, den wir vorbereitet hatten. Der Satz ist, einmal vom Kopf als logisch und erstrebenswert befunden, schnell ein paar Etagen tiefer gerutscht und als neue Haltung bei ihr angekommen. Und wenn das passiert, kann diese wunderbare Kausalkette in Kraft treten: neue Haltung = neue Ausstrahlung = neue Wirkung. Schön.

Überhaupt können Sie Abgrenzung, wie so vieles im Leben, weniger durch Tools als durch eine neue Einstellung etablieren. Wenn Sie den Satz nämlich aufgeregt sagen, sich vielleicht noch mit «Aber, Weil, Ihr müsst doch verstehen» rechtfertigen, die Dinge persönlich nehmen, und sich der Tonfall noch zusätzlich hochspult, bringt «Ich fühle mich hier nicht zuständig» rein gar nichts. Wenn Sie aber in der Sache klar bleiben und dabei klingen wie «Ich nehme noch 'ne Apfelschorle», erreicht der kleine Satz die große Wirkung. Es ist diese elegante Kombination aus Mut zur Klarheit und Lässigkeit im Tonfall, die Sie dann bestechend souverän wirken lässt, und das sorgt beim Gegenüber schnell für Einsicht.

«Ich fühle mich hier gar nicht zuständig» – ein wichtiger Satz, besonders für Menschen mit Helfersyndrom und Lieferservice-Impulsen, die es gewohnt sind, alles zu wuppen, und sich sofort als Retter anbieten. Was diesen Persönlichkeiten oft im Weg steht zum eigenen Glück, ist ihre große Empathie. Wenn Sie überdurchschnittlich verständnisvoll und hilfsbereit sind, wissen Sie, was ich meine. Oft sind diese schönen Eigenschaften nämlich dummerweise gekoppelt mit der Angst, andere hängen zu lassen und sie zu enttäuschen.

«Du bist nicht auf die Welt gekommen, um zu verhindern, dass du für andere eine Enttäuschung bist», hat mir einer meiner Coachs mal fast ins Gesicht geschrien. Ich wusste gar nicht, was ich zuerst fühlen sollte. Ähm ... Zögerliche Nachfrage: «Bin ich nicht?» Kommt man nicht sofort drauf, wenn so viele innere Mechanismen in Richtung «Zuständigkeit-Hier!» weisen.

Wenn Sie Lust haben, ab jetzt gelassen und klar immer mal wieder ein paar Grenzen zu setzen, achten Sie in erster Linie auf den Tonfall. «Form over substance» heißt hier das Motto. Denn wenn Sie die Form hinbekommen, es also schaffen, entspannt und selbstverständlich zu klingen und eine Spur erstaunt, kommt Ihre Botschaft sicher an. «Ich fühle mich hier gar nicht zuständig.» Einfach sagen, wirken lassen, Antwort abwarten. «Ähm, ja, ach so. Na so was! Wie jetzt?», könnte die durchaus mal lauten. Denn in der Sache klare Sätze wie ganz nebenbei klingen zu lassen, strahlt immer etwas Souveränes aus, und das sorgt schon mal für Erstaunen.

Lassen Sie sich also überraschen von der womöglich perplexen Reaktion Ihres Gegenübers, und bleiben Sie danach auch weiterhin gelassen. Das wird nicht nur Sie beruhigen, sondern auch die anderen im Raum. Vermutlich klären Sie Ihr Thema damit schnell.

WAS IHNEN DIESER SATZ SCHENKT?

KLARHEIT. RESPEKT. ZEIT.

7 DAS BEWUNDERE ICH SEHR AN DIR

Filme drehen in New York. Ein großer Traum von mir und eine der besten Entscheidungen meines Lebens, als ich es dann irgendwann tatsächlich durchziehe. Ich lasse mich dafür vom Sender als Moderatorin der Frühsendung freistellen und verbringe einen Sommer an der New York Film Academy. Eine Zeit lang wohne ich bei Fay, einer wunderbaren, energiegeladenen Frau mit knallschwarzen, dichten Locken, die bevorzugt Chucks und eine abgewetzte Jeanslatzhose trägt. Fay ist zu jeder Tageszeit durch einen Strohhalm mit einem Decaf-Ice-Coffee verbunden und beschert mir die großartigste Adresse meines Lebens: 2000 Broadway. Mit Ende zwanzig finde ich es ziemlich cool, das einem Yellow Cab Driver mal eben so zuzurufen. Gibt es in Europa eigentlich Straßen, die zweitausend Hausnummern haben?!

Als Fay und ich an einem Sonntagvormittag zum Brunch losziehen, spielt sich an der 72. Straße eine filmreife Szene ab. Ein knallroter Lamborghini Diablo parkt genau vor unserem Café in der Sonne, und ein Mann mit New-York-Yankees-Basecap umkreist ehrfürchtig den Wagen. Plötzlich gleiten beide Scherentüren nach oben, und ein grau melierter Typ im lässigen Anzug wirft seine Tasche auf den Beifahrersitz. «Wow! Tell me your secret!», sagt der Baseball-Käppi-Mann. «What did you do right, man? I admire your car!» Ein echter Bewunderer offenbar. «Was hast du richtig gemacht, Mann? Sag mir dein Geheimnis.»

Als Deutsche finde ich die Ansage erst mal verstörend, denn mein Hirn springt augenblicklich nach Berlin und baut dort ein Parallelszenario auf. Sagen wir: Ku'damm 200. Wenn da ein roter Lambo parkt, behauptet meine Fantasie, wird eher mal ruckzuck der Schlüsselbund gezückt. «Denk bloß nicht, dass du was Besonderes bist!», murmelt dann vielleicht ein Typ ohne Baseball-Cap, während er einen Eins-a-Kratzer in die Tür graviert. Sozialneid ist in Deutschland ziemlich stark verbreitet.

Kein Wunder eigentlich, in Sachen Lobkultur sind wir ein Entwicklungsland – uns fehlt historisch schlicht die Prägung. In den letzten Jahren beginnt sich das leise zu verändern, Loben soll gefördert werden. Sicher eine Erleichterung für die meisten, denn gerade im Job leiden Menschen sehr unter fehlendem Feedback, das erlebe ich im Business Coaching seit der ersten Stunde. «Mein Chef sagt nie was Gutes über mich. Bei uns gibt es generell so wenig Lob in der Firma! Und Komplimente schon mal gar nicht.» Solche Sätze höre ich seit über zwanzig Jahren. Traurig eigentlich. Und es wird noch trauriger, wenn ich nachfrage: «Wen haben *Sie* denn diese Woche mal gelobt?» «Ähm, ja, also ... hm ...» Da kommt dann nämlich auch nicht viel. Wer etwas selbst nicht erlebt, gibt es auch nicht weiter – eine einfache Rechnung in der Lobwüste Deutschland. Wer bei uns Komplimente macht, ist schnell verdächtig.

«Nicht geschimpft ist gelobt genug», heißt von jeher

die schwäbische Hymne, die irgendwann aufs ganze Land überschwappte. Kein Wunder also, dass wir uns schnell in zwei Gruppen teilen, wenn wir mit dieser ausgeprägten US-amerikanischen Neigung zur Lobhudelei konfrontiert sind. Freigiebige Komplimente polarisieren hierzulande schnell. Die einen atmen dankbar auf, sind regelrecht befreit, die anderen heben verächtlich die Braue und tun es als eklatant oberflächlich ab. Dabei ist Loben etwas Großartiges. Und Bewunderung doch eigentlich noch schöner, oder?

Ich erinnere mich an einen Workshop zum Thema Persönlichkeitsentwicklung und Fülle, an dem ich einmal teilgenommen habe. Sieben Wochen lang ging es darum, in allen wesentlichen Bereichen inneren Reichtum zu erschaffen. Ein intensiver Kurs mit vielen Hausaufgaben war das. Einmal hieß die Übung, in den nächsten Tagen drei Menschen aufrichtig zu bewundern. Persönlich und ganz bewusst. Gerne mit Blumen, auf jeden Fall mit Augenkontakt und inhaltlich bitte schön ausführlich. Echt gemeint sollte die Bewunderung sein, sonst durfte man gleich noch mal antreten. Eine aus dem Kurs ist dafür extra nach San Francisco geflogen, weil sie dort Isabel Allende bewundern wollte. Hat auch geklappt. So weit ging es bei mir dann nicht.

Was jedoch bei fast allen von uns erstaunlich ähnlich lief: Wir haben uns mit dieser Aufgabe ein wenig schwergetan. Für manche war die Übung sogar der reinste Komfortzonen-Sprengsatz. Jemanden bewundern, das konnten viele nicht. Das war wie eine Fremdsprache, die man nie gelernt hat und von der einige noch nicht einmal wussten, dass es sie überhaupt gibt – weshalb so mancher von uns stammelnd und ein bisschen verschämt beim Loben auf den Boden blickte. Galt natürlich nicht, so was. Damit kam keiner durch. Also alles auf Anfang.

Das Schöne ist, wer sich einmal zur Bewunderung durchgerungen hat, erlebt ganz fabelhafte Glücksmomente. Denn wer Menschen loben kann, schenkt damit auch sich selbst ein gutes Gefühl und sendet ganz nebenbei positive Botschaften ans eigene System: «Ich kann mich freuen über den Erfolg anderer!» oder «Ich kann jemanden wichtiger sein lassen als mich». «Jetzt bist du dran! Ich kann ja später wieder strahlen.» Oder etwas weniger euphorisch: «Ich habe die Größe, es auszuhalten, wenn ein anderer gut dasteht.» Alles durchaus Booster für unser wahres Ich. Ich sage bewusst Ich, nicht Ego. Denn Ego, das wäre dieser vorlaute Teil in uns, der immer jammert, nicht genug bekommen zu haben, weil er sich klein fühlt und überall meint, auftanken und recht haben zu müssen. Das Ego und das gesunde, wahre Ich – ein feiner, riesengroßer Unterschied ist das. Wir bekommen ihn mit, wenn wir auf unsere Gefühle achten.

Wenn uns zum Beispiel Neid, Missgunst oder Eifersucht im Weg stehen, fühlt sich alles mühsam an, lästig, eng, ein bisschen schmutzig vielleicht auch. Wir klingen aufgeregt, während wir schlecht über andere reden, alles kostet Zeit, bringt uns nicht voran und zerstört schon mal Beziehungen, vor allem die zu uns selbst. Das Ego ist im Mangel.

Wenn unser Gefühl aber in Richtung Überwindung weist, wenn wir uns ein bisschen anstellen, verschämt sind oder

Angst haben, dann meldet sich das gesunde, wahre Ich und gibt uns die Chance, über uns hinauszuwachsen. Mit diesen Gefühlen nehmen wir Anlauf und springen Richtung beste Version. Das freut das Ich, was wir prompt daran merken, dass wir uns nach einer Überwindung immer so großartig fühlen.

Stellt sich nun die Frage: Wie ist das bei Ihnen? Hand aufs Herz: Ist es Ihnen unangenehm, wenn andere allzu sehr im Glück schwelgen? Wenn jemand besonders lange gut dasteht? Stellen Sie dann schnell Vergleiche mit sich an? Können Sie jedem alles gönnen? Auch sich selbst? Können Sie Komplimente gut annehmen? Und leicht gelobt werden? Wenn ja, Congratulations! Wenn nein, hier kommt Ihre Chance.

Wie wäre es denn, wenn Sie sich bewusst für eine Portion Wertschätzung entscheiden, wenn Ihnen das nächste Mal etwas positiv an jemandem auffällt? Ein Talent, seine Art, ihr Verhalten ... Sie könnten es für sich behalten, später bei einem Dritten davon schwärmen oder eben auch ganz freigiebig und mit offenem Herzen Ihre Bewunderung direkt zum Ausdruck bringen. Eins zu eins.

Wir alle haben natürlich schon mal geschwärmt, irgendwann. Oft warten wir damit nur bis zur Weihnachtskarte, zum nächsten runden Geburtstag oder bis zur Hochzeitsrede. Und manchem fallen die schönsten Worte auch erst bei der Beerdigung ein. Starten wir lieber jetzt. Es gibt zu viele wunderbare Menschen, die wir beschenken könnten, denn Freude vermehrt sich, indem wir sie aussprechen. So haben möglichst viele etwas davon, und es kommt ganz automatisch jedes Mal ein bisschen mehr Glück in die Welt.

Und? Haben Sie schon jemanden im Visier? Fällt Ihnen bereits der optimale Mensch dafür ein? Oder loben Sie ohnehin ständig und fragen sich, wieso ich dem Thema ernsthaft ein ganzes Kapitel widme? Loben Sie einfach, was das Zeug hält, und seien Sie sicher, dass Ihr Satz im anderen ein Licht entzündet, das automatisch auf Sie zurückfällt wie ein unverhoffter Sonnenstrahl. «Weißt du eigentlich, was ich sehr an dir bewundere?» «Nein ...?!?» Na dann, los geht's.

WAS IHNEN DIESER SATZ SCHENKT?

FREUDE. DANKBARKEIT. WERTSCHÄTZUNG.

8 ICH VERSTEHE SIE ABSOLUT, UND ICH MÖCHTE GERN WAS ANDERES

Um es gleich vorwegzunehmen: Dieser Satz ist austauschbar. Es geht hier nämlich ausschließlich um das Wörtchen *und*. Ich könnte ein ganzes Buch über diese drei Buchstaben schreiben. Ernsthaft. Es wäre voller Geschichten von Menschen, die damit großartige Erfolge erzielt haben. Auch ich gehöre dazu.

Es ist 18 Uhr an einem heißen Sommerabend. Auf einer Art Hochsitz oberhalb meiner Dachterrasse lasse ich die Beine baumeln und blicke auf die Dächer von Berlin – die Stadt ist in orangefarbenes Licht getaucht. Eine Business-Partnerin, nennen wir sie Anja, tritt auf die Terrasse und winkt nach oben. Wir treffen uns, um gemeinsam ein Coaching-Konzept vorzubereiten, das wir morgen bei einem Unternehmen präsentieren wollen. Die Vereinbarung ist, dass wir so lange durcharbeiten, wie es eben dauert. Ich bin gespannt, wie das klappt, üblicherweise präsentiere ich allein.

Nach zehn Minuten klingelt Anjas Handy. Sie entschuldigt sich und stellt den Ton ab. Jetzt brummt es nur noch und blitzt. Ein paar Minuten später, der zweite Brumm-Blitz-Alarm. Anja sieht kurz aufs Display, lächelt und legt das Handy wieder zur Seite, es vibriert weiter. Sie hat offenbar nicht vor, es auszuschalten. Ich mache einen

Vorstoß: «Willst du lieber rangehen?» «Nein, nein. Ich weiß ja, wer es ist.» Ich halte weiter Augenkontakt, soll meine Einladung an sie sein weiterzusprechen. Es klappt. «Das ist nur mein Freund. Er will bestimmt wissen, ob wir heute Abend zusammen essen.» Ich bin erstaunt, denn dass daraus nichts werden kann, ist ja mit einem Blick auf die Uhr jetzt schon klar. Ich sage dennoch nichts und baue darauf, dass der Groschen von alleine fällt. Fehlanzeige. Nach zehn Minuten brummt es zum dritten Mal. Ich werde deutlicher: «Hast du Lust, es auszuschalten?» Sie: «Nein, nein, es stört ja niemanden.» Halleluja. Sie will es wirklich wissen. Auch wenn ich wenig Lust dazu habe, benenne ich, was auf der Hand liegt: «Doch, mich. Es stört mich.»

«Bitte?!?» Sie blickt überrascht auf, wartet auf eine Erklärung. Ich lege nach: «Na ja, unsere Verabredung für heute Abend hieß ja: Wir arbeiten. Open end. Deshalb ist mein Handy aus. Ich hab mich für dich entschieden. Ich war davon ausgegangen, dass das für dich auch so ist.»

Es folgt eine lange Erklärung, dass ihr Freund beim Film arbeitet und viele Nachtdrehs hat. Dass sich die beiden ewig nicht gesehen haben und alles ganz anstrengend ist gerade. Sie redet schnell und beendet ihre Geschichte mit «Verstehst du?».

Ich nicke. «Na klar verstehe ich das.» Anja atmet erleichtert auf, als ich schon weiterrede: «Ich verstehe dich absolut, *und* es gefällt mir nicht.» Stille. Ihr Kopf schnellt hoch. Fassungsloser Blick. Ich entscheide mich, ihn auszuhalten. Es bleibt still. Westernstimmung. Sie greift langsam nach ihrem Handy und – schaltet es aus. Kommentarlos. Wow.

Danach arbeiten wir den ganzen Abend ganz wunderbar zusammen.

Was war passiert? Aus meiner Sicht kam die Kehrtwende nur aufgrund eines einzigen Wortes, das in diesem Kapitel die Hauptrolle spielt: und. Dieses schöne Bindewort ist so kraftvoll, dass Sie damit viele Diskussionen ganz klar, selbstverständlich, souverän und dennoch unspektakulär beenden können. Wenn ich auf Englisch darüber spreche, sage ich immer: «*And* is the end.» Und das stimmt: *Und* beendet tatsächlich Auseinandersetzungen, denn es bewertet die Botschaften, die links und rechts von ihm stehen, nicht. Beide Seiten sind gleichwertig. *Und* macht Aussagen nicht kaputt, es bewahrt sie und drückt auch immer eine Haltung aus: «Ich verstehe dich gut, *und* es gefällt mir nicht, was du sagst.» So etwas geht. Sehr gut sogar.

Dennoch können empathische Menschen es oft kaum fassen, wenn sie sich zum ersten Mal für diesen Gedanken öffnen. Ihr großes Verständnis, das sie anderen so freimütig entgegenbringen, soll sie dennoch zu nichts verpflichten?!?

Ich denke schon. Wir können wunderbar empathisch sein und trotzdem wählen, wie wir auf eine Situation reagieren möchten. Etwa: «Ich verstehe dein Argument, *und* ich entscheide mich dagegen.» Das funktioniert. Oder eben: «Ich verstehe Sie absolut, *und* ich möchte gern etwas anderes.» Wir müssen nichts gutheißen, nur weil wir es verstehen. Wir heißen auch keinen Serienkiller gut, nur weil wir emotional nachvollziehen, was eine grausame Kindheit so alles anrichten kann.

Nehmen wir uns lieber die Freiheit, etwas zu verstehen *und* es deshalb nicht zwangsweise mögen zu müssen. Auf die Idee kommen viele gar nicht. Ob das auch auf Sie zutrifft, können Sie leicht überprüfen. Sie merken es an einer kleinen sprachlichen Angewohnheit namens *aber* – der immer etwas aufgeregten, dramatischen Cousine von *und*. Hätte ich *dieses Wort* im Gespräch mit Anja benutzt, wäre alles sicher anders ausgegangen.

Rückblende: «Ich verstehe dich absolut, *aber* es gefällt mir nicht.» Darauf hätte sie höchstwahrscheinlich mit einer Rechtfertigung reagiert, denn *aber* lädt ein *Weil* geradezu ein: «ABER ich hab's doch gerade erklärt, es ist nur, WEIL ...» Ich dann vermutlich: «Ja, ABER du MUSST DOCH auch verstehen, dass ich ..., WEIL ...» Gründe, Unterstellungen, Bedauern, Interpretation, schlechtes Gewissen und ganz schön viele Großbuchstaben. Es ist erstaunlich, welche Dynamik ein *Aber* lostreten kann. Wie ein Magnet zieht es all die anderen diffusen, unklaren Formulierungen an, mit denen wir ganz schnell in diesen typischen Drama-Strudel aus Angriff, Rechtfertigung und Enttäuschung geraten.

Aber lässt Inhalte nie gleichwertig nebeneinanderstehen, es zerstört alles, was vor dem *Aber* stattfindet. In unserem Fall war das: «Ich verstehe dich.» Daher mein Tipp: Ersetzen Sie *aber* so oft es geht mit *und*.

Auf den Punkt gebracht ist *und* gleich aus drei Gründen ein Gewinn: Wenn Sie eine positive und eine negative Botschaft mit einem *Und* verbinden, erinnert Ihr Gegenüber danach beide Aussagen, auch die positive. Zweitens: Ihr Verständnis zwingt Sie nicht dazu, auf einen eigenen

Standpunkt zu verzichten. Sie können sehr wohl verständnisvoll sein, ohne das Verhalten eines anderen tolerieren zu müssen. Platt gesagt: Verständnis verpflichtet zu gar nichts. Drittens kürzt ein *Und* Gespräche mit Drama-Potenzial definitiv ab. Damit ist dieses Wort besonders für Eltern und andere Führungskräfte Gold wert: «Ich verstehe dich gut, *und* ich möchte, dass wir es auf meine Weise tun.» And is the end. Meistens jedenfalls.

WAS IHNEN DIESES WORT SCHENKT?

KLARHEIT. SOUVERÄNITÄT. VIEL ZEIT.

9 DAS VERZEIHE ICH MIR AM BESTEN GLEICH MAL SELBST

Was ist eigentlich unsere größte Angst? Ich meine jetzt nicht Angst vor Kriegen, Spinnen oder Rolltreppen. Eher eine tiefer liegende Angst, die alle Menschen mehr oder weniger teilen. Wenn ich diese Frage im Workshop stelle, höre ich oft: «Die Angst vor dem Tod.» Wäre ja zu schön, denke ich dann. Denn wenn wir den Tod tatsächlich so präsent hätten, würden wir das Leben sicher leichter nehmen, oder?

Angst vor dem Tod nennen Psychologen jedenfalls nicht an dieser Stelle. Auf den ersten Plätzen liegen stattdessen zwei Themen aus dem zwischenmenschlichen Bereich: die Angst zu versagen und die Angst, nicht geliebt zu werden. Als ich das zum ersten Mal gehört habe, ging dem Stage-Coach in mir ein Licht auf. Kein Wunder, dass unser System bei öffentlichen Auftritten so verlässlich kollabiert. Wieso wir Herzklopfen haben, absagen wollen, wach liegen. Wieso einige rote Flecken kriegen und anderen die Stimme wegbleibt, nur weil sie eine Rede halten sollen. Wenn unsere Hauptängste Zurückweisung und Versagen heißen, ist es nur logisch, dass der Körper Lampenfieber erfindet. Denn auf der Bühne erleben wir diese beiden Ängste dummerweise im Doppelpack.

Das erklärt dann auch, wieso in diesen Momenten sogar

sehr selbstbewusste Charaktere eine kleine Instanz in sich flüstern hören können: «Gleich fliegt es auf. Du hast es nicht drauf, und jeder kann es sehen. Dann war's das für dich.» Wenn ich Pitch Trainings in Unternehmen gebe, wo ja in der Regel Millionen auf dem Spiel stehen, erlebe ich jedes Mal, dass gestandene Manager plötzlich fahrig werden, ganz abgehoben und gestelzt reden, hektische Flecken bekommen oder einfach nicht mehr sie selbst sein können. Im wahrsten Sinne des Wortes also wieder mal ver-rückt sind.

Umso erstaunlicher fand ich die Begegnung mit einer versierten Therapeutin in Berlin. Muss so 2007 gewesen sein. Ich hatte damals eine Ausbildung in Energetischer Psychologie begonnen und ein paar Stunden versäumt. Die wollte ich nun per Einzelunterricht in ihrer Praxis nachholen. Die Frau muss weit über siebzig gewesen sein, und auch in dieser Methode wurde sie mir als äußerst sattelfest empfohlen. Klang natürlich vielversprechend.

Weil es sinnvoller ist, die Technik direkt anhand eines Problems zu lernen, wollte sie wissen, ob es irgendetwas gibt, das ich gern loswerden möchte. «Spritzenphobie!» Das kam prompt. «Perfekt!», befand sie, denn im EDxTM (mehr hierzu auf Seite 310) freuen wir uns, wenn der Klient ein großes, klares Thema hat. Je klarer die Angst, desto wahrscheinlicher der schnelle Erfolg. Sehr schön. Auftragsklärung, Muskeltests, Abläufe üben. Mitschreiben, Ergebnis-Check, und am Ende sagte sie triumphierend: «Siehst du, und wenn du das genauso machst, ist eben auch deine Fahrstuhlangst weg.» Ähm ... Wie meinen? Ich war verwirrt. Wieso jetzt Fahrstuhl?!

Als ihr klar wird, dass sie gerade neunzig Minuten ein Thema bearbeitet hat, das es gar nicht gibt, sieht sie mich verblüfft an, legt den Kopf schief, hält inne, lächelt und sagt entspannt: «Na, so was! Dann verzeihe ich mir am besten gleich mal selbst.» Sagt's, packt ihre Zettel ein und schreitet zur Kasse. Der Fall war damit erledigt für sie.

Fand ich nun doppelt interessant und startete direkt eine innere Diskussion: Ist das nicht völlig dreist, wie sie sich da frisch und frei mal eben kurz rausnimmt, sich selbst zu verzeihen? Einfach so mit reinem Gewissen? Andererseits auch wieder faszinierend, wie ausgesprochen bewertungsfrei und bedingungslos sie sofort liebevoll annehmen kann, was ist. Gehen andere jahrelang ins Kloster dafür. Darf man erst mal können, so was.

Ich habe mich dann entschieden, lieber begeistert als empört zu sein. Mich hat ihre Blitzentscheidung zu sehr beeindruckt. Diese Art echter, innerer Freiheit kannte ich nur aus Büchern. Verstehen Sie mich richtig, die Sache hatte nichts Amateurhaftes. Ich war der Frau auch nicht egal. Sie war die ganze Zeit voll in ihrer Profession, nur dort eben gerade komplett gescheitert. Und anstatt nun voller Scham, peinlich und tölpelhaft eine Entschuldigung zurechtzustammeln, entschied sie sich lieber dafür, auch menschlich professionell und souverän damit umzugehen.

Es ist natürlich völlig klar, welchen Satz ich sofort in mein inneres Archiv mit aufgenommen habe. Probieren Sie's mal aus.

Ich war zu der Zeit jeden Dienstagabend noch in einer anderen Weiterbildungsgruppe und habe die Story gleich in unseren nächsten Workshop eingebracht. Das Gelächter war groß, die Begeisterung auch, und so wurde der Satz schnell zu unserem Kurs-Mantra. Immer wenn einer von uns mal so richtig schön danebenlag mit irgendeiner Einschätzung, kam nach dem ersten Schreck ein Lächeln und der entspannende Satz: «Na, das verzeihe ich mir am besten gleich mal selbst!» Eine höchst gelassene Art, mit sich selbst umzugehen. Besonders übrigens zu empfehlen für alle, die sich als Profi und Perfektionist empfinden. Wenn wir nämlich statt unserer oft gnadenlosen Bewertung und all der peinlichen Gefühle, die das mit sich bringt, eine Portion Toleranz für uns selbst aktivieren können, werden wir vom Opfer der Umstände zum Gestalter der Möglichkeiten. Wir erschaffen uns damit die Freiheit, uns wohlzufühlen, egal, was uns gerade gelingt oder danebengeht.

«Das verzeihe ich mir am besten gleich mal selbst.» So einfach. So schwer. Und unbedingt empfehlenswert.

WAS IHNEN DIESER SATZ SCHENKT?

SELBSTLIEBE. GELASSENHEIT. EMPATHIE.

10 ICH WEISS ES NICHT

Wo sonst schwarz-rote Eintracht-Frankfurt-Banner im Stadion prangen, flattern Hunderte bunter Gebetsfahnen im Wind. Die üblichen Fußball-Sprechchöre sind verstummt, stattdessen dröhnt der sonore Sound von Dungchens durch die Lautsprecher, diese meterlangen, tibetischen Kupfertrompeten. Der Dalai Lama ist nach Frankfurt gekommen, die Stadt trägt Rot-Orange.

Knallheiß ist es an diesem ersten Augustwochenende 2009, an dem Tausende in die Commerzbank Arena kommen, um den Unterweisungen seiner Heiligkeit live zu folgen. Ich sitze mit zwei Freundinnen auf dem akkurat gemähten Fußballrasen und erinnere mich daran, wie ich mich genau hier als Teenager für Leichtathletik-Wettkämpfe warm gelaufen habe. Ein halbes Leben ist das jetzt her. Heute dann also Lotossitz statt Staffellauf.

Gerade ist Fragestunde. Heißt, der Moderator zieht aus einer Trommel kleine Zettel mit Publikumsfragen, und der Dalai Lama antwortet. Lächelnd sitzt er mit einer weinroten Schirmmütze auf einem imposanten Thron und nippt immer mal wieder an einer Tasse Tee. Die Frage, die der Moderator gerade vorliest, klingt irrsinnig verkopft. Endlos lange Schachtelsätze über gesellschaftspolitische Entwicklungen reihen sich aneinander. Es scheint auch um die Sinnhaftigkeit von antiautoritärer Erziehung zu gehen, aber so ganz komme ich nicht mit, habe eher das Gefühl, einen Doktortitel zu brauchen, um allein die Frage zu verstehen. Umso gespannter bin ich auf die Antwort. Das scheint vielen ähnlich zu gehen. Tausende Hände halten ihre Kulis im Anschlag, bereit, etwas Tiefsinniges, Weises mitzuschreiben. Alle Blicke auf dem Dalai Lama, der jetzt im Close-up auf der riesigen Leinwand übertragen wird.

Seine Heiligkeit schaukelt hin und her, als würde er ein Kind in den Schlaf wiegen, wirft einen langen Blick in den Himmel, nippt am Tee, lässt sich Zeit. Dann sagt er beschwingt in diesem unverkennbaren Singsang: «I don't know!»

Schrecksekunde. Glucksendes Lachen. Der Dalai Lama lacht. Der Moderator lacht. Das Stadion lacht. Ein Wahnsinnsmoment. Unschuldig klang das. Fröhlich, frei, wahrhaftig, tief, hoch, alles drin, in dieser einen Sekunde. Und dann noch einmal: «I don't know!» Er schüttet sich aus vor Lachen. Wir lachen mit. Das war die ganze Antwort.

Was für ein befreiender Satz, denke ich und weiß sofort, dass ich mich ein Leben lang daran erinnern werde. Alles so schön leicht gerade: kein Rumstottern, kein Raten, kein pseudointelligenter Blick, während das Gehirn fieberhaft nach einer geistreichen Antwort sucht. Kein Zeitschinden, kein So-tun-als-ob, kein Auffliegen. Einfach schlicht: «Ich weiß es nicht.» Das Leben kann so einfach sein. Wieso tun wir uns damit dann eigentlich so schwer?

Wenn Sie sich noch ans Zeitalter der Falk-Stadtpläne erinnern, weit vor Navi und Smartphone, wissen Sie, was ich mit Schwertun meine. Denn wer statt Siri öfter mal Fremde nach dem Weg gefragt hat, konnte psychologische Fallstudien erleben. Bei diesen kleinen Anlässen zeigte sich das Ich-weiß-nicht-Phänomen nämlich immer rasend schnell. Wir fragen einen Menschen, der uns vermutlich nie wiedersehen wird und also keinen Grund hat, vor uns gut dazustehen, nach dem Weg, und dann geht's los: «Binjai Park ... Hmm ... Binjai Park ...» Fragende Blicke nach rechts und links. «Okay ...» Und jetzt ahnen wir schon – nach diesen paar Sekunden –, dass wir es mit jemandem zu tun haben, der keine Ahnung hat, es aber nicht zugeben kann und uns vermutlich gleich falsch schicken wird. So ist das mit der Psyche. «Das weiß ich leider nicht» haben viele einfach nicht im Repertoire.

Überflüssig kompliziert natürlich, diese Angewohnheit, denn jeder, der etwas weiß, wusste es ja irgendwann mal nicht. Verwunderlich also, dass uns dieses Eingeständnis dann dennoch so unglaublich schwerfällt. Wir sollten es gewohnt sein. «Ich habe mich geirrt» ist auch so ein Satz, den die meisten lieber verschlucken, als mühevoll herauszupressen. Wenn Sie Lust haben, können Sie im Anschluss direkt zu Satz 26 springen, der vertieft das Thema noch einmal, denn einen Irrtum zugeben können, zahlt ja aufs selbe Konto ein.

Fest steht, sich um sein eigenes Nichtwissen herumzumogeln, kostet Zeit, bringt niemanden weiter und bewirkt ausschließlich, dass wir ein bisschen länger in genau dem

Zustand feststecken, den wir offenkundig gar nicht mögen, im Nichtwissen eben. Wie viel klüger wäre es, das unumwunden zuzugeben? Wie viel leichter wäre es, das noch nicht einmal als «Zugeben» empfinden zu müssen? Denn diese Formulierung impliziert ja schon, dass es etwas Unangenehmes gibt, mit dem wir nun dummerweise zähneknirschend rausrücken müssen. Freuen Sie sich lieber, wenn Sie etwas nicht verstehen. Beginnt so nicht immer Lernen?

«Je mehr du weißt, desto mehr weißt du, was du nicht weißt», das waren die Begrüßungsworte an meinem ersten Tag am Philosophischen Institut. Durfte mein Erstsemester-Kopf erst mal verarbeiten – der Gedanke birgt immerhin ausreichend Potenzial, um mal so richtig schön durchzudrehen. Das war zumindest mein erster Impuls. Und der zweite: Könnte aber alles auch viel leichter machen. Ich habe mich dann für Gedanken Nummer zwei entschieden. Daran wollte ich glauben, so will ich mich verhalten – klingt irgendwie entspannter. So weit die Theorie. Doch bis ich diese Erkenntnis auch in die Praxis umgesetzt habe, sollten tatsächlich Jahrzehnte vergehen.

Wie kann das sein? So lange Anlauf nehmen für ein gelassenes «Das weiß ich nicht»?! Liegt sicher auch daran, dass ich im Beruf ausschließlich in Möglichmacher-Rollen unterwegs war: Sendeassistentin beim Fernsehen, Radiomoderatorin, Regieassistentin, Songtexterin für Künstler, Pitch-Trainerin für Priority Accounts, Moderatorin für Wirtschaftsunternehmen. C-Level-Coach. Wenn ich etwas gefragt wurde, gab es für mich und meinen Dienstleistermodus nur zwei Antwortmöglichkeiten: «Ich weiß es» oder «Ich finde es raus!». Alles andere hätte meine Auftraggeber, meine Klienten oder Chefs auch sicher schnell nervös gemacht. Ich war gewohnt zu liefern.

Geht vielleicht ganz vielen so. Wir hängen in einer Lieferando-Schleife fest, ohne es zu merken. Kaum dass eine Frage im Raum steht, ist eine hektische Instanz in uns davon überzeugt, etwas parat haben zu müssen. Jetzt schnell was Gescheites sagen. Kann doch nicht so schwer sein. Haltung zeigen, Antwort liefern. Also sagen viele lieber irgendwas als gar nichts.

Und dann kam dieser Abend unter Freunden, an dem ich mir plötzlich dabei zuhörte, wie ich ganz selbstverständlich sagte: «Ich weiß es nicht.» Irritierte Blicke. Das kannten die anderen nun nicht von mir. «Aha. Ach so, ja ähm ... Und wann weißt du es?» Denkpause. «Das weiß ich auch noch nicht.» Staunen. Auch bei mir. Hossa. Geht doch. Das klang ja regelrecht entschlossen! Wie lang hat das jetzt gedauert? Zwanzig Jahre?! War einfacher, als ich dachte. Was für ein herrlich befreiendes Gefühl, die Verantwortung mal abzugeben!

Ich fühlte mich auf einen Schlag ziemlich Dalai-Lama-mäßig. Lächelte auch huldvoll in die Menge, dann ziemlich weise, gefolgt von eher fröhlich – man muss Blicke ja auch üben. Dann nippte ich an meinem Tee, blickte in den Himmel und sagte es, einfach weil's so schön war, gleich noch mal:

«I don't know.»

WAS IHNEN DIESER SATZ BRINGT?

ERLEICHTERUNG. SOUVERÄNITÄT. ANERKENNUNG.

11 ICH MERKE GERADE, DASS MICH DAS THEMA NICHT WIRKLICH INTERESSIERT

Mein Patenkind Nina ist um die vier Jahre alt, als ich ihr dabei zusehe, wie sie mit großem Eifer und äußerst konzentriert ihre Wachsmalstifte auf einem Zeichenblock verewigt. Neben bunten Bäumen und Häusern sind auch zwei Figuren auf dem Bild. «Bist du das?» «Jaaaa.» Bedächtiges Kopfnicken mit großer Geste und offenem Mund. «Und das ist Marie?» So heißt ihre Schwester. Empörter Blick. «Nein, das ist doch nicht die Marie, das ist ein Junge!» «Oh, und woran kann ich das sehen?» «Na, ich hab doch seinen Namen auf das T-Shirt geschrieben.» Ich blicke auf ein grünes Krickelkrakel. «Aha, und wie heißt er?» Sagt Nina perplex und mit allergrößter Verwunderung: «Weiß ich doch nicht. Ich kann doch nicht lesen!»

Ist schon klasse, mit welcher Selbstverständlichkeit und Inbrunst Kinder ausdrücken können, wie sie die Welt betrachten. Herrlich. Klingt dann natürlich auch gerne mal so: «Meine Mutter hat mehr Busen als du!» Ähm ... Danke für die Mitteilung. «Wieso hast du so viele Pickel?» Tja, was will man da sagen? Oder: «Du bist dicker als Tante Anne.» Hm, ja dann ... Thank you for sharing. Als Erwachsener können wir über diesen ehrlichen, unverstellten Blick schmunzeln und erzählen die unverblümten Eins-zu-eins-Botschaften auch gerne weiter. Gedacht, gesagt –

alles eins bei kleinen Kindern, da passt kein Blatt dazwischen. Wir können das gut nehmen, weil wir merken, dass alles reinen Herzens ist, und weil wir wissen: Das geht nicht gegen uns. Da schwingt nicht der Funke eines Angriffs mit. Pure Observation, echtes Mitteilungsbedürfnis. Bewirkt, dass wir nicht sauer sind. Wenn Kinder aber größer werden, hört das Lachen ganz schnell auf: «So was sagt man nicht», «Frag doch nicht so viel, das geht uns nichts an», «Na, sag mal! Jetzt hast du die Frau aber verletzt.» Soll noch einer durchsteigen, denkt sich dann bestimmt das vorher oft gelobte Kind.

Ich kenne nur wenige Menschen, die sich diesen wertfreien Blick als Erwachsene zurückerobern konnten oder vielleicht sogar bewahrt haben. Ein befreundeter Schauspieler ist einer davon. Sven nimmt die Dinge weder persönlich, noch meint er seine Aussagen je als Angriff, was den Umgang mit ihm ganz sagenhaft erleichtert. Mitten in einer Unterhaltung kommt es schon mal vor, dass er ganz ruhig dazwischengeht: «Ich merke gerade, dass mich das Thema nicht wirklich interessiert. Lass uns lieber über was anderes reden.» Schockt viele, dass er sich das rausnimmt. Mir hat es nach der ersten Schrecksekunde allerdings sehr gut gefallen; vor allem in Anbetracht der Alternative. Sollen wir vielleicht lieber gegen seinen Willen weiter über meine Handwerker-Erlebnisse oder Ernährungskonzepte reden? Wenn ich mir vorstelle, dass er danach seiner Freundin sagt: «Ich musste mir zwei Stunden was über makrobiotisches Essen anhören. Bin froh, wieder hier zu sein», dann finde ich das deutlich unangenehmer als diesen kleinen, ehrlichen Satz: «Ich merke gerade, dass mich das Thema nicht wirklich interessiert. Können wir vielleicht über was anderes reden?»

In Corona-Zeiten haben viele höchst erstaunt erlebt, wie anders sich Menschen, von denen wir dachten, dass wir sie kennen, plötzlich verhalten. Ich nehme an, im engsten Kreis gab es wenig Überraschungen, aber im zweiten oder dritten sah es oft schon anders aus. Vom übertrieben ängstlichen Einigeln bis zur Corona-Leugnung war alles drin. Wenn ich in einem Gespräch gewittert habe, dass wegen der neuesten Maßnahmen gleich Welten aufeinanderprallen könnten – und das war zwei Mal in dieser Zeit der Fall –, habe ich gemacht, was von jeher für die Bereiche Politik und Religion empfohlen wird: am besten sofort abbiegen. Nicht mal blinken. Einfach auf die rechte Spur und raus. Kann dann so klingen: «Ich glaub, ich will das Thema lieber sein lassen, ufert vielleicht aus», oder «Lass uns über was anderes reden. Führt, glaube ich, zu nichts». Wie auch immer Sie das formulieren, jeder spricht ja anders. Hauptsache: nächste Ausfahrt Abgrenzung. Ich kann so einen offenkundigen Spurwechsel gerade harmoniebedürftigen Menschen nur dringend empfehlen.

Nadine ist so ein Harmoniemensch. Als ich sie frage, ob sie sich eine Reaktion in dieser Preisklasse vorstellen kann, ist die Abwehr erst mal groß. «Waaas?!? Das kann man doch nicht sagen!» Die Alternative fand sie dann aber auch nicht prickelnd. Denn das hieße ja, Diskussionen aushalten, sich ärgern, zusammenreißen, einen Abend erleben, den sie so nicht haben will, und am Ende vermutlich nach Hause gehen, mit der Angst, dass alle schlecht übereinander reden. Auch nicht sehr erstrebenswert. Irgendwann war ihre Abwehrhaltung gegen den Satz kleiner als die Aussicht auf die nahende Diskussion, und sie hat es tatsächlich durchgezogen. «Lasst uns lieber über was anderes reden, bringt, glaube ich, mehr.» Und wie das so ist, wenn man eine halbe Stunde bibbernd auf dem Fünfmeterturm steht und dann eben doch springt. Kaum wieder aufgetaucht, schreit man dann wundersamerweise: «Noch maaal!»

Anderes Beispiel: Ein TV-Moderator erzählte mir mal, dass er immer, wenn ein Witz naht, krampfartige Fremdschäm-Anfälle bekommt. Schon die Vorstellung von «Kennt ihr den?» war schlimm für ihn. Bei Witz Fluchtinstinkt, hieß hier die Gleichung. Geht natürlich nicht, wenn man gerade beim Essen sitzt, und erst recht nicht live im Fernsehen. Also haben wir etwas gefunden, das in diesen Momenten besser passt. Eine Ich-Botschaft als Abgrenzung, Sie kennen das schon. Der Plan: erst mal im Privatleben üben. Bei nächster Gelegenheit sagte er dann auch, ein bisschen holprig noch, aber durchaus selbstbewusst: «Glaub mir, ich bin dein schlimmstes Publikum. Ernsthaft. Ich lache nie bei Witzen. Du würdest maximal enttäuscht sein. Lassen wir's lieber, ist besser für uns beide.» Mit einem breiten Lächeln kam das sogar sehr überzeugend. Und nachdem er ein paarmal ungläubig erlebt hat, dass sich tatsächlich niemand angegriffen fühlte und der Witz wirklich ausblieb, kann er sich heute auf diese Situationen sogar freuen. Das leidvolle Fremdschämen ist für ihn vom Tisch, und das Erstaunliche ist: Im Fernsehen musste er diese Methode nie anwenden. Das Thema stellte sich plötzlich nicht mehr.

Kann alles passieren, wenn wir das Naheliegende kurz benennen und obendrein gut vorbereitet sind: Dann löst sich diese Sache nämlich einfach auf.

Abgrenzen. Immer wieder dieses Thema. Ein echter Bumerang. Klingt nicht wirklich schön, das Wort. Eher nach «Ich ziehe die Burggrabenbrücke hoch und fahre das Stahlgitter runter». Und doch ist Abgrenzung ein Ausdruck reiner Menschenliebe, denn sie richtet sich nicht *gegen* einen anderen, sondern ist ein Mittel *für* mehr Klarheit, *für* bessere Stimmung und *für* das Zurückfinden zur eigenen Form. «Hier hörst du auf, hier fange ich an», manche müssen das offenbar hören, denn nicht jeder ist ähnlich empathisch. Machen wir in anderen Bereichen ja genauso. Kein Grundstück geht einfach so ins andere über. Hecken, Mauern, Zäune machen die Grenzen sichtbar, und keiner nimmt's persönlich.

«Harmonie», höre ich immer wieder als Hauptmotivation für merkwürdig verkorkste Situationen, ungesagte Sätze und letztendlich auch Streits. Ein Paradoxon. Denn gerade weil den meisten Harmonie lieber ist als Auseinandersetzung, ist es manchmal ganz praktisch, wenn wir kurz mal einen mutigen Satz sagen, der uns dann lange Harmonie schenkt.

«Anlieger frei!» ist vielleicht ein schöner Appell, wenn es nach Eskalation riecht. Stellen Sie dieses Schild ruhig innerlich mal auf. Wer ein echtes Anliegen hat, darf durchdringen zu Ihnen. Alle Nörgler, Genervten und Energievampire bitte Ihren Bereich weiträumig umfahren. Selbst wenn nur Sie dieses fiktive Schild sehen, könnte es reichen, um sich an die Kapitelüberschrift zu erinnern: «Ich merke gerade, dass mich das Thema nicht wirklich interessiert. Können wir lieber über was anderes reden?» Können Sie bestimmt.

WAS IHNEN DIESER SATZ SCHENKT?

ERLEICHTERUNG. ENTSPANNUNG. HARMONIE.

12 GUTE BESSERUNG

Kennen Sie «Das Geisterhaus» von Isabel Allende? Ich liebe vor allem die Romanverfilmung, allein schon wegen der erstklassigen Besetzung. In einer Szene schreit Esteban, gespielt von Jeremy Irons, den Liebhaber seiner Tochter an: «Wenn du sie noch einmal triffst, bringe ich dich um!» Esteban schäumt vor Wut. Seine Frau Clara (Meryl Streep) tröstet später ihre verzweifelte Tochter mit den Worten: «Dein Vater ist nicht böse. Er hat einfach nur zu viel Energie.» Ich finde diese Szene beeindruckend, denn Meryl Streep spielt hier eine hellsichtige Frau, die sehr wohl weiß, wie gewalttätig, unerbittlich und jähzornig ihr Mann sein kann. Aber anstatt angewidert zu reagieren, siegt bei ihr das Verständnis. «Er hat einfach nur zu viel Energie ...»

Was soll ich sagen? Die Frau hat recht. Menschen sind nun mal innen selten so, wie sie im Außen scheinen. Wer auf uns böse wirkt, ist oft nur einsam, der arrogante Kollege vermutlich eher unsicher und der notorische Meckerer vielleicht einfach nur vom Leben enttäuscht. Was wissen wir schon? Wenn wir in Erwägung ziehen, dass das, was jemand gibt, vermutlich das Beste ist, was er gerade hat, egal, was wir verlangen und stattdessen fordern, kommt Ruhe ins System.

Es mag manchmal nicht zu fassen sein, dass unsere hundert Prozent so weit entfernt zu sein scheinen von den hundert Prozent anderer Menschen. Doch wenn wir es schaffen, das zu akzeptieren, wird vieles schlagartig leichter. Und wenn diese Einsicht dann vom Kopf ins Herz rutscht, können wir sogar aufhören, irgendwas und irgendwen persönlich zu nehmen. Das befreit dann ebenso.

Auch eine andere Einsicht kann sehr beruhigend sein: Wer sich danebenbenimmt, ausrastet, einrastet, ausfallend wird oder einfältig, ist in diesem Moment vermutlich einfach nur verrückt. Ich meine das wörtlich: ver-rückt. Da steht einer neben sich. Kein schönes Gefühl übrigens, wenn wir mal ehrlich sind, und daher doch sicher ausreichend Grund, um mal von Herzen «Gute Besserung» zu wünschen, oder? Das ist mein Ernst. Neulich hat mir ein Fahrradfahrer im Vorbeifahren mit voller Wucht von oben auf mein Autodach geschlagen. Ich habe mich irrsinnig erschrocken – er bestimmt auch, denn der erwartete Knalleffekt blieb bei dem Stoffdach eher aus. Ich habe das Fenster dann runtergefahren und ihm ein fröhliches «Gute Besserung» hinterhergerufen. Was soll ich sonst sagen? Dem Mann ging es offenbar ja schlecht.

Wenn wir es schaffen, das, was uns am anderen stört, nicht als Angriff zu empfinden, sondern als «Angebot» umzudeuten, gehen neue Möglichkeiten auf. Wir können dann anfangen zu staunen und aufhören, uns aufzuregen. Wenn wir uns im Höchstfall wundern, was einen Menschen wohl gerade reitet, dass er so dermaßen ausfallend werden muss, kann sogar Mitgefühl entstehen. Fühlt sich ja sicher anstrengend an, so zu sein – allein schon beim

Zusehen. Insofern beziehen wir es mal besser nicht auf uns und wünschen lieber gute Besserung.

Ich möchte hier auch mal ganz positiv die These aufstellen, dass die meisten von uns vermutlich niemanden vorsätzlich angreifen wollen. Viele sind einfach in ihrem eigenen Film gefangen und erleben dort Dinge, die von außen völlig anders wirken. Oft verwechseln sie Wahrnehmung mit Wahrheit, verkaufen Annahmen als Tatsachen. Fragen nicht, wie etwas gemeint war, sondern unterstellen direkt die böse Absicht. Vermutlich benehmen wir uns alle immer mal wieder so. Aus meiner Sicht kein Grund zum Ausflippen. Sind alles nur Angebote.

Da schreit Sie jemand an, und anstatt aus einem Impuls heraus auf den vermeintlichen Angriff zu reagieren, entscheiden Sie jetzt, die Sache lieber umzudeuten, was dann als innerer Monolog vielleicht so klingt: «Aha. Interessantes Angebot. Will ich darauf eingehen? Nö, gerade lieber nicht. Ist mir viel zu anstrengend.» Und dann nach außen mit einem Lächeln: «Na dann, gute Besserung!»

Wir *müssen* uns ja nicht ärgern. Sie wissen schon: «Bevor ich mich aufrege, ist es mir lieber egal.» Oder eben noch selbstbestimmter: «Wer mich ärgert, bestimme immer noch ich.»

Alles ganz wunderbare Erinnerungen daran, dass wir der Pilot in unserem Leben sind. Wir bekommen von anderen nur Angebote, dürfen doch aber bitte schön selbst entscheiden, wie wir darauf reagieren wollen. Ich nenne das Alltagstest. Immer eine schöne Möglichkeit, sich zu entwickeln.

Wenn also das nächste Mal jemand ausrastet, wundern Sie sich lieber. Staunen Sie. Und lassen Sie die Störung da, wo sie hingehört: beim anderen. Ein fröhliches «Gute Besserung!» hinterhergerufen. Und gut ist.

WAS IHNEN DIESER AUSSPRUCH SCHENKT?

LEICHTIGKEIT. SELBSTBESTIMMUNG. FRIEDEN.

13 ICH BIN MIR NICHT SICHER, WAS DAS HEISST

Hello Houston, this is Berlin calling!», rufe ich gut gelaunt in meinen Bildschirm, doch Stefanie, die nach dem Interieur zu urteilen heute im Homeoffice ist, kann mich noch nicht hören – Video Calls und ihre holprigen Starts. Hektisch deutet sie auf ihre Ohren, nimmt die Headphones wieder raus und springt auf, um die Gardinen hinter sich zuzuziehen. Das Licht wird schlagartig besser, der Ton steht nun auch, und mit einem tiefen Seufzer landet Steffi auf ihrem Drehstuhl. «Na, wie war dein Summit-Meeting?», frage ich. Seit Wochen schon freut sie sich auf die Konferenz in Monaco, bei der sie vor dem gesamten EMEA-Führungsteam ihres Unternehmens präsentieren soll – Europe, Middle East, Africa, alle sind sie da. Heute war Vorbesprechung. «Mir reicht's richtig», schnauft sie geladen, «wenn wir jetzt nicht unser Coaching hätten, wäre längst ein Headhunter in der Leitung. Mein Chef ist irre. Das lasse ich mir nicht bieten!» Ihre Augen funkeln, und das Ring Light spiegelt sich noch zusätzlich in ihrer Brille. Ich erfahre, dass ihr Chef sie bei dem Meeting komplett abserviert hat. Offenbar hat er ihre Präsentation gestrichen; ihr Auftritt beim Monaco-Event wurde jedenfalls mit keinem Wort erwähnt.

«Warum hat er das gemacht?», frage ich. «Keinen leisen

Schimmer!», sagt sie mit Tränen in den Augen. Ich verstehe nicht gleich. «Na, wie hat er es denn begründet?» «Begründet? Ich habe doch nicht nachgefragt!», kommt es empört. Ich bin erstaunt. «Was sprach dagegen?» «Na ... alles!» Achselzucken mit größtem Unverständnis im Blick, als hätte ich in einem vegetarischen Restaurant ein Spanferkel verlangt. Hier poppt gerade ein neues Thema auf, denke ich und notiere mir etwas auf einer neonpinken Haftnotiz. «Dann also nach der Konferenz?» «Auf keinen Fall. Ich bettle doch nicht», meinte Steffi stur. Hatte ich auch nicht im Sinn, daher mal zügig nachgefragt: «Was wäre denn eine Alternative zum Betteln?» Stefanie guckt unbeweglich in die Kamera. Die Leitung bleibt stumm.

Ich mag es, in diesen Pattsituationen den Film zurückzuspulen, bis zu der Stelle, an der es für die Klientin zum ersten Mal anstrengend war. Dann brainstormen wir wie zwei Drehbuchautorinnen, schreiben den Dialog um und stellen uns vor, wie der Film mit dem neuen Satz weiterlaufen würde. Ich lege vor. «Wie wäre es mit einer unaufgeregten Nachfrage gewesen? So was wie: *An welcher Stelle ist denn meine Präsentation geplant? Ich finde sie gerade nicht in der Agenda.*» Pause. Frozen Face. «Das klingt so leicht ...», kommt es nach einer Weile fast vorwurfsvoll. «War auch der Plan», sage ich. «Vom Ton her darf es halt klingen wie *Hat jemand vielleicht den Laserpointer gesehen? Der lag doch eben noch hier.*» Steffi lächelt zerknirscht.

Innere Aufregung färbt den Tonfall eben ein, weshalb wir uns aus Angst davor, zu aufgebracht zu wirken, oft intuitiv zurückhalten. Keine gute Lösung natürlich, denn mit diesem Verhalten können wir nichts klären. Der Ausweg heißt hier lieber Worte finden, die unsere Aufregung runterpegeln, dann bleibt der Ton von ganz alleine angemessen.

Während ich mir immer sicherer bin, dass es sich bei ihrem fehlenden Slot um ein Versehen handeln muss, hält Steffi ein Missverständnis für völlig ausgeschlossen. Ihr Chef habe auch immer so komisch blinzelnd weggeschaut, sagt sie, sicher Ausdruck seines schlechten Gewissens. Trotzdem committet sie sich dazu, das Gespräch mit ihm so schnell wie möglich nachzuholen. Die Sache darf geklärt werden.

Am nächsten Tag prompt Stefanies Sprachnachricht: Er sei aus allen Wolken gefallen, sagt sie, denn er habe überhaupt nicht gemerkt, dass er sie vergessen habe. Kurz vor dem Meeting sei er bei einer Augenbehandlung gewesen, weshalb er die Folien weder selbst vorbereitet habe noch überhaupt scharf habe sehen können – erklärt dann auch das Blinzeln. Wieso sie nicht gleich was gesagt habe, will er wissen und versteht die Welt nicht mehr. Da sind wir dann schon zwei. Der Monaco Summit jedenfalls findet weiterhin mit Stefanie statt, und ein zusätzliches Coaching-Thema haben wir durch ihre Reaktion dann auch gewonnen.

Ich mag diese Geschichte, weil sie so exemplarisch verdeutlicht, wie bereitwillig wir die Dinge auf uns beziehen und eine eigene Wahrheit kreieren, die mit der Wirklichkeit nicht das Geringste zu tun haben muss. Radikaler Konstruktivismus. Mir fällt Paul Watzlawick ein, der auf dem Gebiet viel geforscht hat. *Anleitung zum Unglücklichsein* heißt sein Bestseller aus den 1980ern. Kennen Sie die Geschichte mit dem Hammer? Ein Mann will ein Bild aufhängen, hat aber keinen Hammer und beschließt, beim Nachbarn nachzufragen. Bevor er rübergeht, steigert er sich in ein wildes Kopfkino hinein, was der Nachbar dann wohl von ihm denkt, wieso er ihm den Hammer vielleicht nicht geben will, dass er neulich schon so komisch geguckt hat ... Die Geschichte gipfelt darin, dass der Mann wütend beim Nachbarn klingelt und ihn anschreit: «Behalten Sie Ihren Hammer, Sie Rüpel!» Konstruktivismus halt.

Dabei gibt es so viele schöne, einfache Sätze, die uns ganz schnell Gewissheit bringen würden, wenn unser Gehirn plötzlich und ungefragt einen wilden Ritt hinlegt. «Ich bin mir nicht sicher, was das heißt», zum Beispiel, «Ich bin mir nicht sicher, was Sie damit meinen» oder «Ich bin nicht sicher, was das konkret für mich bedeutet». Alles hilfreiche Sätze, die uns mit klaren Antworten belohnen. Versteht sicher jeder, machen dennoch wenige. Vielleicht weil wir uns, besonders im Beruf, für so vieles zuständig fühlen. Sogar eben dafür, die Aussagen anderer Menschen richtig verstehen zu müssen. Wer nicht sicher ist, was jemand meint, hat oft die verquere Angewohnheit zu vermuten, was es heißen könnte. Lieber spekulieren wir wild drauflos, anstatt einmal kurz nachzufragen. Würde vieles leichter machen, denn ungünstigerweise liegen wir mit unserer Interpretation doch ziemlich oft daneben. Ich sage nur Stefanie. Weil wir aber selten mitbekommen, dass das, was wir *Wahrheit* nennen, in Wirklichkeit nur eine *Annahme* ist, kommt es ganz zwangsläufig zur Kollision. «Waaas? Das hast du doch *genau so* gesagt!», echauffieren wir uns voller Überzeugung und ernten das unvermeidliche

«Das habe ich so *nie* behauptet! Hör doch mal zu, wenn ich mit dir rede!». Eine völlig überflüssige Schlittenfahrt mitten hinein ins Missverständnis und obendrein ganz leicht vermeidbar. Wenn, und das ist die Voraussetzung, *wenn* wir uns dazu entscheiden können, Interpretationen einfach sein zu lassen, sie rigoros als Kommunikationsmöglichkeit zu streichen. Das hätte was. Eine wunderbare Entscheidung wäre das, die uns sofort belohnen würde mit weniger Missverständnissen, weniger Aufregung und mit viel mehr Klarheit.

«Willst du Teil der Lösung sein oder Teil des Problems?», heißt es so schön. Mal ehrlich, wer würde schon antworten: «Ja, danke, dass du fragst. Auf jeden Fall Teil des Problems. Ist mir irgendwie lieber.» Logisch, dass wir Angewohnheiten, die uns komplizierte Ergebnisse bescheren, lieber sein lassen wollen. Doch wie immer, wenn wir etwas sein lassen wollen, dürfen wir zunächst mal mitbekommen, dass wir es überhaupt tun. Da ist sie wieder, die wunderbare Achtsamkeit. Wir dürfen alle wacher werden. Mitbekommen, was läuft vor allem, und zugeben können, wenn uns der Durchblick fehlt.

Wissen Sie noch? «I don't know», sagte schaukelnd der Dalai Lama, und das Stadion bebte. Etwas zugeben können strahlt Großzügigkeit sich selbst gegenüber aus. «Lieferando-Schleife» habe ich das in Kapitel 10 genannt, wenn wir meinen, liefern zu müssen, statt eben mal kurz nachfragen zu dürfen.

Ich bin mir nicht sicher, was das heißt

«Ich bin nicht sicher, was es bedeutet, dass meine Präsentation nicht mehr im Programm steht ...», hätte Steffi auch sehr gutgetan. So viel überflüssiges Adrenalin. So viel Cortisol. Ein heftiger Mix aus Stresshormonen – wo doch das Gesundheitsbewusstsein sonst recht hoch ist bei uns. Wir reduzieren Weißmehl, Konservierungsstoffe, Zucker, die Eier sind glücklich, das Öl ist kalt gepresst, aber in unserer eigenen biochemischen Fabrik brauen wir Stoffe zusammen, für die sich eine Detox-Kur lohnen würde. Schreiten wir lieber schneller ein. «Ich bin mir nicht sicher ...» als Satzanfang mit im Gepäck zu haben, ist immer eine gute Idee.

WAS IHNEN DIESER SATZ SCHENKT?

KLARHEIT. SELBSTBEWUSSTSEIN. ACHTSAMKEIT.

14 ICH MÖCHTE GERADE LIEBER FÜR MICH SEIN

Seit meiner letzten Maniküre weiß ich alles über Hashimoto. Ernsthaft. Alles. Ich bin quasi Endokrinologin und habe das Gefühl, jederzeit mit ein paar Kollegen aus der Inneren fachsimpeln zu können. Will sagen, es ist schon erstaunlich, wie viel Mitteilungsbedürfnis manche Menschen haben. In meinem Fall die Frau aus dem Nagelstudio, das von außen so einladend wirkte. Wahrscheinlich ist die Dame nett, was ich aufgrund der verbalen Dauerschleife, die sie um ihre Autoimmunkrankheit dreht, allerdings nicht merken kann. Mit jedem gefeilten Fingernagel schieben sich neue Geschichten über den schmalen Tisch. Ich erfahre von Fehldiagnosen, Ärztewechsel, Nebenwirkungen. Es geht ausschließlich um Hashimoto. Sie spricht, ich höre zu. «Warum eigentlich?», hat mich meine Freundin Anna mal gefragt, als ich ihr eine ähnlich skurrile Szene aus einer Massagepraxis geschildert habe, «wieso tust du dir das an?» Sie wollte auch wissen, wann ich vorhabe, mir «Talk to me» von der Stirn zu wischen. Tat ein bisschen weh, wenn ich ehrlich bin. Ist aber immer ein guter Hinweis darauf, dass etwas dran sein muss am Feedback. Wo Widerstand ist, ist Wahrheit.

Kennen Sie das, wenn fremde Menschen unbedingt mit Ihnen reden wollen, während Sie sich gerade auf etwas Stille freuen? Kann einem ja überall passieren, bei der Massage, im Flugzeug, im Taxi, beim Friseur. Immer wenn der Raum eng ist und ein dritter Mensch weit weg. Halten wir vielleicht Stille nicht gut aus? Ich jedenfalls liebe es, meine Ruhe zu haben. Das konnte aber fairerweise lange niemand merken, denn bis zu einem höchst befremdlichen Schlüsselerlebnis habe ich anscheinend unausgesprochen Gesprächseinladungen versandt; ganz unterschwellig und ohne es zu merken.

«Wenn du wissen willst, was dein Anteil an einer Situation ist, sieh dir das Ergebnis an», hat mein erster spiritueller Lehrer oft gesagt. «Du erntest immer, was du säst.» Wenn ich das übertrage auf die vielen fremden Menschen, die mir oft in kürzester Zeit ihr Herz ausgeschüttet haben, wird mir klar: Wie man sich charmant, bestimmt und dennoch entspannt abgrenzt, wusste ich damals offenbar noch nicht. Dazu brauchte ich einen Tennisarm und den Besuch in einer Physiotherapie-Praxis, gleich um die Ecke vom Schöneberger Rathaus, vor dem Kennedy sein legendäres «Ish bin ein Bearleener» in die Menge rief.

Es war mein erster Tennisarm, und er tat höllisch weh. Knappe zehn Minuten bearbeitet die sympathische Physiotherapeutin meine Muskeln, checkt Verspannungen und das Sehnenansatzgewebe. Dann kann die Behandlung beginnen und mit ihr etwas anderes. Denn wie ich verblüfft feststelle, reicht ihr die körperliche Kennenlernphase offenbar aus, um auch auf anderer Ebene vertraut zu werden.

In beeindruckender Offenheit teilt sie intimste Episoden ihrer Dating-Welt mit mir. Während sie auf meinem Ellenbogen herumdrückt und dabei mein Handgelenk in ungewohnt verdrehte Positionen bringt, plaudert sie freimütig und detailfreudig über ihre letzte Nacht mit einem Muskelmann aus Meck-Pomm. Fieberhaft frage ich mich, wie ich reagieren soll, da geht die Fahrt schon weiter: «Jetzt mal im Ernst: Was würden Sie denn auf *so* ein Foto zurückschreiben? Da bin ich aber mal gespannt!» Und schon habe ich ihr Handy zehn Zentimeter vor der Nase. Zum Glück kann ich ohne Lesebrille so nah nicht wirklich was erkennen. Die ganze Behandlung über war ich regelrecht im Schock. Nicht über die Therapeutin, über mich. Wieso lasse ich so etwas zu? Wieso sage ich nicht einfach, dass mich das nichts angeht, dass ich da bin, um gesund zu werden, dass ich mich freue, wenn ich meine Ruhe habe, und dass sie bitte jetzt mal still sein soll?

Mir fehlte einfach der passende Satz. So fühlte es sich jedenfalls an, und wir wissen ja, wie es mit Gefühlen ist – wer fühlt, hat recht. Alle Formulierungen, die mir einfielen, wären zwar wahr, aber viel zu hart gewesen. Zu unhöflich, zu krass für einen Zehn-Quadratmeter-Raum, in dem ich noch eine Weile halb nackt liegen würde. «Seien Sie doch bitte ruhig», käme in der Situation ganz sicher nicht so gut. Nur, wenn wir innerlich in Rage sind, fallen uns die richtig souveränen Sätze natürlich oft nicht ein.

Alles Schnee von gestern heute, denn irgendwann hat es klick gemacht, und von diesem Moment an war alles leicht. Selbst wenn ich schon mittendrin stecke in einer Unterhaltung und plötzlich merke, dass ich lieber aussteigen will, reicht mittlerweile eine kleine Ich-Botschaft, und schon ist alles wieder gut: «Das war interessant, vielen Dank. Jetzt möchte ich dann, glaube ich, mal abschalten» oder näher am Kapitelsatz: «Ich möchte gerade lieber für mich sein, merke ich gerade.» Das funktioniert. Mit dem versöhnlichen Zusatz am Ende sogar noch besser. Und bei der Thaimassage habe ich mir längst ein freundliches «Gute Nacht» angewöhnt. Dann kichert meine Masseurin kurz, sagt «Schlaf schööön», und ich versinke in der wunderbaren Welt der Aromaöle. Geht doch.

Viele Menschen, meistens Frauen, bleiben, so wie ich früher, viel zu lange viel zu zögerlich. Aus Angst, jemanden zu verletzten oder unhöflich zu wirken, leiden sie still nach innen, während sie nach außen ihr schönstes Lächeln zeigen, was missverständlicherweise dem Umfeld signalisiert: Hier hat jemand Lust auf Unterhaltung, toll!

Ein Klient hat mir mal berichtet, wie froh er war, als er nach einem langen Konferenztag den letzten Slot im Hotel-Spa erwischt hat. Statt der ersehnten Entspannung bekam er allerdings eine Rückenmassage, die es in sich hatte. Auch um 21 Uhr hatte der Masseur offenbar noch ein erhöhtes Mitteilungsbedürfnis und leider auch den Tick, beim Nachdenken grundsätzlich seine Bewegungen einzustellen. Dummerweise dachte er viel nach. Was sich dann ungefähr so äußerte: «Und dann hat er gesagt» – Massage-Pause bei: *«War es Dienstag oder Donnerstag? Hm ... Ich glaube, Dienstag ...»* Jetzt wieder in Bewegung: «Na egal, er hat jedenfalls gesagt, dass er lieber nach Italien will. Nach Sizilien!» – Massage-Pause bei: *«Oder war das*

Sardinien …?!?» – Dritte Welle: «Jedenfalls Italien!» Und so ging es weiter in einem munteren Stop-and-go. Dem Klienten wurde es schwindelig. Nun ist er ein sehr netter Mensch mit viel Verständnis, aber eben auch mit viel Stress – Entspannung hätte ihm also gutgetan. Sein Harmoniebedürfnis war dennoch größer, weshalb eine innere Stimme felsenfest behauptete: «Du bekommst nur deine Ruhe, wenn du keine Wünsche anmeldest, nicht Stellung beziehst, geduldig und freundlich alles erduldest.» Stimmt natürlich nicht, aber wie gesagt, wer fühlt, hat recht. Und wenn unsere einzige Idee ein Kommentar ist, den wir auf keinen Fall geben wollen, entscheiden wir uns aus Angst, das Falsche zu sagen, natürlich lieber gar nicht. Was uns oft fehlt, ist schlicht eine Alternatividee. Etwa: «Sorry. Mir ist gar nicht nach Reden, merke ich gerade. Ich glaube, ich schalte lieber ab.» Das könnte eine Alternative sein zu Alles-erdulden oder Mit-dem-Zaunpfahl-winken. Vielleicht auch: «Ich bin nicht wirklich ansprechbar, merke ich gerade. Ich glaube, ich möchte mich lieber erholen.» Geht natürlich auch. «Merke ich gerade» ist immer Gold wert. Es spült alles herrlich weich, lässt unser Statement etwas nebensächlicher wirken und ist wie so vieles in diesem Buch eine klare Ich-Botschaft. Immer ein Garant fürs kleine Glück.

Wer viel fliegt, fährt meistens auch viel Taxi. Beides habe ich jahrelang recht exzessiv betrieben. Irgendwann war ich sehr dünnhäutig aufgrund der anhaltenden Fremdbestimmung. Ständig sagt einem jemand, was wann zu tun ist, ein eigener Rhythmus findet nicht statt, er wird von Lautsprecheransagen übertönt. Wo wir wie das Handgepäck abstellen sollen, wann man es sich wieder holen darf, dass die Armlehne runter- und der Tisch hochgeklappt sein soll. Jetzt trinken, jetzt den Becher wieder abgeben. Fremde Plastikhände greifen uns in den Hosenbund, die wichtigsten Toilettenartikel kann im durchsichtigen Beutel jeder einsehen, auch man selbst wird durchleuchtet. Den Laptop anmachen, das Handy aus, Sprengstofftest.

Bei mir bewirkt Fremdbestimmung in Hochtaktung einen enormen Freiheitsdrang, habe ich festgestellt. Wo immer es möglich ist, will ich daher meine eigenen Bedingungen schaffen. Beispiel Taxi, auch so ein Kleinraum-Szenario. Wie sagt man einem Fahrer, dass es oder er streng nach Knoblauch riecht, die Musik durch die hinteren Boxen im Kopf hämmert und die Werbung nervt? Vielleicht: «Ist es okay, wenn ich das Fenster aufmache? Hatte heute zu wenig Luft.» Oder: «Ich kann mich ganz schlecht konzentrieren, merke ich gerade. Haben Sie Lust, das Radio einen Tick leiser zu stellen?» Funktioniert oft sogar besser als gewünscht. Die meisten Fahrer stellen das Radio daraufhin nämlich ganz ab. Und wenn sich der Sitznachbar in der Bahn gerne angeregt unterhalten will, während Sie nun ausgerechnet einmal nichts tun wollen? «Ich merke gerade, dass ich lieber einen Moment für mich sein will», reicht hier meistens, oder: «Tut mir leid, ich bin gerade gar nicht ansprechbar. Ich möchte mal dringend über etwas nachdenken.» «Ach so, na klar!», heißt oft die Antwort in diesen Fällen, und keiner ist beleidigt. Lauter kleine Ich-Botschaften. Sie tun keinem weh und bewirken verlässlich, dass wir unsere Ruhe haben.

Herzlichen Glückwunsch, wenn Sie dieses Kapitel nicht brauchen. Sie gehören zur Ausnahme, denn das Gros der Menschen schwankt öfter, als Sie glauben, zwischen Aggression und Verzweiflung, wenn es ums tägliche Miteinander geht. Daher wünsche ich allen, die sich angesprochen fühlen, viel Spaß und Erfolg mit Sätzen wie «Ich möchte gerade lieber für mich sein». Wäre doch ganz wunderbar, wenn diese kleinen Guidelines Ihr Leben ab jetzt leichter machen.

WAS IHNEN DIESER SATZ SCHENKT?

RUHE. SELBSTBESTIMMUNG. ERHOLUNG.

15 WER MIT DEM FINGER AUF ANDERE ZEIGT, ZEIGT DABEI MIT DREI FINGERN AUF SICH

Es ist mir ein Rätsel, wie man in Berlin-Charlottenburg parken soll, ohne ein Ticket zu bekommen. Gut, ein Smart hilft natürlich. Dennoch ist es klug, die Einzahlungen an die Landeshauptkasse direkt bei den Fixkosten mit einzuplanen. Mit anderen Worten, ich parke immer mal wieder im Halteverbot, ganz bewusst und meistens kurz, um mal eben was beim Schneider abzuholen. So auch geschehen an einem Samstag im Mai. Als ich aus meinem Auto steige, schreit ein Mann vom Fußweg gegenüber: «Sind Sie blind? Parken verboten! Sie dürfen da nicht stehen!» Wilder Blick. Hochroter Kopf. Ich sehe mir das Halteverbotsschild an und denke: «Doch, darf ich. Kostet 35 Euro.» Klingt jetzt vielleicht zu frech, um es mal eben locker zurückzurufen, der Mann ist immerhin kurz vorm Platzen. Wäre aber sachlich durchaus richtig. «Willst du recht haben oder glücklich sein?», frage ich mich und schweige.

Warum ich das erzähle? Weil es ziemlich förderlich ist, wenn wir beim Austausch mit anderen merken, worum es gerade wirklich geht. Bin ich überhaupt gemeint? Dieser Zwischenschritt ist durchaus hilfreich, denn er bringt uns dazu, dass wir mit unserer Energie länger bei uns bleiben können, anstatt sie in Wortgefechten zu verplempern. Der Mann mit dem roten Kopf zum Beispiel hatte ja nichts gegen mich persönlich. Seien wir ehrlich. Wäre ich nie geboren, hätte er jemand anderen angeschrien mit seinem Thema, das ja irgendwo zwischen Ordnung, Disziplin und Freiheit liegt; scheint so sein Ding zu sein.

Wenn wir uns aufregen über jemanden, wenn uns etwas am anderen stört, wenn wir meckern, jammern, uns beschweren, ist es eine schöne Abkürzung, mal kurz zu überlegen, was dieses Störgefühl eigentlich über uns selbst aussagt. Meinen wir wirklich den anderen? Ist es diese bestimmte Frau, die mich aufregt? Ist es tatsächlich dieser bestimmte Mann? Oder sind wir es, die gestört sind, und der Nächstbeste kommt uns jetzt einfach mal gerade recht?

«Wer mit dem Finger auf andere zeigt, zeigt dabei mit drei Fingern auf sich», heißt dieses Kapitel. Machen Sie diese Geste ruhig mal, muss man vielleicht sehen, um es zu verstehen. Ich finde den visuellen Aha-Effekt jedenfalls sehr hilfreich und immer wieder eine schöne Abkürzung, um an die Quelle unserer Störung zu gelangen – und die liegt eben meistens in uns selbst. Die Finger, mit denen wir ganz automatisch auf unseren eigenen Körper zeigen, sind einfach so viel aussagekräftiger und wichtiger als der Zeigefinger, den wir auf andere richten.

Friedemann Schulz von Thun, Kommunikationspsychologe aus Hamburg, nennt das seit den 1970er-Jahren in einem seiner Modelle «Selbstoffenbarungsebene». Will heißen: Was sagt das, was wir von uns geben, eigentlich über uns aus? Generell ein sehr effizienter Blick auf die Welt, denn wie oft regen wir uns über andere auf, was sie getan haben, was sie hätten tun sollen, welche Auswirkungen das jetzt für uns hat, und kein einziges Mal hat es uns je weitergebracht. Das wird durch das Bild mit den Fingern anders.

Zurück zum besagten Samstag im Mai: Für so manchen Autofahrer wäre es vermutlich naheliegend gewesen, das Eröffnungsangebot des schreienden Mannes anzunehmen und impulsiv so was zurückzuschießen wie: «Was mischen Sie sich denn ein! Kümmern Sie sich um Ihre eigenen Angelegenheiten! Haben Sie nichts Besseres zu tun?» Passiert so sicher tausendfach am Tag. Klare Kampfansage. Bringt aber nichts, klärt auch nichts und ist im Gegenteil ein Brandbeschleuniger.

Ein Fremder wird sich für uns nie ändern, warum also Menschen belehren und in Rechthabergespräche einsteigen? Ist menschlich, hat aber die Welt selten vorangebracht, und meistens ist man danach auch aufgeregter als vorher.

Halten wir uns also lieber an uns selbst und fragen: «Was sagt das, was ich gerade sage, eigentlich über *mich* aus?» Und: «Was sagt das, was ein anderer erzählt, wohl über *ihn* aus?» Fragen, die zu schnellen Auswegen führen. Klügere Schachzüge allemal. Wer diese beiden Ebenen trennen kann, ist klar im Vorteil und mittendrin im Thema Selbstbestimmung, was ja immer wunderbar befreiend ist.

Nehmen wir mal an, der Berliner Schreihals hätte gerade noch die Kurve gekriegt und gemerkt, dass er offenbar ziemlich am Limit ist, ausrastet, schreit, angreift. Und nehmen wir weiter an, er hätte Lust zur Selbstreflexion gehabt. Dann hätte die Übersetzung des Finger-Modells für ihn so klingen können:

Mittelfinger: «Ich kann es nicht leiden, wenn hier einfach jeder macht, was er will!» Ringfinger: «Ich wollte früher mal zur Polizei, die Deppen haben mich aber nicht genommen! Unverschämt!» Kleiner Finger: «Ich hab nicht mal genug Geld für ein Auto, mit dem ich falsch parken könnte!» Ist jetzt etwas übertrieben, ich weiß, bringt aber doch die Tragweite der Möglichkeiten rüber, finden Sie nicht?

Das Leben ist ein Selbstgespräch. Ist einfach so. Was wir erzählen, sagt oft mehr über uns aus als über andere. Deshalb müssen wir auch nicht alles kommentieren. Der Irrglaube, immer die passende Antwort parat haben zu müssen, setzt uns ohnehin nur zusätzlich unter Druck. Meist bewirkt es, dass uns die optimale Erwiderung dann erst abends im Bett einfällt. Sie wissen ja, wie es ist: Wenn es außen still wird, wird es innen meistens laut. Nachts schleicht sich das schlechte Gewissen an und setzt ungefragt Gedankenkarussells in Bewegung. «Na toll, hätte ich mal lieber ...» – und dann kommt er natürlich, der grandiose Einfall, die super Replik und das Bedauern darüber, dass die Chance nun vertan ist.

Messen Sie diesen verspäteten Einfällen keine Bedeutung bei. Lassen Sie die Sache lieber, wo sie hingehört: in der Vergangenheit. Vorbei ist vorbei. Wir können sowieso niemanden ändern, uns aber schon. Daher, wenn Sie das nächste Mal wach liegen oder sich tagsüber ärgern, erinnern Sie einfach die Geste mitsamt dem dazugehörigen Satz: «Wer mit dem Finger auf andere zeigt, zeigt dabei mit drei Fingern auf sich.» Wenn Sie herausfinden, was die drei Finger, mit denen Sie auf sich zeigen, über Sie selbst aussagen, geht es Ihnen sicher besser.

WAS IHNEN DIESER SATZ SCHENKT?

SELBSTERKENNTNIS. WACHSTUM. FREIHEIT.

16 ICH KANN ES MIR NICHT LEISTEN, DAS NICHT ZU TUN

Irgendwann, zu unbestimmter Zeit, an einem Tag, von dem ich vielleicht nichts erwarte, in einem Moment, der sich nicht ankündigt, tanzt manchmal, leichtfüßig und unbeschwert, ein Gedanke in meinem Kopf: «Wieso wohne ich eigentlich nicht auf Bali?», könnte der zum Beispiel überraschend fragen. Eine durchaus ernst gemeinte Eingebung, die unvermittelt das Fenster zur Welt aufreißt, mich kurz auf alle Möglichkeiten blicken lässt und damit dem Moment einen besonderen Zauber verleiht. In diesem Fall fände ich es dann vermutlich schlagartig abwegig, in Deutschland zu wohnen, wo die Welt doch so groß ist und das Leben so kurz. Warum nicht nach Bali gehen, so für zwei, drei, vier Monate ...? Weil mir meist kein triftiges Gegenargument einfällt – Geld und Zeit lasse ich nicht gelten, beides hatte ich in diesen speziellen Momenten nie –, sehe ich mir dann meistens dabei zu, wie ich unaufgeregt in einen Möglichmacher-Modus schalte, Termine schiebe, umgestalte, telefoniere, Flüge buche, ein Haus für die ersten Wochen klarmache. In dieser wunderbaren Zeit zwischen Blitzentscheidung und Buchung bewahrheitet sich jedes Mal Goethes kluger Satz: «Sobald der Geist auf ein Ziel gerichtet ist, kommt ihm vieles entgegen», denn es ist tatsächlich erstaunlich, was einem dann so alles zufällig entgegenkommt. Ich meine das sprichwörtlich – die Dinge *fallen* uns in diesen Zeiten wirklich *zu*: Ganz nebenbei erfahre ich zum Beispiel von meinem Zahnarzt, dass seine Studienfreundin seit gestern ihre Bali-Villa mit Pool und Wasserfall und Schnick und Schnack vermieten will. Ich höre von dem Freund eines Klienten, der gerade auf der Insel ist und schon immer mal ein Coaching wollte, lese von diesem großartigen Workshop, den ich in Europa jedes Mal verpasst habe und der ausgerechnet zu dieser Zeit auf Bali stattfindet, ein Filmteam will in meinem Loft drehen, wodurch unerwartet die Fixkosten gedeckt wären.

«Things are falling into place», sagt eine englische Redewendung – die Dinge fallen an ihren Platz, wenn die Absicht dahinter klar ist. Kann ich nur bestätigen. «Die Form findet sich», auch so eine schöne Aussage, die voll ans Urvertrauen appelliert. Wenn uns die Motivation, die Absicht,

das Ziel bekannt ist, findet sich die Form sogar bestimmt, denn damit schwingen wir uns mühelos hinein, in diesen sagenhaften viel zitierten Flow. Wir fangen einfach an zu machen und lassen uns davon überraschen, wie viel Gutes dabei entsteht und wie sich die Dinge auf einmal fügen. Ging mir oft im Leben so.

Auf Bali habe ich tatsächlich mal drei Monate verbracht, eine herrliche, erkenntnisreiche Zeit. Ich erinnere mich an einen Abend in einem wunderschönen Öko-Resort. Alle Häuser auf Stelzen gebaut, die Fußböden aus dickem Glas, sodass man zu jeder Tageszeit die Fische schwimmen sehen kann, nachts mit Unterwasserbeleuchtung. Ein magischer, traumhafter Ort war das, mit Blick auf endlose, saftige Reisterrassen, und in der Mitte glänzte ein Süßwasserpool, der als See angelegt war. Daneben ein riesiger tropischer Baum, von dem Lianen herabhingen. An denen schwang man sich dann Tarzan-like in den malerischen See. Ein paradiesischer Gegenentwurf zu getäfelten Chlorwasser-Pools mit Sprungbrett-Charme. Es geschah an diesem Ort, dass der Satz, der jetzt Kapitel 16 heißt, einen ganzen Abend bestimmen sollte.

Nach einem Konzert, für das ich quer über die Insel gefahren bin, komme ich mit zwei Belgiern ins Gespräch, die, wie sich herausstellt, mehrere Firmen besitzen und für zwei Wochen die Private Balinese Villa im Resort gemietet haben. Eine gigantische, luxuriöse, eigene Welt mit Butler und Private Pool. Als sie erfahren, dass ich noch zweieinhalb Monate auf Bali bin, fallen sie vom Glauben ab. «Wow! Na, wenn du dir das leisten kannst!»

Wie oft ich diesen Satz wohl schon gehört habe? Und jedes einzelne Mal erstaunlicherweise von Menschen, die sich so viel mehr leisten konnten als ich. Die Belgier zum Beispiel gaben bei zweitausend Euro pro Nacht in zwei Wochen sicher mehr aus als ich in drei Monaten und verdienten in der Zeit natürlich trotzdem weiter. Wenn es sich hier also jemand leisten kann, dann sicher sie. Aber so ist das immer mit diesem Ausspruch. Er kommt von denen, die alle Möglichkeiten haben und das aus irgendeinem Grund nicht sehen können. Vielleicht sind sie es zu sehr gewohnt, unter Leistungsdruck und Expansionszwang zu stehen, sodass sie sich ständig neue Ziele hochhausgroß in den Weg stellen, was dann eben die Sicht versperrt. Auf das, was sein kann, und auf das, was wirklich ist.

«Wenn Sie sich das leisten können!» Oft höre ich das auch von Topmanagern, die ein Vielfaches verdienen und denen laut Firmenpolitik sogar ein Sabbatical *zusteht*. Sie könnten es einfach beantragen und würden danach weich fallen, in die Sicherheit des festen Arbeitsplatzes, der zu Hause auf sie wartet. Menschen mit Häusern, Booten, Fincas, Jahresbonus. «Wenn Sie sich das leisten können?» – echt jetzt?

Ich habe ein bisschen zeitverzögert reagiert, damals auf Bali: «Sagen wir so, ich kann es mir nicht leisten, das *nicht* zu tun.» Betretene Stille. Klang das jetzt belehrend? Und wenn schon. Ich hatte auf einmal genug von Menschen, die fünfzig Wochen im Jahr ihr Leben nicht leben, stattdessen Wellness mit Druckbetankung in zwei Insel-Wochen pressen und echte Träume auf Tag x verschieben, der dann womöglich nicht kommt, weil der Schlaganfall, die Fettleber, das Burn-out, der Herzinfarkt doch schneller waren.

Vielleicht lag meine Stimmung auch an Bronnie Ware. Ich hatte gerade ihr Buch «The Top Five Regrets of the Dying» gelesen, das zu der Zeit den Buchmarkt eroberte, und war entsprechend tief drin im Thema Sinn des Lebens. «Fünf Dinge, die Sterbende am meisten bereuen» heißt der Titel auf Deutsch. Bronnie Ware zieht darin die Sinnfrage von hinten auf. Als Sterbebegleiterin hat sie Menschen am Ende ihres Weges gepflegt, hat zugehört, gefragt, verstanden und irgendwann begonnen mitzuschreiben. Ihr Fazit: Ob reich oder arm, an diesem Punkt im Leben kreisen die Gedanken bei den meisten Menschen um dieselben Themen. Bedauern über versäumtes Leben. Auf dem traurigen ersten Platz liegt: «Ich wünschte, ich hätte den Mut gehabt, mein eigenes Leben zu leben.» Das sitzt. Bedauern zwei: «Ich wünschte, ich hätte weniger gearbeitet.» Es folgen «Ich wünschte, ich hätte meine Gefühle öfter ausgedrückt» und «den Kontakt zu Freunden mehr gepflegt». Grund Nummer fünf: «Ich wünschte, ich hätte mir erlaubt, glücklicher zu sein.»

Was für ein trauriges Resümee, finden auch die Belgier, als ich ihnen davon berichte, und so diskutieren wir uns in eine lange Nacht hinein, mit erstaunlichen Erkenntnissen und Offenheit im Herzen. Ich glaube, beide Seiten haben viel gelernt damals, und Bronnie Ware hat sicher ein paar Bücher mehr verkauft.

Seitdem ist für mich klar, von all den Dingen, die Menschen am Ende ihres Lebens bedauern, reicht mir bereits der erste Grund als Weckruf völlig aus: «Ich habe mein Leben nicht gelebt.» Was für eine Bankrotterklärung, wenn man sich das am Ende eingestehen muss. Da hilft auch kein unbeschwertes «Das verzeihe ich mir am besten gleich mal selbst» mehr.

Daher, wenn wir in unseren letzten Tagen einen zufriedenen Blick zurückwerfen wollen, ist vielleicht «Ich kann es mir nicht leisten, das nicht zu tun» ein gesunder Impuls dafür. Ein kleines Selbstgespräch, das uns neue Wege gehen lässt. In Coachings habe ich oft erlebt, wie felsenfest überzeugt wir von einem Gedanken sein können. Was angeblich alles dagegenspricht, dass wir uns dies oder das erlauben. Und wenn wir dann loslassen, einfach mal so, geschieht das Wunder eben doch, und plötzlich geht so einiges.

Ich glaube, es ist heilsam, öfter an Überzeugungen zu ruckeln, egal wie wahr sie uns erscheinen. So kann eine Dynamik in Gang kommen, die diesen wunderbaren Mobile-Effekt auslöst: Obwohl wir nur einen Teil in uns berühren, bewegt sich plötzlich unser gesamtes System mit. Eine wunderbare Voraussetzung, um ein bisschen mehr der Mensch zu werden, der wir eigentlich schon sind.

WAS IHNEN DIESER SATZ SCHENKT?

AUTHENTIZITÄT. HINGABE. ERFÜLLUNG.

17 ICH GLAUBE, DAS IST DEIN THEMA

Manchmal ist die Liebe einfach weg, die Ehe zu Ende gelebt und selbst der Wunsch, alles wieder aufleben zu lassen, nicht mehr greifbar. Persönlichkeiten haben sich entwickelt oder eben leider nicht – es gibt viele Gründe, wieso aus diesem knallroten, schwer verliebten Ausrufungszeichen ein blasses, mickriges Fragezeichen geworden ist. Wenn sich dann mitten in die Bankrotterklärung hinein einer der Partner neu verliebt, kann es ziemlich unschön werden. Der eigene Anteil am Scheitern tritt schnell in den Hintergrund, und die geballte Verlust-Energie richtet sich ausschließlich auf das fremde Ziel: die dritte Person.

Einer Klientin von mir ist das einmal so ergangen. Als Nummer drei in der Geschichte wurde sie zur Zielscheibe einer ganzen Abendgesellschaft in Hamburg, Elbchaussee, irgendwann im Winter. Lauras neuer Freund Nils ist ganz euphorisch an diesem Abend. Gleich wird sie viele seiner Freunde kennenlernen, die ihn nur aus der zwölf Jahre langen Ehe mit Melanie kennen. Die beiden waren ein tolles Paar, bis sie gemerkt haben, dass das nur noch Fassade war. Nach jahrelangem Abnabelungsprozess voller Streits, Anschweigen und so tun, als ob nun also sein neues Glück mit Laura.

Ziemlich blauäugig rauscht Nils in das Kennenlern-Dinner und kalkuliert in keiner Weise ein, dass gemeinsame Freunde nach einer Trennung in der Zwickmühle stecken. Sie wollen sich für Nils freuen und leiden gleichzeitig mit der Ex-Frau, die jetzt eben Single ist. Vertrackt.

Schön sieht es aus, in diesem geschmackvoll eingerichteten Wohnzimmer mit angrenzendem Wintergarten. Ein langer Tisch ist opulent gedeckt. Kerzen, üppige Blumenarrangements, Adventskranz überm Tisch und Windlichter im Garten, bis runter an die Elbe. Nils' Freundin Heike ist die Gastgeberin und hat nichts dem Zufall überlassen. Viele freundliche Gesichter blicken Laura an, Küsschen links und rechts, die Verheißung eines schönen Abends. Doch die Hochstimmung reicht nicht mal bis zur Vorspeise. «Du bist also der Grund für die Trennung von Melanie», flötet spitzmündig die Gastgeberin und nippt an ihrem Punsch. «Deinetwegen ist jetzt diese tolle Ehe zerstört, hat man da nicht Gewissensbisse?», kommt es ironisch lächelnd von der gegenüberliegenden Tischseite, als Nils gerade weghört. Ich bin gespannt, wie die Geschichte weitergeht. «Und deine Reaktion?», frage ich Laura, als sie mir ein paar Tage später im Telefon-Coaching davon berichtet. «War leichter, als ich dachte», meinte Laura. «Ich hab einfach gesagt: ‹Das haben die beiden, glaube ich, ganz gut alleine hinbekommen. Dazu brauchten sie mich gar nicht.›» Kein fieser Tonfall, nichts Beleidigtes, nur einfach ruhig und aufrecht: Ich stehe hier, und du bist da, und das hier ist übrigens die Wahrheit. Wow.

Ist immer wieder schön zu erleben, wenn jemand, der sich so lange schwergetan hat mit einer Sache, auf einmal doch ganz souverän sein kann und kurz mal unaufgeregt benennt, was ist. Wie bleibe ich bei mir? Und wie bekomme ich mit, was mein Anteil an der Sache ist? Darum ging es oft in unseren Sessions, und jetzt also das. Glückwunsch, Laura.

«Ich glaube, das ist dein Thema» – ein Satz, der komplexe Zusammenhänge immer schön knapp auf den Punkt bringt. Schlagartig kann er Ihr Leben leichter machen. Vor allem, wenn Sie ihn nicht nur aufsagen, sondern tatsächlich so empfinden. Wenn etwas wirklich nichts mit Ihnen zu tun hat, schicken Sie es besser postwendend zurück. Die heißen Kartoffeln Ihrer Mitmenschen aufzufangen, würde nur Brandblasen bringen. Und ein Problem für andere zu lösen, ist ohnehin nicht möglich. Trotzdem gibt es sie, die vielen kleinen zwischenmenschlichen Versuche, auch andere mit ins eigene Drama zu ziehen.

Eine Architektin berichtet, dass ein Kollege permanent darauf herumreitet, dass er weniger verdient als sie. Für sie ein Trigger-Thema. Irgendwann reicht es ihr, und unsere Arbeit trägt Früchte: «Du scheinst ein riesiges Thema mit meinem Gehalt zu haben», meint sie, als er wieder davon anfängt. «Vielleicht möchtest du das mal mit dir klären. Oder mit unserem Chef? Bei mir ist das Thema jedenfalls schlecht aufgehoben. Es ist wirklich deins.» «Ähm ...» Pause. Seit diesem Tag hat sie tatsächlich endlich Ruhe.

Unser Wunsch, uns entspannt und klar zu positionieren, ist groß, die Angst, es nicht hinzubekommen, auch, denn wenn es um Kommunikation geht, vergessen wir oft, dass Lernen ein Prozess ist. Uns souverän positionieren und die

Dinge klar auf den Punkt bringen – das wollen wir sofort können, und weil das über Nacht nicht geht, lassen wir es entmutigt sein. Dazu kommt: Im Alltag ausformulierte Sätze anzuwenden, versetzt uns nicht gerade in Entzücken. Viele kommen sich komisch dabei vor. «Ich bin doch kein Schauspieler. Das klingt ja dann total gestellt», höre ich oft. Verstehe ich gut, das Argument, und ich sehe es komplett anders. Viele von uns *sind* doch längst Schauspieler. Wir verstellen uns seit Jahren, um zu gefallen, nicht herauszustechen oder eben gerade um aufzufallen. Wer aber innere Souveränität erleben möchte, darf sich zeigen: ehrlich, frei, offen und eben am besten mit Sätzen, die funktionieren. Wenn das bedeutet, dass Sie diese Sätze am Anfang auswendig lernen – dann ist das eben so. Haben ja auch die wenigsten ohne Stützräder Fahrrad fahren gelernt.

Daher mein Tipp: einfach einen Satz aus diesem Buch wählen, auswendig lernen und dann so oft aufsagen, bis er so selbstverständlich klingt, als hätten Sie ihn gerade zum ersten Mal gedacht. Das ist als Kickstart erst mal das beste Rezept. Es geht ja nicht darum, jedes Gespräch vorher genau zu scripten. Doch wenn Sie im richtigen Moment das Passende sagen wollen, dürfen Sie Ihre Reaktionen vorher üben. «Fake it till you make it» – alte Bühnenweisheit. Das Schöne ist: Die Wahrscheinlichkeit, dass Sie gleich beim ersten Versuch eine gute Wirkung erzielen, ist ziemlich hoch, was Sie beim zweiten Anlauf gleich viel entspannter sein lässt. Und mal ganz ehrlich: Wie wollen Sie es auch sonst können? Lernen läuft nun mal immer über üben.

Was man nährt, das wächst. Gilt für Pflanzen genauso

wie in der Persönlichkeitsentwicklung. Die Nahrung ist nur eine andere. Wer als Mensch wachsen will, schafft das durch Aufmerksamkeit. Sie ist die Währung für unser Wohlbefinden. Alles, was wir mit Aufmerksamkeit bedenken, wächst und gedeiht – positiv wie negativ. Sie ist die Energie, mit der wir unsere Gedanken aufpäppeln können, zu kraftvollen Glaubenssätzen formen oder auch sterben lassen können, wenn wir den Fokus davon abziehen. Je mehr Aufmerksamkeit wir in eine Sache stecken, desto mehr gewinnt sie an Macht. Wenn wir unsere Gedanken nicht mehr um eine Sache kreisen lassen und auch darauf verzichten, darüber zu sprechen, verliert die Angelegenheit ganz schnell an Macht – ein unbeachteter Gast zieht sich eben meist von selbst zurück, und glücklicherweise können wir selbst bestimmen, welche Themen uns beschäftigen sollen, welche Bälle wir lieber zurückspielen, worüber wir uns aufregen und was wir dankbar annehmen möchten.

Wenn wir aber spüren, dass sich jemand an uns abarbeiten will, uns seinen Prozess rüberschieben will, uns vielleicht nicht mag, weil wir ihn daran erinnern, was er selbst an sich nicht leiden kann – für all diese merkwürdigen Projektions-Fälle ist «Ich glaube, das ist dein Thema» eine wunderbare Möglichkeit, um die Dinge mal wieder neu zu sortieren. Was dazukommt: Dieser Satz wirkt wie Lackmuspapier, denn direkt nachdem Sie ihn gesagt haben, wissen Sie, ob er auch wirklich stimmt. Wenn noch eine Portion Aufregung in Ihnen mitschwingt, haben Sie vermutlich doch etwas damit zu tun. Wenn Stressgefühle fehlen, wissen Sie, wie wahr er ist.

Auseinanderhalten können, welches Thema zu wem gehört, kann sehr befreiend sein. Und wenn es nicht zu mir gehört, die Verantwortung beim anderen zu lassen, ebenso. Genau das leisten auch die beiden Schwesternsätze: «Ich fühle mich hier gar nicht zuständig» (6) und «Das sagt, glaube ich, mehr über Sie als über mich» (20). Falls Sie also Lust haben zu springen: Diese beiden Kapitel passen ganz wunderbar zu «Ich glaube, das ist dein Thema».

WAS IHNEN DIESER SATZ SCHENKT?

KLARHEIT. FREIHEIT. EIN GUTES GEWISSEN.

18 WIE GESAGT

Silke ist eine erfolgreiche Managerin, die vermutlich jeder als starke Frau bezeichnen würde. Mutig, selbstbewusst, emotional intelligent. So, wie sie mir allerdings gerade gegenübersitzt, könnte man das glatt vergessen. Fix und fertig ist sie, entschuldigt sich pausenlos und greift immer wieder kopfschüttelnd zum Taschentuch, während sie vom letzten Besuch bei ihrer Mutter erzählt.

«Jedes Mal, wenn ich da bin, meckert sie an mir rum, dass ich zu dünn bin, lädt mir, obwohl ich sage, dass ich keinen Hunger habe, einen Riesenberg auf den Teller, den ich mit Hängen und Würgen runterkriege. Dann fragt sie, ob ich mehr will, und wenn ich Nein sage, bekomme ich den nächsten Schwung. Ich könnte ausrasten!»

Verständlich. Entwirren wir den Knoten also mal. Wer Silke hier in die Verzweiflung treibt, ist nur auf den ersten Blick die übergriffige Mutter. Tatsächlich scheint mir jedoch der Umstand, dass es ihr in Gegenwart der Mutter nicht gelingt, sich selbst ausreichend ernst zu nehmen, der wahre Grund zu sein. So einfach, so kompliziert. Silke, die sich als taffe Managerin kennt, driftet in diesen Situationen regelmäßig in einen machtlosen Zustand ab, in dem sie plötzlich keine Handlungsmöglichkeiten mehr erkennt, was sie als doppelt schlimm empfindet: dass es so ist und dass es sie aufregt.

Das Phänomen kennen vermutlich einige von uns, privat wie auch im Job. Die versierte Assistentin, die sich plötzlich wie verhext pausenlos vertippt, sobald ein bestimmter Mensch hinter ihr steht. Ein Kollege, der uns in Meetings konsequent unterbricht, auch wenn wir hundert Mal sagen, dass wir ausreden wollen, das passiert uns sonst nie. Situationen, in denen wir uns merkwürdig ausgeliefert fühlen, plötzlich ohne Macht und daher im wahrsten Sinne des Wortes ohn-mächtig.

Der Ausweg liegt hier näher, als wir denken. Wenn wir, warum auch immer, plötzlich nicht mehr unsere volle Kraft spüren, dürfen wir uns zunächst einmal ganz schnell daran erinnern, wie sich ein Erwachsener in dieser Situation verhalten würde, und dann aus genau dieser Haltung heraus reagieren. Das gelingt uns in zwei Schritten. Erstens: Sagen Sie, was Sie zu sagen haben. Und zweitens: Nehmen Sie sich beim Wort. Verhalten Sie sich also so, als hätten Sie sich selbst gerade zugehört. Nehmen Sie sich ernst. Denn nur wenn Sie das tun, ist es auch anderen möglich, Sie ernst zu nehmen.

Im Fall von Silke würde das dann so aussehen: Ihre Mutter fragt, ob sie etwas essen will, und Silke lehnt dankend ab, weil sie schon satt ist. Daraufhin lädt ihr die Mutter den Teller voll. Ein souveräner Erwachsener, der seine eigenen Worte ernst nimmt, würde sich jetzt vielleicht über die Mutter wundern, den vollen Teller aber sicher stehen lassen. Wenn die Mutter dann vorwurfsvoll sagen sollte: «Du isst ja gar nichts!», würde der souveräne Erwachsene sicher dem Impuls widerstehen, sich rechtfertigen und wiederholen zu müssen. Denn was die Tochter jetzt zu sagen hätte, konnte die Mutter sicher schon beim ersten Mal sehr gut verstehen. Ein Missverständnis ist also schon mal ausgeschlossen.

Daher reichen aus meiner Sicht in Silkes Leben ab jetzt zwei simple Wörter, die ihr das Leben deutlich leichter machen: «Wie gesagt.» Spielen wir die Szene doch mal durch. Mutter: «Willst du noch Nachschub? Du bist ja so dünn!» Silke: «Nein danke, ich bin total satt.» Peng! Eine zweite Ladung landet auf ihrem Teller und dampft vor sich hin. Wenn Silke es jetzt schafft, ungerührt zu bleiben und sich selbst ernst zu nehmen, geht die Sache sicher anders aus. Sagen wir, die beiden unterhalten sich noch eine Weile. Irgendwann merkt dann die Mutter vorwurfsvoll: «Du isst ja gar nichts!» Die Tochter daraufhin ganz verblüfft und wie nebenbei: «Na, wie gesagt.» Wenn sie dann noch den Teller ein Stückchen von sich wegschiebt und wirklich keinen Bissen davon isst, garantiere ich, dass sich das Thema für die Zukunft erledigt hat.

Natürlich glaubt mir das im Coaching an dieser Stelle keiner. Ich erlebe im Gegenteil das große Einwand-Karussell. «Was?!? Das kann ich nicht machen! Dann ist sie beleidigt!» «Das ist ja frech!» «Sie kennen meine Mutter nicht!» Oder im Fall der Assistentin: «Ich kann doch nicht einfach aufhören zu tippen, wenn er hinter mir steht!» Doch. Können Sie. Wenn Sie vorher darum gebeten haben, dass Sie gern den Rücken frei haben möchten beim Schreiben, geht das sogar wunderbar.

Auch bei Silkes Geschichte hatte ich die Vermutung, dass die Mutter sie nach einem «Wie gesagt» höchstwahrscheinlich in Ruhe lassen würde. Und richtig, sie hat tatsächlich keine Diskussion mehr eröffnet, war nur irritiert, hat gefragt, was sie jetzt mit dem Teller machen soll, sich die Frage dann selbst beantwortet, und von diesem Tag an war das Thema im wahrsten Sinne vom Tisch. Klarheit heilt eben vieles, und selbst die übergriffigsten Menschen sind auf scheinbar paradoxe Weise meistens sogar dankbar, wenn ihnen jemand Grenzen setzt. Das habe ich unendlich oft erlebt. Trauen Sie sich das also gerne zu. Reagieren Sie mal anders. Nehmen Sie sich beim Wort.

Und wenn Sie darauf bestehen, doch noch unbedingt ein paar zusätzliche rhetorische Pfeile im Köcher haben zu müssen – bitte schön. Wenn Ihr Gesprächspartner sich wundert, wieso Sie außer «Wie gesagt» nun nichts mehr sagen, kann das so klingen: Ihr Gegenüber: «Du sagst ja gar nichts mehr!» Sie: «Ich hab doch alles gesagt. Jetzt freue ich mich einfach, wenn du das auch ernst nimmst.» Oder Sie sagen: «Stimmt. Mein Eindruck ist, ich habe schon alles gesagt.» Oder: «Ich habe gar nicht das Bedürfnis, noch was hinzufügen. War nicht alles klar?» Vielleicht wollen Sie auch etwas frontaler sein: «Ich glaube, es wird einfach nicht wahrer, wenn ich mich noch drei Mal wiederhole. Ich möchte, wie gesagt, nichts essen.»

Ich verstehe den Wunsch, solche Sätze parat haben zu

wollen. Dennoch bin ich sicher, dass wir sie tatsächlich gar nicht brauchen, wenn unsere Einstellung klar ist und die Haltung stimmt.

WAS IHNEN DIESER SATZ SCHENKT?

FREIHEIT. INNERE RUHE. SELBSTBEWUSSTSEIN.

19 SORGEN SIND SINNLOS

Ich finde sehr viele Menschen auf engstem Raum unter Bedingungen, bei denen ich nicht das Geringste mitzureden habe, eine ziemlich unattraktive Vorstellung. Zu viele Körpergeräusche und Gerüche – ist alles nichts für mich. Und wie so oft, wenn mir so etwas klar wird, bringe ich mich ziemlich bald in eine Situation, in der ich genau das dann eben doch erlebe – ist einfach die beste Möglichkeit, um mal kurz über sich hinauszuwachsen. «Stretch» nannte mein wichtigster Lehrer diese kleinen Mutproben,

bei denen wir unsere Komfortzone schön weit ausdehnen können. Meine Idee für einen Stretch zum Thema menschliche Überdosis heißt: Ab nach Indien. Wieso am Piccolöchen nippen, wenn es auch die Magnum-Flasche gibt?

Nach ein paar chaotischen Tagen in Mumbai, einer abenteuerlichen Zugfahrt in einer Wolke aus 1001 Gerüchen, farbenprächtigen Verbrennungszeremonien in Varanasi und einem märchenhaften Sonnenaufgang am Taj Mahal, landete ich irgendwann in einer kleinen Rikscha mit einem großen Koffer an meinem letzten Ziel: ein Aschram mit tropischem Garten, heiligen Stätten, idyllischem Seerosenteich, riesigen Statuen und einem winzigen Tea Shop. Ursprünglich wurde dieser Ort für ein paar Hundert Menschen angelegt. In der Woche um Mahashivaratri, dem höchsten Feiertag zu Ehren Shivas, waren wir hundertzwanzigtausend mehr. Mit anderen Worten, es wurde etwas eng. Der Platz für jeden wurde täglich kleiner, und die Töpfe wurden immer größer. Einmal habe ich vor einer Pfanne gesessen, die gut vier Meter Durchmesser hatte, anders hätte die Verpflegung auch gar nicht funktioniert. Indien und seine Dimensionen. In der riesigen Meditationshalle dann ganz andere Herausforderungen. Stundenlang sitzen wir Knie an Knie im Schneidersitz bei 40 Grad auf DIN-A4-Blatt-großen harten Kissen, rechts die Frauen, die Männer links, und meditieren, chanten, hören zu.

Ich erinnere mich an einen Moment, in dem ich gleichzeitig dermaßen über- und unterfordert war, dass mir schlagartig alles egal wurde. Kennen Sie das? Durst, Knieschmerzen, Hunger, Schwitzen, Sinnfrage, fehlender Sauerstoff, alles plötzlich zweitrangig. Ein Moment höchster Aufmerksamkeit ist das, voll und leer zugleich. Und mitten in diesen eigenwilligen Zustand hinein dröhnt tief und klar Wahrhaftigkeit durch die riesigen Lautsprecher: «Wenn etwas geschieht, das uns *egal* ist, nennen wir es Situation», höre ich. Die muschelförmige Halle bebt. «Wenn etwas geschieht, das uns *nicht* gefällt, nennen wir es Problem. Wenn etwas geschieht, das uns *gut* gefällt, nennen wir es Glück.»

Was für ein bezwingender Dreiklang, denke ich. Ganz unaufgeregt bringt er auf den Punkt, was das eigentliche Problem am Problem ist: unsere Bewertungen. Klar, ob ein Glas mit fünfzig Prozent Inhalt halb voll oder halb leer ist, lag schon immer im Auge des Betrachters, alte Glückskeks-Weisheit. Aber das Phänomen auf diese Art neu zu formulieren, ließ die alte Erkenntnis mit einem Mal ein paar Etagen tiefer sinken. Und mein Kopf denkt weiter: «Wenn wir uns etwas vorstellen, das uns Spaß macht, haben wir Lust. Wenn wir uns etwas vorstellen, das uns Angst macht, haben wir Sorgen.»

Es kann generell sehr lohnend sein, bekannte Begriffe, die wir mit der Zeit gedankenlos benutzen, einmal bewusst zu übersetzen. Wie eben «sich Sorgen machen». Ich finde es frappierend, wie hartnäckig wir an Sorgen festhalten und wie viel Energie wir in sie investieren. Vielleicht ein typisch deutsches Phänomen, das unsere Vollkasko-Mentalität widerspiegelt? Die Sorge als mögliches Szenario scheint bei vielen irgendwie ganz automatisch mitzuschwingen. Ungefragt mogelt sie sich in die schönsten Situationen hinein, und selbst Optimisten haben sie als blinden Passagier durchaus an Bord.

Sorge – was ist das überhaupt? Für mich in erster Linie eine komplett sinnlose Gehirnaktivität. Wir nehmen eine Situation, von der wir nicht wissen, wie sie ausgeht, und stellen uns schon einmal vorsichtshalber das Schlimmste vor. Simples Beispiel: Die Tochter will aufs Open-Air-Konzert. Denken die Eltern: «Hoffentlich regnet es nicht.» Wenn klar ist, dass es regnet: «Hoffentlich hat sie eine Regenjacke dabei.» Und wenn auch das klar ist: «Hoffentlich wird sie nicht krank.» Kann man endlos weiterdrehen. Das Gehirn und sein eigenwilliger Schraubenzieher-Effekt.

«Gefahr ist real. Angst ist freiwillig. Sorgen sind sinnlos», habe ich mal gelesen. Klingt bestechend. Denn Angst wie auch Sorgen sind eine bloße Erfindung, ein Konstrukt, eine Projektion. Beides findet ausschließlich in unserem

Kopf statt – in einer Zeit, die es nicht einmal gibt: der Zukunft. Wie es wohl wäre, wenn wir uns immer erst dann mit einer Sache beschäftigen würden, wenn sie auch tatsächlich eingetreten ist? Wenn negative Zukunftsszenarien ab jetzt Vergangenheit sind? Wir hätten alle mehr Energie zur Verfügung und weniger Stresshormone im Blut.

England, Mai 2017. Manchester Arena. Nach einem Ariana-Grande-Konzert sprengt sich ein Selbstmordattentäter in die Luft und tötet dabei dreiundzwanzig Menschen. Es ist einer von vielen Terroranschlägen in dieser Zeit, für England ist es der schwerste. Ich hatte damals einen Klienten in London, der sich deshalb nicht mehr beruhigen konnte, nennen wir ihn Alan. Einer seiner Freunde, Nigel, lebte in Manchester. Weder wusste Alan, ob Nigel die Musik von Ariana Grande überhaupt mochte, noch, ob er in Manchester war. Dennoch drehte er durch, als er Nigel nicht erreichte, konnte nicht mehr arbeiten und auch nicht schlafen. «Ich mache mir große Sorgen, Karin!»

Natürlich ist es in emotionalen Ausnahmesituationen wie dieser unangebracht, Fragen zu stellen, die sonst im Coaching durchaus üblich wären. Klänge hier vermutlich schnell empathielos. Weil ich Alan aber als zielorientierten Mann kenne, der von Sinnhaftigkeit regelrecht getrieben ist, stelle ich ihm dann doch ein paar Fragen. Mal sehen, ob sie ausreichend stark an seinem lähmenden Zustand rütteln.

«Alan, was genau hast du eigentlich davon, wenn du dir jetzt diese Sorgen machst? Ich meine, was ist der Benefit?» Langsame, reflektierte Antworten. Lange Aufzählung.

Mal weiterforschen: «Welches Verhalten würde Nigel sich jetzt von dir wünschen?» Hier hat er zwei schnelle, leicht und optimistisch klingende Ideen. Ich lege nach: «Würde es dir reichen, wenn du geschockt sein darfst, sobald du einen Grund dafür hast?» Erstes zartes Lächeln und ein bedächtiges Nicken, was ich als Erlaubnis werte, etwas mehr Humor reinzubringen: «You know what, Alan? Sorgen sind ungefähr so sinnvoll, wie dir ein Pflaster aufzukleben, obwohl du dich noch nicht geschnitten hast.» Bewegungsloses Gesicht, gerader Blick. Und dann macht sich ganz langsam ein verständiges Lächeln auf seinem Gesicht breit. «That's it!», sagt er und schüttelt erleichtert den Kopf: «Worrying is suffering in advance, isn't it?» Leiden heißt, sich vorsichtshalber schon mal Sorgen zu machen. Er ist wieder ganz Alan, als er empört nachschiebt: «Ich kleb mir doch kein Pflaster auf, bevor ich mich geschnitten habe!» Wir lachen. Es lebe die Metapher.

Wie immer bei klugen, schönen, sinnvollen Sätzen ist es egal, wie klug, schön und sinnvoll sie sind, wenn sie uns nicht berühren. Wenn sie unserem Kopf gefallen, aber unser Herz nicht erreichen, sind sie wertlos für unsere Entwicklung, verändern können wir dann nichts. Erst wenn eine Botschaft auch auf seelischer Ebene ankommt, wird sie zur Erkenntnis, und wir bekommen überhaupt Lust, sie umzusetzen. Wenn Ihnen das zu esoterisch klingt, lesen Sie es einfach noch mal. Sie wissen ja: Wo Widerstand ist, ist Wahrheit.

«Sorgen sind wie Nudeln. Man macht sich immer zu viele davon», hat mal jemand gepostet. Platt geht es natürlich auch. Mein Tipp ist: Wenn Sie nicht gerade Versicherungstarife berechnen, für die Sie Risikobewertungen ganz dringend brauchen, lassen Sie Sorgen lieber sein. Sie bringen einfach nichts. Denn wenn Sie ein Problem lösen können, sind Sorgen gänzlich sinnlos. Und wenn Sie es nicht lösen können, erst recht. Why worry?

WAS IHNEN DIESER SATZ SCHENKT?

ERLEICHTERUNG. RUHE. VERTRAUEN.

20 DAS SAGT, GLAUBE ICH, MEHR ÜBER SIE ALS ÜBER MICH

Jule ist in Hochstimmung. Bei einer Gartenparty hat sie einen Mann kennengelernt, mit dem es sofort gefunkt hat. «Er war soooo charmant. Hat ganz tolle Komplimente gemacht und mich so richtig gesehen, weißt du?» Sie fährt sich durch ihre rote Löwenmähne, und ihr Schneewittchen-Teint leuchtet noch ein bisschen heller als sonst. «Erzähl!», sage ich gespannt und rühre mit einem Makkaroni-Strohhalm in meiner Haus-Limo, während ich damit beschäftigt bin, die optimale Sitzposition in einem kreischgrünen Sitzsack zu finden. Das Beach Café ist voll besetzt an diesem Nachmittag, die letzten Plätze gingen an uns. «Also, sein erster Satz war: Du bist genau mein Typ!», sagt Jule begeistert. «Klasse, oder?» «Weil ...?», frage ich zögernd und bin erstaunt. Sagt ja mehr über ihn als über sie. «Na hör mal», meint Jule ungebremst euphorisch, «er steht auf lange Beine, helle Haut und rotblonde Haare: also mich!» Nee klar, denke ich und schweige mal lieber, denn noch kann ich kein Kompliment entdecken – eher ein Selbstgespräch mit der Headline «Das ist mein Geschmack». Hätte er gesagt: «Eigentlich halte ich immer automatisch nach kleinen Frauen mit schwarzen Locken Ausschau. Weißt du, dieser französische Typ. Aber diesmal ist alles anders. Du ziehst mich total an, ich kann nicht aufhören, dich anzusehen.» Okaaaay, *dann* hätte er etwas über *sie* gesagt. Übersetzt etwa: «Du sprichst mich dermaßen an, dass ich gerade mein Beuteschema verlasse.» Aber natürlich behalte ich das erst mal für mich, will ja keine Spielverderberin sein.

Womöglich wirkt das jetzt übertrieben spitzfindig, merke ich gerade. Ich will es dennoch so stehen lassen, denn die Dimension, in die wir geraten, wenn wir das, was andere über *uns* sagen, nicht von dem trennen können, was sie damit über *sich* aussagen, kann durchaus ordentlich für Drama sorgen. Ich denke an Situationen, in denen Menschen, die uns nahestehen, Abenteuerliches von uns verlangen. Dass wir etwas Wichtiges sein lassen sollen zum Beispiel, damit es ihnen besser geht. «Gib deinen Job auf und zieh zu mir nach Köln», «Ich will, dass du aufhörst, diesen Freund zu treffen», «Wozu nimmst du Gesangsunterricht? Willst du jetzt etwa auftreten?» Wir sollen kündigen, das Motorrad verkaufen, unser Unternehmen nicht weiter ausbauen. Es ist ganz erstaunlich, mit welcher Inbrunst so manche das Glück und den Erfolg ihrer Freunde, Frauen, Männer, Töchter oder Söhne verhindern wollen. Wenn Sie einmal an diesem Punkt stehen sollten, zahlt es sich aus, spätestens dann auseinanderhalten zu können, was diese Verhinderungsversuche über wen aussagen. Ein Beispiel.

Neulich ist eine Klientin von mir in ihrem Unternehmen aufgestiegen. Sie leitet jetzt einen großen Geschäftsbereich und hat Prokura. Die Reaktion ihres Mannes war: «Was? Du bist doch noch gar nicht so weit. Wie willst du das denn hinkriegen? Findest du wirklich, deine Führungsqualitäten reichen dafür?» Für seine Frau, nennen wir sie Silke, klang das nach *Das hält er also von mir*, ich höre eher: *Das hält er also von sich*. Daher mal vorsichtshalber die Frage: «Welche Stellung hat denn dein Mann in seinem Unternehmen?» Antwortet Silke etwas nachdenklich: «Er wollte immer Prokura, hat sie aber nie bekommen.» Spannend. «Du bist doch noch gar nicht so weit» könnte also auch heißen: «*Ich* bin noch nicht so weit. Ich habe Angst, dass *du* im Job an mir vorbeiziehst» oder «Ich bin enttäuscht, dass ich mein Ziel noch nicht erreicht habe». Es gibt viele Möglichkeiten, wie die wahre Botschaft hinter einer Nachricht lauten kann. Dass sie in diesem Fall etwas mit Silkes Leadership-Fähigkeiten zu tun haben soll, wage ich mal zu bezweifeln.

Daher, wenn sich eine Reaktion für Sie aus irgendeinem Grund verdächtig anhört und Ihre innere Miss Marple etwas anderes dahinter wittert – folgen Sie dieser Spur. «Das sagt, glaube ich, mehr über dich als über mich», kann hier ein wertvoller Gedanke sein. «Was soll das denn über mich aussagen?», kommt vielleicht die Gegenfrage. Legen Sie halt nach: «Ich weiß nicht, sag du's mir. Worum geht es wirklich?» So ein zweiter Stupser bringt das Gespräch dann sicher spätestens in Gang.

Anderes Beispiel. Neulich erzählt mir ein Arzt, dass er sich darauf freut, zum ersten Mal allein Urlaub zu machen. Als er das zu Hause erzählt, kommt postwendend von seiner Frau: «Wieso schließt du mich aus? Ist es jetzt schon so weit, dass wir nicht einmal mehr gemeinsam Urlaub machen? Willst du dich trennen?!» Und weg war sie, die vorfreudige Aufbruchsstimmung. Worum es ihr wirklich ging? «Ich habe Angst, dass du da eine andere kennenlernst» vielleicht, oder «Das macht mich unsicher. Ich vertraue dir nicht und mir irgendwie auch nicht». Ganz egal, was tatsächlich dahintersteckt, mit einer ehrlichen Aussage hätten beide die Chance auf eine wahrhaftige Unterhaltung gehabt. Denn jedes echte Thema ist lösbar – haltlose Vorwürfe sind es nicht. Daran können wir uns nur abarbeiten. Vorwürfe lassen uns nicht wachsen, sie halten uns und andere nur klein.

«Vielleicht sagt das ja mehr über dich als über mich» bringt Ihnen mehr. Was für ein leichtfüßiger, effektiver Satz, der beruflich wie privat seine Wirkung tut. Besonders übrigens, wenn Neid und Eifersucht im Spiel sind. Viele Paare schränken sich ja gegenseitig in ihrer Freiheit ein, sie gönnen dem Partner keine eigenen Erfahrungen. Für mich pure Zeitverschwendung, vor allem in Anbetracht der Kürze unseres Lebens, von dem keiner sein Haltbarkeitsdatum kennt – wurde schlicht nicht mitgeliefert. Kann sein, dass heute schon alles vorbei ist oder in einem Monat oder in fünfzig Jahren ... Irgendwann jedenfalls, das steht fest, wird es zu Ende sein. Mein Gefühl ist, dass unser Leben leichter wird, wenn wir uns so verhalten, als hätten wir das verstanden.

Gönnen wir also – besonders unseren Lieben – doch bitte einfach alles. Und natürlich auch uns selbst. Macht das Herz groß, den Verstand weit und hat nebenbei den Vorteil, dass wir mit dieser Haltung ähnlich großzügige, freie und wertschätzende Menschen anziehen. Win. Win. Win.

Zuständigkeiten auseinanderhalten können ist daher immer nützlich. Hier meint einer mich, da spricht jemand von sich selbst. Ganz wichtig diese Fähigkeit, vor allem bei Beschwerden. Nicht umsonst sagen wir: «Ich beschwere *mich.*» Denn wer kritisiert oder fordert, beschwert damit tatsächlich in erster Linie sich selbst. Erst wenn wir es zulassen, hat auch ein anderer die Macht, uns zu beschweren. Hier ist also mal wieder Achtsamkeit gefragt. Eine Qualität, die für so viele Wachstumsprozesse Voraussetzung ist. Denn wenn wir merken, was ist, haben wir die Chance zu erkennen, wer in unseren Bereich eindringt, und können blitzschnell reagieren. Vielleicht ja auch mit Satz 17 «Ich glaube, das ist dein Thema» oder mit Satz 6 «Ich fühle mich hier gar nicht zuständig»? Kongeniale Aussagen, die schnell erkennen lassen: Hier hat jemand ein Problem. Nicht mit mir, nicht mit meinem Erfolg, sondern mit sich. Das Leben ist ein Selbstgespräch. Auch so ein Satz, an den ich ganz fest glaube.

Wenn Sie aus dieser Haltung heraus handeln, sind also auch die klassischen Neid-Themen schnell vom Tisch. Denn so etwas wie «Immer präsentiert Markus vor dem Board und nie ich!» bringt uns natürlich nicht weiter. Selbstverantwortung schon. Das könnte dann so klingen: «Der Vorstand hat mich nicht auf dem Schirm. Es wird Zeit, dass ich zeige, was ich draufhabe ...» Dazu kommt: Menschen, die uns nerven, sind ohnehin meist nur ein guter Spiegel. Durch sie können wir erkennen, was uns an uns selbst stört. Wieso also den Spiegel anschreien, wenn uns ärgert, was wir darin sehen?

Sie merken schon, dieses Kapitel ist ein Plädoyer dafür, die Dinge bewusst auseinanderhalten zu können. Was gehört zu mir, und was ist dein Thema?

Ziehen wir uns lieber nicht die Schuhe der anderen an. Für wen sollte das nützlich sein? Wir bekommen bloß Blasen davon oder schlackern darin herum. Fremde Schuhe sind keine gute Idee für einen aufrechten Gang.

WAS IHNEN DIESER SATZ SCHENKT?

GEWISSHEIT. HANDLUNGSSICHERHEIT. KLARHEIT.

21 EINIGEN WIR UNS DARAUF, DASS WIR UNS NICHT EINIGEN

Eric ist Engländer, und genauso wirkt er auch bei unserem ersten Treffen: formvollendet, trockener Humor, Gentleman. Bei dem aufwendigen Kostümfilm, der bald in Babelsberg gedreht wird, ist er First AD, also der erste Regieassistent am Set, und ich muss höllisch aufpassen, dass ich ihn nicht dauernd anstarre, denn Eric sieht tatsächlich aus wie George Clooney zu Emergency-Room-Zeiten. Das Bewerbungsgespräch läuft gut, er stellt mich wirklich ein, und so steige ich in meiner kurzen Filmkarriere zum Third AD auf, eine Stufe unter ihm. Für ein Riesenset mit Hunderten von Komparsen eine tolle Chance. Doch die Freude ist von kurzer Dauer, denn kaum habe ich unterschrieben, zeigt er sein wahres Gesicht, und der Tanz auf dem Vulkan beginnt. Eric ist jähzornig und kann sehr verächtlich sein. Manieren? Vielleicht bei der Premiere. Kein Platz dafür am Set. «Filming is war!», war einer seiner ersten Schlachtfeld-Sätze. Das kann was werden. Als wir einmal mit dem Regisseur zusammenstehen, der weit über siebzig ist und ein Schatz von einem Menschen, traut sich George Clooney dann aber nicht, groß aufzudrehen. Plötzlich ist wieder Mister Charming aus dem Einstellungsgespräch zurück, dem allerdings anzumerken ist, dass er «not amused» ist, weil ich zu irgendeiner Sache, die mit dem Film gar nichts zu tun hat, eine andere Meinung habe als er. Nach einigen Abers und Weils lächelt er plötzlich unvermittelt, zieht die Augenbrauen hoch und sagt in höflichstem Tonfall: «Well then, let's agree to disagree, shall we?» «Einigen wir uns darauf, dass wir uns nicht einigen.» Fand ich sehr bestechend. Alles daran: die Logik, den Satz, die Deeskalation, die er ermöglicht. «Let's agree to disagree», was für eine wunderbare Redewendung, um gerade noch mal rechtzeitig links abzubiegen. Sicher sehr gut zu gebrauchen für alle ausweglosen Diskussionen, bei denen es auf der Hand liegt, dass man nicht zum Konsens kommt. «Einigen wir uns darauf, dass wir uns nicht einigen» kann da eine schöne Notbremse sein. Insofern: Thank you, Eric. Ist hiermit nachträglich mit aufgenommen in die wunderbare Liste der Sätze, die das Leben leichter machen. Alles andere war auch wirklich schwer genug mit dir.

Deeskalations-Tools sind immer Gold wert, finde ich. In Deutschland sind wir nicht sonderlich reich damit gesegnet, zeigt ja auch die Tatsache, dass wir diesen kleinen englischen Satz erst gar nicht im Programm haben. Mentalitätsfrage, denke ich mal, denn wenn Deutsche unterschiedlicher Meinung sind, scheint instinktiv ein Überzeugungs-Mechanismus anzuspringen – ob wir wollen oder nicht. So etwas wie: «Wenn ich es nur gut genug erkläre, schwenkt der andere bestimmt um.» Ich ertappe mich sogar selbst öfter mal dabei. Ist natürlich Blödsinn, das Argumente-Sammeln und Beispiele-Bringen. Glauben wir wirklich, dass der andere auf einmal einen U-Turn hinlegt? «Ach, sooo ist das! Ja klar, dann bin ich jetzt natürlich auch für das bedingungslose Grundeinkommen. Toll, dass Sie mich überzeugen konnten.» Kommt vielleicht vor, doch die Erfahrung zeigt: höchst selten. Oft wiederholen wir in Diskussionen nur, was wir ohnehin schon immer dachten, und gehen vielleicht ein bisschen gestärkter in der eigenen Meinung nach Hause. Bestes Beispiel: Talkshows.

Besonders mit Fremden, mit denen man nur kurz zusammentrifft, auf dem Tauchboot im Urlaub vielleicht oder am Stehtisch bei einem Empfang, habe ich mir daher angewöhnt, debattieren einfach sein zu lassen. Nicht im Sinne von resignieren oder aufgeben. Aufgeben ist keine Option. Aber loslassen? Ja, loslassen schon.

Als ich noch bei Events als Moderatorin auf der Bühne stand, gab es im Anschluss meist das klassische Dinner. Dabei ist es üblich, dass die Moderatorin am Gastgebertisch platziert ist, meist ein Ensemble aus Vorständen, Key Note Speakern, Politikern und Ehrengästen. Wir reden von diesen runden Tischen, mit üppiger Blumendeko und einer Nummer in der Mitte. Weil ich Vegetarierin bin, war das jedes Mal ein Drahtseilakt, denn ich wollte nie ein Politikum daraus machen und den Ball, gerade bei Tisch, lieber flach halten. So habe ich mit der Zeit die Fähigkeit entwickelt, in beeindruckender Geschwindigkeit den Service-Chef auszumachen, um ihm ein vertrauliches Zehn-Sekunden-Briefing zuzuflüstern: «Guten Abend, Karin Kuschik, Tisch eins. Ich esse weder Fisch noch Fleisch, Milchprodukte schon. Schönen Gruß an den Küchenchef, ich verlasse mich ganz auf seine Fantasie. Was meinen Sie, bekommt der Service das kommentarlos hin? Ich möchte kein Tischthema daraus machen.» «Aber selbstverständlich», kam es stets geflissentlich. Sehr gut. Profis eben. «Soooo, das vegetarische Essen ist bitte wooo gewünscht?», hallt es dann zwanzig Minuten später quer über den Tisch. Man kann nicht alles haben.

Heute wäre mir das völlig egal, denn die Fleischesser von gestern sind die Veganer von heute, und ich wäre längst kein Gesprächsthema mehr. Damals aber eben schon. Hochinteressant war übrigens die landestypische Reaktion bei international besetzten Tischen. Ein klassisches Szenario: «Oh, Vegetarier? Meine Nichte isst auch kein Fleisch», sagt einlenkend der Amerikaner, von Kindesbeinen an darauf getrimmt, bei Small Talk moderat Gemeinsamkeiten aufzuspüren. «Sehr gesunde Entscheidung. Excellent!», sagt der Brite, während er vom Braten Nachschlag nimmt, und der Deutsche hebt an dieser Stelle schon mal die Tischdecke und schmettert freiheraus: «Sie haben aber Lederschuhe an!» Habe ich endlos oft erlebt, so was. Vom lächelnden «Da haben Sie recht» bis zu «Ich habe einfach keine passenden Gummistiefel zu dem Abendkleid gefunden» habe ich vermutlich alle Antwortmöglichkeiten durch. «Einigen wir uns darauf, dass wir uns nicht einigen» kannte ich damals leider noch nicht. Allein schon als innere Haltung wäre dieser Satz sicher eine Bereicherung gewesen. Es gibt ihn bloß auf Deutsch gar nicht. Sollte man vielleicht mal einführen.

«Aus meiner Sicht ist dazu alles gesagt. Mir fällt gar nichts Neues mehr ein», sagt mein Freund Paul oft ostentativ, wenn sich ein Gespräch verrannt hat. Ist natürlich auch eine Möglichkeit. Ähnlich freiheraus die unverblümte Frage: «Können wir lieber über etwas anderes sprechen? Mir ist nach einem Themenwechsel» oder eben «Ich merke gerade, dass mich das Thema nicht wirklich interessiert», was ich in Kapitel 11 vorschlage. Wäre in unserem Fall dann aber sehr direkt.

«Wenn jeder seine Probleme auf einen Haufen legen würde, wollten viele ihren Stapel vermutlich zurückhaben», habe ich mal gelesen. Ich nehme an, das stimmt. Deshalb: Let's agree to disagree. Wir kommen alle woanders her, gehen woanders hin, tragen unterschiedlich große Pakete mit uns herum. Wir müssen niemanden überzeugen, wir können es in den meisten Fällen nicht einmal. Lassen wir es einfach sein. Ausnahme – na klar – die ganz großen Themen, Menschenwürde zum Beispiel. Da heißt es hoffentlich Haltung zeigen. Aber bei dem kleinen, überflüssigen, zwischenmenschlichen Murks?

Was übrigens den Kostümfilm mit Eric angeht, bin ich früher als geplant ausgestiegen. Denn nach ein paar Wochen reinstem Psychoterror wurde mir klar: Egal, ob Eric einer der Großen in der Branche ist – unter diesen Bedingungen kann ich nichts mehr lernen. Nur wie ich den Tag überstehe. Wie ich freundlich bleibe, obwohl ich heulen will, wie ich stehen bleibe, ohne umzufallen. Das darf doch nicht mein Leben sein. Also habe ich irgendwann in einer regennassen Nacht, nachdem die letzte Szene im Kasten war, «It's a wraaaaap!» gerufen, «Drehschluss!», bin zu ihm in den Trailer gestiegen, habe die Dispos auf den Tisch gelegt und gesagt: «Vielen Dank für alles, was ich bei dir lernen durfte.

Ich habe genug gelernt, goodbye.» Ein gequältes Lächeln noch, dann umgedreht und raus in die Nacht. Er rannte mir noch hinterher und hat sich im strömenden Regen um Kopf und Kragen geredet. Als er fertig war, nickte ich freundlich und sagte höflichst: «Let's agree to disagree then, shall we?» Lesson learnt.

WAS IHNEN DIESER SATZ SCHENKT?

CONTENANCE. EINSICHT. BERUHIGUNG.

22 «ICH WEISS NICHT» HEISST IMMER NEIN

Manchmal sind wir hin- und hergerissen. Unsere Gedanken klammern sich an zwei Rettungsringe, namens einerseits und andererseits, und jeder möglichen Entscheidung steht mindestens ein sattes Aber im Weg – zu groß, um entspannt daran vorbeizuziehen. Wir können uns nicht entscheiden. Autokauf, Job, Umzug, Urlaub, alles beliebte Ich-weiß-nicht-Themen. Bei Dana war es ihre Hochzeit. Sicher nicht der ideale Tag für Unentschlossenheit, denn wenn über hundert Gäste mit klarer Erwartungshaltung Richtung Kirche ziehen, erhöht das ordentlich den Druck, was die Entscheidungsfindung nicht unbedingt erleichtert.

Kurz vor zehn in einer kleinen, verträumten Dorfkirche bei Potsdam. Der Ort heißt Caputh – rein akustisch ein Name, der durchaus Drama-Potenzial birgt, denke ich, als mein Freund Ole mir die filmreife Geschichte erzählt. Ole ist Danas Trauzeuge und hat alles aus nächster Nähe miterlebt. Rausgeputzt sitzt er mit der Braut in einem champagnerfarbenen Jaguar, der gleich zur Kirche vorfahren soll. Von Weitem beobachtet er Danas Vater, wie er vor dem Eingang nervös hin und her tänzelt und an seinem Frack herumzupft. Die Braut ist zum wiederholten Mal den Tränen nahe. Gerade hat sie Ole gestanden, dass sie längst verliebt in einen anderen ist, sich trotzdem auf die Hochzeitsreise freut, nicht will, dass der Bräutigam blöd dasteht, sich schämt, wenn sie an die vielen Gäste denkt, ein schlechtes Gewissen hat, weil ihr Vater dagegen war und nun trotzdem alles zahlt. «Ich weiß einfach nicht, was ich machen soll!», heult sie los. Noch hält die Wimperntusche.

«Ich weiß nicht, heißt immer Nein!», sagt Ole brüsk. Er ist selbst erstaunt, wie bestimmt das klingt, aber die Uhr tickt, und immerhin habe ich ihn im Lauf unserer Freundschaft etliche Male mit diesem Satz genervt, wenn sein Gedankenkarussell mal wieder am Durchdrehen war und er sich einfach nicht entscheiden konnte.

Dana denkt. Nickt. Guckt aus dem Fenster. Nickt noch mal. Schneller und ernster, als er das erwartet hatte, sagt dann: «Stimmt. Jetzt spür ich's. Oje. Ich will ihn *wirklich* nicht heiraten! Ich will es einfach nicht!!!» Der Chauffeur räuspert sich und blickt unsicher in den Rückspiegel, in Ole macht sich Lampenfieber breit. Da trocknet Dana ihre Tränen und sagt gefasst: «Dann wollen wir mal!»

«Oh mein Gott!», stöhne ich, als Ole mir die Geschichte ein paar Tage später erzählt. «Sie hat die Hochzeit wirklich platzen lassen!?!» «Neeiin», winkt er lässig ab, «sie *hat* ihn geheiratet. Wäre sonst zu peinlich gewesen, vor all den Leuten. Aber auf der Hochzeitsreise hat sie dann die Scheidung eingereicht.» Oh Mann! Ich muss auch nicht alles verstehen ...

Was ist eigentlich los, wenn wir partout nicht wissen,

was wir tun sollen? Und womit könnten wir uns das Leben dann ganz schnell leichter machen? Indem wir verstehen, dass «Ich weiß nicht» im Grunde nur ein Stellvertreter ist. Der eigentliche Satz heißt: «Ich weiß es sehr wohl, ABER ...» Und dann kommt es auf die Situation an. «Aber ich vertraue meinem Wissen nicht / Aber ich habe Angst, es durchzuziehen / Ich habe Angst, was andere über mich denken / vor den Konsequenzen / dass ich ein Nein bereue / dass ich ein Ja bereue ...» Alles naheliegende Gedanken, die sich ein Aber halt so macht. Es geht schnell auf Spurensuche. Es findet Gründe, und es macht sich wichtig. Ein Aber behauptet viel und hält uns zurück. Ein kleiner, feiger Bedenkenträger, der die Welt selten vorangebracht hat.

«Wer will, findet Wege. Wer nicht will, findet Gründe», fällt mir da ein – immer wieder wahr, der Satz. Und wo Gründe und Ausreden vorherrschen, ist ein «Aber» selten weit. Gemeinsam mit seiner besten Freundin «Weil» verhindert es unsere Entscheidungen und immer auch unsere Entwicklung. Denn anders als ein «Trotzdem», das mit seiner rebellischen Energie eine echte Initialzündung sein kann, die schon mal Welten bewegt, ist ein «Aber» Ladehemmung pur. Es drückt Zweifel aus, und ZWEI-fel bedeuten eben im wahrsten Sinne, dass es mindestens zwei Optionen gibt, die wir nur dummerweise meist ähnlich attraktiv finden. Auf unserer persönlichen Positiv-Negativ-Liste stehen Optionen von der Wertigkeit her oft zu nahe beieinander, als dass sie uns eine eindeutige Tendenz ermöglichen könnten. Denken zumindest die Zweifler und warten daher weiter.

Vielleicht sind ja Entscheidungen viel leichter zu treffen, als uns das all die Zweifel, Bedenken, Abwägungen und Vergleiche von innen ins Ohr flüstern? Eine Antwort darauf ist erst möglich, wenn wir uns andere Fragen stellen. Bessere als das wenig zielführende: «Was soll ich denn jetzt tun?» Eher vielleicht: «Wie würde ich entscheiden, wenn ich meiner Intuition folgen würde?» Oder: «Was würde ich tun, wenn ich wild entschlossen wäre?» Oder: «Wie würde ich vorgehen, wenn ich es wüsste?» Eine großartige Frage übrigens, diese letzte. Klingt paradox und auch fast ein bisschen dumm, schon klar. Im Coaching wirkt sie jedoch Wunder, weil sie den Coachee dazu bewegt, Alternativen zu finden, und obendrein einen kurzen Moment für Verblüffung sorgt – eine Qualität, aus der heraus wir meistens eine kluge Antwort zaubern können. Auf jeden Fall alles effektive, hypothetische Fragen, die allemal besser sind als «Was soll ich denn jetzt tun?». Denn die zwingend logische Antwort darauf heißt natürlich: «Ich weiß es nicht» – womit wir wieder am Anfang wären und mittendrin im Teufelskreis.

«Ich weiß nicht, heißt immer Nein» heißt das Credo dieses Kapitels. Der Satz zeigt auch, wie viel Macht Behauptungen haben. Die Bestimmtheit dieser Aussage kitzelt nämlich klare Gefühle in uns hervor. Gefühle, die uns in den allermeisten Fällen zu einer Handlung bewegen und eine Abkürzung nehmen lassen. Immer eine gute Idee, um der zähen Energie, die Unentschlossenheit so an sich hat, zu entkommen.

Bei Danas Hochzeit hat der Satz sofort funktioniert.

Weil er so rigoros ist, dass die Braut direkt wusste: «Stimmt. Ich will ihn *wirklich* nicht! Ich möchte diesen Mann einfach nicht heiraten.» Hätte übrigens auch andersrum klappen können. Dass sie nämlich durch ein klares Nein zur Hochzeit plötzlich merkt: «Quatsch! *Natürlich* will ich ihn heiraten! Was rede ich denn da?!» In diese Richtung kann uns der Satz auch führen, dann rudern wir plötzlich zurück. Geschieht zwar seltener, ist aber genau dann möglich, wenn wir «Ich weiß nicht, heißt immer Nein!» akzeptieren und dann urplötzlich merken, wie Widerwille in uns hochsteigt, vielleicht auch eher Empörung. Beides äußerst hilfreiche Gefühle, denn es ist genau dieses empörte «Whaaaaat?!?», das uns ganz schnell zwei Dinge erkennen lässt. Erstens: Ich will es eben doch! Und zweitens: Mir steht etwas im Weg. Wenn das beides klar ist, können wir uns in Ruhe daranmachen, mit Einwänden und Gründen aufzuräumen. Und danach sagt sich ein «Ja, ich will» eben doch plötzlich ganz leicht.

Meiner Erfahrung nach ist diese kleine Abkürzungs-Strategie bei Entscheidungsfragen Gold wert. Wenn Sie allerdings warten, bis Sie das nächste Mal in einer Zwickmühle stecken, wird es vermutlich eng, denn ob Sie sich ausgerechnet dann daran erinnern? Entscheiden Sie lieber hier und jetzt, «Ich weiß nicht» von nun an mit «Nein» zu übersetzen. Das bringt Sie bei Entscheidungen recht zuverlässig in Schwung. Vielleicht wenden Sie diese Strategie auch erst mal bei weniger schwerwiegenden Anlässen an, Üben ist ja generell sehr praktisch, oder anders formuliert: Diesen Satz bereits vor der nächsten großen Hochzeit im Repertoire zu haben, ist sicherlich empfehlenswert.

WAS IHNEN DIESER SATZ SCHENKT?

ENTSCHEIDUNGSFREUDE. DURCHBLICK. ZEIT.

23 ES TUT MIR LEID, WENN ICH DEN EINDRUCK VERMITTELT HABE, DASS SIE SO MIT MIR SPRECHEN KÖNNEN

Ted ist mega! Im Hauptberuf First-Class-Flugbegleiter, Langstrecke. Mit anderen Worten, durch und durch parkettsicher auf den Bühnen dieser Welt. Ich liebe es, ihm dabei zuzuhören, wenn er in freundlichstem Erste-Klasse-Singsang selbst die härtesten Botschaften durchs Telefon flötet, zum Beispiel wenn das Internet seit Tagen ausgefallen ist: «Ich kann Sie so gut verstehen. Sie müssen gar nicht schreien», klingt es dann schon mal ganz elegant, oder: «Nur weil Sie sich wiederholen, wird es, glaube ich, nicht wahrer.» Großartig. Besser als Kino.

Dienstleistungsberufe bergen generell filmreife Szenen. «Was man da so alles erlebt ...», sagt meine Friseurin regelmäßig. Der Kassierer, die Verkäuferin im Dessous-Laden und eben auch so manche Flugbegleiter sagen dasselbe. Hier werden offenbar die wahren Drehbücher geschrieben, bigger than life. Und elf Kilometer über dem Meeresspiegel können die Dialoge dann noch mal eine Spur skurriler werden – vor allem in den ersten Reihen. Denn nicht jeder in der ersten Klasse will einfach nur seine Ruhe haben, noch ein Strategiepapier lesen und dann schnell ab unter die Daunendecke, um hoffentlich durchzuschlafen. Das fünfte Glas Champagner brauchen diese Menschen nicht – den gab es an so vielen anderen Orten, die meisten waren schöner. Aber manche Persönlichkeiten wollen es halt wissen. Oft sind das diejenigen, die privat noch nicht mal Business zahlen, auf Firmenkosten in der First Class aber dann für Wirbel sorgen. Da wird der Hochstatus ausgelebt, rumkommandiert, gefordert und bemängelt, berichtet Ted. Spielchen spielen gehört für diese Charaktere zum Programm. Gut möglich sogar, dass so mancher auf einen Buchungsfehler hofft, und wenn der ausbleibt, kann man es ja immer noch behaupten. Krawall im Kopf zieht Lärm im Leben nun mal an.

«Lest jedem Gast in der First Class die Wünsche von den Augen ab», hieß der Schlussappell, mit dem Ted die jüngste Schulung seiner Airline verlassen hat. Bestens. Kann er morgen gleich mal anwenden. Wäre doch gelacht.

Frankfurt, Ende Januar. A380, auf dem Weg nach Singapur. Fünfundzwanzig Minuten vor Abflug plötzlich große Aufregung bei dem Passagier auf 1A, nennen wir ihn Dr. Schneider. Bei Sonderwünschen hatte seine Assistentin Desperados-Bier angegeben, er möchte vor dem Abflug nun das erste trinken. Sehr unangenehm für Ted, denn der Caterer hat die Marke nicht mitgeliefert – das ist gar nicht gut. Erstens, weil so was auf diesem Level nicht passieren darf, zweitens, weil der Gast bereits mehrfach erkennen ließ, dass er von Manieren nicht sonderlich viel hält. Schnaubend zieht Dr. Schneider gerade eine ganze Wagenburg von Geräten hoch, obwohl klar ist, dass er sein transportables Büro beim nahenden Abflug zurückbauen darf. Er zieht an den Kabeln und kriegt sich nicht mehr ein: «Unverschämtheit! Frechheit, dass das Bier fehlt!» Er will den Kapitän sprechen. Sofort! Jetzt ist Kreativität gefragt. Obwohl der Blick auf die Uhr dagegenspricht, bietet Ted der Purserette an, zurück zum Terminal zu sprinten, um dort ein Sixpack zu besorgen. «Das will ich aber auch meinen», bellt daraufhin 1A. «Gerne», hallt es charmant zurück, und Ted flüchtet in den Finger. Endlich, im dritten Duty-Free-Laden, findet er tatsächlich Desperados, wenn auch nur vier ungekühlte Flaschen. Er rennt zurück, denn die Zeit wird knapp. Nicht, dass sie deshalb noch den Departure-Slot verpassen. Zurück an Bord, die etwas atemlose Botschaft: «Wir können das gewünschte Bier gern nach dem Start servieren. Im Moment liegt es auf Eis.» Riesige Welle, wieso es nicht schon kalt ist, gefolgt von der Weigerung, die Wagenburg abzubauen, nachdem nun auch der Drucker steht. «Ready for take-off», klingt es über die Lautsprecher, gefolgt von einem über die Schulter geschrienen: «Ich hoffe, Sie haben an die Limette gedacht!», und das Flugzeug hebt ab.

Die Limette! Ted stöhnt bei diesem Wort, denn Limetten gibt es nicht an Bord, so viel steht fest. Da nutzt jetzt auch kein «Ich sehe gern mal für Sie nach» mehr. Bitte anschnallen.

Als eine halbe Stunde später tatsächlich das gekühlte Bier vor Dr. Schneider steht, kommt es zum Ausraster, weil ein improvisierter Zitronenschnitz im Flaschenhals steckt. «Kennen Sie nicht den Unterschied?!? Wie blöööd kann man eigentlich sein?!?» Der Anfang einer Tirade, die auf den Flugbegleiter einprasselt. Als Dr. Schneider irgendwann mal Luft holt, hört sich Ted, implodierend zwar, aber dennoch formvollendet sagen: «Es tut mir sehr leid, wenn ich den Eindruck vermittelt habe, dass Sie so mit mir sprechen können.» Stille. Verdutzter Blick. Unentschlossene Krawallbereitschaft. Dann die Nachfrage: «War das ein Angriff??» Darauf Ted, ganz Ted-mäßig: «Nein, es tut mir einfach leid, wenn ich diesen Eindruck vermittelt habe. Der ist nämlich falsch. Ich erlaube diesen Tonfall einfach nicht.» Und dann, nach einem erneuten und diesmal halbherzigen Angriff aus der ersten Reihe: «Ich verstehe Sie absolut, *und* ich kann die Umstände in der Luft nun leider nicht mehr ändern. Ich habe alles gegeben. Wenn Sie sich gern weiter darüber streiten möchten, bin ich, glaube ich, der falsche Ansprechpartner.» Gesagt, gelächelt, umgedreht, und siehe da: Ruhe auf 1A. Zum ersten Mal. So was wirkt dann also doch. Last and final call for passenger Schneider. Halleluja ...

Sie merken schon, es war mir ein Bedürfnis, die Geschichte etwas detailfreudiger zu erzählen. Einfach, weil ich annehme, dass die wenigsten von uns im Eifer des Gefechts auf diese finessenreichen Formulierungen kommen – und irgendwann verliert ja jeder mal die Contenance. Daher heißt die Losung für komplizierte Fälle: Vorbereitung ist alles.

«Am meisten Vorbereitung kosten mich immer meine spontan gehaltenen Reden», soll Winston Churchill mal gesagt haben. Kann ich nach etlichen Jahren auf der Bühne nur bestätigen. Was locker kommt, ist oft geübt. «Very Fred Astaire» nennen die Amerikaner das schon mal, weil Fred Astaire so oft trainiert haben soll, bis es so aussah, als hätte er nie trainiert. Ist bei tollen Formulierungen übrigens genauso. Natürlich gibt es auch spontane Einfälle.

Doch schlagfertige Wortwunder fliegen uns viel eher zu, wenn wir uns bereits auf eine stattliche Sammlung verlassen können. Daher enthält dieses Kapitel gleich mehrere Angebote aus der wunderbaren Welt der Flugbegleiter, für alle, die gern etwas Formvollendetes in petto haben möchten. Ich hoffe natürlich, dass Sie diesen einzigartigen Mix aus Verständnis, Logik und Höflichkeit nie brauchen. Und wenn doch?

Dann wünsche ich Ihnen nun ganz charmant einen schönen Aufenthalt im Buch oder gegebenenfalls einen angenehmen Weiterflug.

WAS IHNEN DIESER SATZ SCHENKT?

RESPEKT. BERUHIGUNG. WÜRDE.

24 KLINGT ALLES LOGISCH, MEIN GEFÜHL RÄT MIR JEDOCH WAS ANDERES

Angelika Schoor ist äußerst gut gelaunt. Gleich hat die lange Suche nach dem perfekten Marketing Director ein Ende, und sie sitzt ihrem neuen Abteilungsleiter gegenüber. Wurde ja auch Zeit! Ausgesprochen smart und kreativ wirkte der Mann schon in seiner extrem ansprechenden Initiativ-Bewerbung. Bestechend auch die Fakten: Abitur in Zürich, Studium in London und Barcelona. Zwei Semester Harvard Business School. Erster Job bei einem Global Player in Genf, Junior in einer coolen Agentur in Düsseldorf. Ein Secondment in New York. Viele Jahre Marketing bei einem Dax-30-Unternehmen und ab erstem Juli dann eben ihr neuer Head of Marketing in Zürich. Perfekt! Sie blättert noch mal durch die Unterlagen. Verhandlungssicher in Deutsch, Englisch, Französisch, sehr gute Spanischkenntnisse. Hobbys: Triathlon, Speaker-Slams und – hallo – Mandarin! Wenn seine Ausstrahlung im persönlichen Gespräch auch nur halbwegs der Verheißung des Bewerbungsfotos entspricht, kommt auch noch charismatisch mit auf die Liste. Wer will so einen nicht als Führungskraft?

Kurze fünfzehn Minuten später kommt sie desillusioniert in die Teeküche. «Und, happy?», fragt ihre Assistentin fröhlich über die Schulter. Als sie Angelikas Gesichtsausdruck sieht, reicht sie ihr erstaunt den Kaffee, den sie eigentlich für sich zubereitet hatte. Ein weiteres Espresso-Pad landet in der Maschine. «Gar nicht!», sagt die Chefin fassungslos. «Ich kann ihn nicht nehmen.» «Wieso *das* denn nicht?!?» Darauf Angelika in allerklarster Unklarheit: «Keine Ahnung. Es geht nicht. Das würde nicht funktionieren. Ist einfach so.»

Schon mal erlebt, so was? Dass die Fakten ganz und gar für eine Sache sprechen und Sie dann doch das Gegenteil entscheiden? Oder dass Sie rein faktisch schon sicher waren, mit einem Treffen Ihre Zeit zu verschwenden, und dann plötzlich entgegen allen Argumenten ein grandioses Gefühl hatten, auf das eine Bauchentscheidung folgte, die Sie nie bereut haben?

Alles schon vorgekommen. Oft sogar. Und fast immer lagen wir mit diesen Entscheidungen goldrichtig. Intuition ist erstaunlich treffsicher. Auf diese kleine unsichtbare Instanz ist meist Verlass. Wie oft haben wir uns oder andere schon sagen hören: «Ich hab's doch gewusst! Hätte ich mal auf meinen Bauch gehört!» Oder: «Ich hatte von Anfang an ein mulmiges Gefühl. Hätte ich das mal lieber ernst genommen!» Noch nie allerdings habe ich jemanden sagen hören: «Hätte ich mal lieber meiner Intuition nicht vertraut!» Ist doch interessant.

Gut, es gibt immer Ausnahmen. Bei Heiratsschwindlern zum Beispiel oder Begegnungen mit Trickbetrügern. Aber selbst hier berichten Betroffene von einer leisen Stimme, die sie sehr wohl schon ziemlich früh gewarnt hat. Von dieser diffusen Ahnung, die im Hintergrund vor sich hin dampfte. Oder sie erzählen, dass gute Freunde sie längst vor diesem Menschen gewarnt hätten. Ist im Falle eines Heiratsschwindlers sogar wahrscheinlich, denn wenn Romantik im Spiel ist, spielen die Hormone bekanntlich verrückt und können schon mal einen sonst sehr scharfen Blick vernebeln. Logisch, dass das ein Außenstehender klarer sieht.

Aber im Job oder bei wichtigen Kaufentscheidungen? Wann immer wir da ein komisches Gefühl hatten und uns jemand suspekt vorkam, hat es meistens auch gestimmt, und die Überraschung galt am Ende nicht dem Verhalten des anderen, sondern der Tatsache, dass wir nicht auf uns gehört haben.

Situationen, bei denen wir mit einem einfachen «Das klingt alles logisch. Mein Gefühl rät mir jedoch was anderes» vermutlich gut gefahren wären. Warum wir es dennoch viel zu selten sagen? Liegt vielleicht an dem Irrglauben, dass Absagen nur durch möglichst stichhaltige Argumente professionell wirken, und die liefert uns ein Gefühl natürlich nicht. Im Gegenteil. Die Botschaft lautet hier ja: «Vergiss die Argumente! Das Argument gegen diesen Menschen ist, dass du gar keins brauchst. Er ist einfach der Falsche!» Wir wissen also etwas, ohne zu wissen, warum wir es wissen. Das beruhigt zwar das Herz, verwirrt aber den Kopf, weil der lieber auf Logik setzt, als ein emotionales Barometer ernst zu nehmen. Zumindest ist das bei der linken Gehirnhälfte so, die sich für Entscheidungen so gerne zuständig sieht.

Mein Credo ist: Wenn Sie die Fakten kennen und gute Gründe finden, wieso diese Fakten für eine Sache sprechen, Sie aber dennoch irgendetwas davon abhält, das Ding auch wirklich durchzuziehen, sollten Sie es sein lassen. Dann gibt es einen Haken. Manchmal sind wir das auch selbst. Wenn uns nämlich die Angst davor, die eigene Komfortzone zu verlassen, im wahrsten Sinne zurückhält und regelrecht nach hinten zieht, sodass wir nicht vorankommen können. Ein Gefühl wie Vollgas geben und gleichzeitig auf die Bremse treten.

Und was tun, wenn sich «Mein *Gefühl* rät mir jedoch was anderes» im beruflichen Kontext zu weichgespült anhört? Gefühl und Business passen ja nicht für jeden gut zusammen. Wenn das bei Ihnen so sein sollte, finden Sie einfach eine Formulierung, die besser zu Ihnen passt: «Klingt alles logisch für mich. Meine *Erfahrung* rät mir jedoch was anderes.» Oder: «Meine Menschenkenntnis rät mir zum Gegenteil.» Vielleicht steht Ihnen das besser.

So oder so kann der Satz ein gelungener Ausweg sein, bevor Sie allzu sehr ins Zweifeln kommen. Denn das passiert schnell, wenn die Intuition stark ist und die Argumente schwach. Dann jongliert unser Kopf die wenigen Gedanken endlos hin und her, bis wir irgendwann erschöpft aufgeben und immer noch zweifelnd eine zweifelhafte Entscheidung treffen.

Vielleicht ist Ihnen das alles längst klar. Jetzt hätten Sie dann einen Satz, der diese Klarheit in fünf Sekunden transportiert. Wissen ist nun mal kein Garant für Können. «Klingt alles logisch. Mein Gefühl rät mir jedoch was anderes.» Sagt sich einfach selbstbewusster und bestimmter als ein fragendes «Ich weiß auch nicht, wieso ich ihn nicht will!». Müssen Sie auch gar nicht wissen. Ihr Gefühl sagt Ihnen schlicht was anderes. Oder Ihre Menschenkenntnis oder Ihre Erfahrung. Reicht völlig. Punkt. Und wenn dann immer noch einer nachhakt, gibt es ja den wunderbar kurzen Kommentar aus Kapitel 18: «Wie gesagt».

Vertrauen Sie ruhig Ihrer Intuition. Verlassen Sie sich auf Ihr Herz. Es war schon da, bevor Sie denken konnten.

WAS IHNEN DIESER SATZ SCHENKT?

GEWISSHEIT. ENTSCHLUSSKRAFT. FÜHRUNGSSTÄRKE.

25 DAFÜR WILL ICH MIR JETZT KEINE ZEIT NEHMEN

Eine winzige, schummrige Kneipe auf St. Pauli. Spelunke ist vielleicht der treffendere Ausdruck. Es ist stickig und mitten am Tag, was man aufgrund der dunkelgrünen Oberlichter nicht wirklich merken kann. Die fingerdicken Scheiben lassen kaum Licht durch und sehen aus, als hätte sie jemand aus Weinflaschenböden zusammengebaut. Mittags um zwei kleben gerade mal zwei Männer auf zerschlissenen Barhockern, eine Frau drückt mechanisch auf einen Spielautomaten, der neben dem Eingang hängt. Gut möglich, dass hier jeder seit Jahrzehnten auf seinem Platz ist: das Inventar, die Gäste und die wasserstoffblondierte Wirtin.

Mich hat der nahende Dreh eines Vorabendkrimis an diesen Ort gespült, heute ist Location-Tour. Für eine Bar-Szene fehlt noch eine urige Pinte, und so zwänge ich mich als Regie-Praktikantin zusammen mit Kameramann, Regisseurin und Aufnahmeleiter in die kleine Kneipe – damit ist der Laden voll. Außer einem überdimensionalen Glas Essiggurken ist ein Emaille-Schild über dem Tresen das Auffälligste in der dunkelbraunen Bretterwelt: «Komm noch mal wieder, wenn du weniger Zeit hast» steht da in geschwungener Schrift. Die Regisseurin ist neugierig. Was es damit auf sich hat, möchte sie wissen. Die Männer auf den Hockern schnauben hörbar, und die Wirtin holt aus. Irgendwann, sagt sie, habe es ihr gereicht, als sich mal wieder die üblichen Verdächtigen einen ganzen Abend an einem einzigen lauwarmen Bier festgehalten haben. «Geschäftsschädigend, so was, bei nur sechs Barhockern. Ist wohl klar, ne?», scheppert sie mit blecherner Stimme über den Tresen hinweg, und alle müssen lachen.

Den Spruch auf dem Schild sollte ich Jahre später noch einmal von einem Auftraggeber hören, nennen wir ihn Thomas Baumann. «Aus purer Verzweiflung überlege ich schon länger, mir den Satz im Office an die Tür zu hängen», erzählt er freimütig und ein bisschen fahrig, als wir nach einem Workshop für sein Leitungsteam in einer Nische der Hotellobby zusammensitzen. Wie das wohl käme, wenn man vor seiner Tür steht und erst mal unverhofft gestoppt wird: «Komm noch mal wieder, wenn du weniger Zeit hast.» Darf man erst mal sacken lassen, den Spruch. Witziger als «Fasse dich kurz», finde ich und muss schmunzeln. Ihm selbst jedoch will nur ein schiefes Lächeln gelingen. Er wirkt nervös, die Augen sind rastlos, da kann der rostfarbene Kamin noch so beruhigend vor sich hin prasseln und der Lieblingsburgunder im Glas noch so ruhige Kreise drehen – Herr Baumann wirkt nicht entspannt. Herr Baumann ist gehetzt.

«Berufskrankheit», sagt er, «ist einfach immer zu viel auf der Agenda. Im Grunde könnte ich den ganzen Tag nur Mails lesen und Fragen beantworten. Wann komme ich jemals zu meinem Job?!» Ein Satz, den ich von Führungskräften regelmäßig höre. «Die Unart, jeden bei E-Mails cc zu setzen, macht die Sache auch nicht leichter», schiebt

Herr Baumann nach, und ich wundere mich, denn in seinem konkreten Fall sitzt er nun wirklich am längeren Hebel. Als Inhaber und Geschäftsführer kann er die Arbeitsbedingungen im Unternehmen doch selbst festlegen. Wer, wenn nicht er, sollte sagen dürfen, bei welchen E-Mails er im Verteiler stehen will?

Aber wie das so ist, oft reichen Vorsatz und Einsicht nicht aus, um unser Verhalten oder ganze Abläufe zu ändern. Manchmal kommt uns schlicht der eigene Charakter in die Quere. Wer nämlich wie Herr Baumann vom Typ her offen und einladend ist, begeisterungsfähig und stets gesprächsbereit, bringt sich beim Thema Grenzen setzen natürlich nicht unbedingt in Medaillennähe – im Gegenteil. Diesen Menschen rennt eher jeder dankbar die Türe ein; ein offenes Ohr finden natürlich viele gut. «Er nimmt sich so viel Zeit für mich», denken dankbar die Mitarbeiter. «Alle stehlen mir die Zeit», denkt verzweifelt der Chef und kämpft weiter gegen seine To-do-Liste an. Ein ständiger Staffellauf mit sich selbst ist das. Kein Wunder, dass solche Persönlichkeiten immer ein bisschen wirken, als wären sie auf der Flucht.

Kann man seiner Zeit eigentlich hinterherlaufen? Stimmt es, wenn wir sagen «Mir fehlt die Zeit dazu»? Kann man überhaupt zu wenig Zeit haben, wo wir doch alle jeden Tag aufs Neue dieselbe Dosis davon zur Verfügung haben? Oder verhält es sich hier wie mit dem Wetter? «Wer friert, ist bloß falsch angezogen» heißt es, will sagen: Wer keine Zeit hat, nutzt sie bloß falsch?

Ich bin keine Expertin in Sachen Zeitmanagement, all die klugen Tipps und Techniken überlasse ich lieber den Lothar Seiwerts dieser Welt, da kann ich selbst noch schön viel lernen. Eines ist mir jedoch klar: Egal welche smarten Strategien zum Thema Zeit managen und Prioritäten setzen wir uns vielleicht draufgeschafft haben – irgendwann kommt er, dieser unbequeme Moment, in dem wir überfordert sind, weil uns jemand ein zusätzliches Projekt rüberschiebt, einen Ordner auf den Tisch knallt, eine Frage in den Raum stellt, und wir merken, dass wir mit alldem einfach nichts zu tun haben wollen, weil die Zeit für die eigene Arbeit bereits knapp ist.

In diesem Moment dürfen wir all die tollen Tools dann einmal kurz vergessen, Stellung beziehen und unsere Haltung in adäquate Worte fassen. «Sorry. Geht beim besten Willen nicht. Dafür fehlt mir leider die Zeit, kannst du nicht jemand anderen fragen?», sagt so mancher an dieser Stelle. Klingt verdächtig nach Tiefstatus, als ob uns die Hände gebunden wären. «Sorry, geht nicht, mir fehlt ... Leider ... Kannst du nicht ...» Jedes Wort ein kleines Hinweisschild in Richtung «Opfer der Umstände» – von Gestalter-Energie weit und breit keine Spur. Unwahrscheinlich daher, dass andere uns nach dieser Reaktion in Ruhe lassen. Dass dieser halbherzige Abwehrversuch ein Ticket ins nächste Rechtfertigungsgespräch ist, halte ich für wahrscheinlicher. Wie also absagen?

Eine verantwortliche Formulierung, die unsere bewusste Entscheidung zum Ausdruck bringt, ist immer ein guter Anfang. Gelingt recht gut, wenn wir die bewährte Ich-Botschaft mit einer Prise Selbstbestimmung würzen – und die kommt immer durch ein starkes Verb: «Dafür möchte ich mir jetzt keine Zeit nehmen. Ich bin vollauf mit Projekt XY beschäftigt», zum Beispiel. *Möchten* oder *wollen*, statt *nicht können* macht hier den feinen Unterschied.

«Dafür will ich mir keine Zeit nehmen? Das kann man doch nicht sagen!», höre ich es schon empört zurückhallen. «Das klingt doch unhöflich, als hätte ich keine Lust zu arbeiten!» Wirklich? Sehe ich anders. *Möchten* und *wollen* klingen für mich eher nach Verantwortung, weil wir damit offenkundig ausdrücken: Hier hat jemand eine Entscheidung getroffen, hier schätzt jemand professionell und ehrlich die Lage ein. Im Hinblick auf Selbstführung und Souveränität immer eine gute Aussage über sich selbst. Und wenn Ihnen dann noch diese Kombination aus Klarheit in der Botschaft und Gelassenheit im Tonfall gelingt, kann das schon ziemlich bestechend wirken.

Wird das allen gefallen? Nein, ganz sicher nicht. Werden die anderen es akzeptieren? Höchstwahrscheinlich schon. Denn Sie würden damit genau das Verhalten an den Tag legen, das sich Führungskräfte in Vier-Augen-Gesprächen immer wieder wünschen: mehr Entscheidungswillen der Mitarbeiter. «Auch mal Nein sagen können», heißt es da nämlich oft, und «Haltung zeigen». Klar, das ist dann kurz mal unbequem, kommt aber dennoch besser an als all die überforderten Alternativideen: «Das schaffe ich nicht auch noch» oder «Ich habe auch so schon genug zu tun» oder «Das kriege ich beim besten Willen nicht auch noch hin. Wissen Sie, wie viele Überstunden ich schon habe?». Möchte ja niemand wirklich hören, so was. Nicht mal diejenigen, die es sagen, behaupte ich mal.

«Ich weiß nicht, ob ich das so mutig rüberbringen kann», zweifeln manche an der Stelle. Ich glaube, um Mut geht es hier gar nicht – verlangt ja keiner, dass Sie im Weltraum den Helm abnehmen. Es geht vielmehr um Selbstverantwortung: Kann ich professionell bleiben, wenn ich diesen Job zusätzlich annehme? Kann ich meine anderen Vereinbarungen dann noch verlässlich einhalten? Realistisch Prioritäten setzen können hat mehr mit Professionalität zu tun als mit Mut. Dabei ist es übrigens egal, auf welchem Level Sie sind. Hotel-Chefin oder Bell Boy, Vater oder Tochter. Sich selbst und sein Vorhaben ehrlich einschätzen zu können und dafür einzustehen, ist sicher immer gut – im Business und auch privat.

Falls Sie sich übrigens fragen, wie die Sache mit Herrn Baumann ausgegangen ist: Er hat das Thema Zeitmanagement dann lieber mit sich selbst geklärt und den Spruch doch nicht an seine Tür gehängt. Da siegte Anstand über Verzweiflung und Höflichkeit über Humor. Der Satz prangt aber weiterhin auf einem Emaille-Schild über dem Tresen in einer winzigen Kneipe in Hamburg auf St. Pauli.

WAS IHNEN DIESER SATZ SCHENKT?

SELBSTBESTIMMUNG. ZEIT. RESPEKT.

26 ICH HABE MICH GEIRRT

Es ist schon erschreckend, wie selten Menschen dazu in der Lage sind, diesen simplen Satz zu sagen: «Ich habe mich geirrt.» Vier Wörter – sollte also einfach sein. Doch nach über zwanzig Jahren als Business-Coach möchte ich behaupten: Das ist es leider nicht. Was die Sache zusätzlich erschwert: Je höher der Status, desto eher sinkt offenbar die Bereitschaft zu diesem Eingeständnis. Doppelt schade, weil der Wirkungsgrad von Führungskräften natürlich groß ist, hier hätte immerhin die ganze Abteilung etwas davon. Nur im Topmanagement, wo die Luft dünn ist, die Konkurrenz rar und ehrliches Feedback naturgemäß sehr selten vorkommt, taucht er plötzlich wieder auf, der kleine Satz, der uns viel Zeit und Nerven sparen kann: «Ich habe mich geirrt.» Wieso das so ist? Vermutlich, weil mit wachsender Verantwortung auch die innere Souveränität mitgewachsen ist. Und die brauchen wir eben, um klipp und klar zugeben zu können, dass wir diesmal leider falschgelegen haben. Von wegen Irren ist menschlich …

Bereichsleiter-Konferenz in Frankfurt am Main, 23. Stock. Hinter mir geben bodentiefe Fenster den Blick auf die Skyline frei, neben mir trommelt mein Klient ungeduldig mit den Fingern auf seinen Laptop – heute ist Job-on-the-Job-

Tag. Für mich heißt das, dass ich meinem Coachee wie ein Schatten folge. Alles, was er erlebt, erlebe ich auch. Ich laufe mit, schweige und notiere, was mir für die Auswertung am Abend relevant erscheint. Je nach Ausprägung des Selbstbewusstseins stellen mich die Klienten an Schattentagen als Journalistin, Unternehmensberaterin, Autorin oder eben als Coach vor – ich war auch schon mal Wirtschaftsprüferin. Heute bin ich Coach. Außer uns sind acht Kollegen des Klienten um einen ovalen Tisch versammelt – sieben Männer und eine Frau. Gerade wird ein heikles Thema diskutiert: Es geht um eine 720 000 Euro schwere Fehlentscheidung. Der zuständige Bereichsleiter reibt sich die Stirn, rutscht nervös auf seinem Stuhl hin und her und verliert sich in diffusen Passiv-Sätzen: «Man hat das vor Wochen schon so festgelegt. Das wurde so besprochen. Die Linie war klar ...» Der Mann würde sich und allen im Raum einen großen Gefallen tun, wenn er sich dazu entscheiden könnte, das Offensichtliche auszusprechen. Etwa: «Ich habe das völlig falsch eingeschätzt. Ein Riesenirrtum. Lasst mich sehen, wie ich das jetzt noch drehen kann.» Doch er windet sich weiter, und auch keiner der anderen benennt den rosa Elefanten im Raum. Das Szenario dehnt sich aus. Der Ton wird lauter, die Formulierungen werden wirrer, die Kollegen genervter. Die meisten gehen mittlerweile ohnehin längst eigenen Themen nach, schreiben fahrig E-Mails oder tippen unter dem Tisch Nachrichten ins Handy. Irgendwann platzt jemandem der Kragen: «Können wir jetzt vielleicht mal mit meinem Thema weitermachen? Ich habe in fünfzehn Minuten einen Call mit Chicago!»

Jetzt werden alle schlagartig wach, denn auch sie haben

Calls und blicken hektisch auf die Uhr. Das Ende der Geschichte: Die Konferenz dauert 45 Minuten länger als angesetzt, die Hälfte aller Teilnehmer rennt daher schon vorzeitig aus dem Raum und dennoch zu spät in den nächsten. Geschätzte fünfzig Menschen dürfen nun also das Unvermögen dieses Bereichsleiters mit ausbaden, denn so viele sind in Anschluss-Meetings sicher indirekt von seinem Eierkurs betroffen. Alle müssen ihre Agenda umwerfen, kommen mit ihrem Beitrag nicht mehr dran oder sollen eine Fünf-Minuten-Fassung hinlegen, was natürlich keiner schafft – alles verzögert sich. Ein Dominoeffekt, der sich bis in den Abend ziehen wird. Das 720 000-Euro-Thema ist trotzdem nicht geklärt und die Stimmung unter den Kollegen entsprechend im Keller. Klares Learning: Wer nicht bereit ist, Verantwortung zu übernehmen, stiehlt seinen Mitmenschen Zeit und Energie und sich selbst eine große Portion Selbstrespekt.

Sie müssen keinen Geschäftsbereich leiten, um sich von diesem Beispiel angesprochen zu fühlen. Dasselbe passiert millionenfach auf allen möglichen Schauplätzen: der Mann am Infostand, der Sie zum zweiten Mal falsch durchs halbe Einkaufszentrum schickt, weil er lieber recht haben will als nachzusehen, wie Sie den Schlüsseldienst nun wirklich finden. Die Dame am Check-in-Schalter, die weiß, dass Sie ihretwegen ans falsche Gate gerannt sind und dabei Ihren Flieger verpasst haben und die dennoch nicht sagen kann: «Es tut mir leid. Ich habe mich geirrt.» Manche tragen die Auswirkungen auch auf dem eigenen Kopf, wenn nämlich der Friseur die falsche Farbe aufträgt und dann stur behauptet, dass das doch schon immer Ihr Ton gewesen sei. Die Neigung, sich herauszureden, ist bei vielen einfach erheblich größer als der Wunsch, den Irrtum zuzugeben, womit wir uns und anderen das Leben unnötig schwer machen. Dabei könnte alles so leicht sein: «Entschuldigung. Ich. Habe. Mich. Geirrt.» Drei Sekunden. Fertig.

Wenn wir wüssten, wie viel Lebensenergie uns dieses Eingeständnis schenkt und wie viel Leichtigkeit und Weite dadurch allein im eigenen Herz entstehen, würden wir das sicher öfter tun. Auch, weil wir durch diesen Satz fühlbar an Souveränität gewinnen. Negatives selbstbewusst zu benennen, war schon immer eine zuverlässige Entmachtungs-Strategie, denn wer seinen Irrtum selbst herausposaunt, bietet anderen schlicht keine Angriffsfläche mehr. Was soll schon groß passieren, wenn Sie den unangenehmsten Satz bereits vorweggenommen haben? Die goldene Regel beim Scheitern heißt daher: Negatives immer groß. Wenn Sie benennen, was ist, verbessert das Ihre Situation tatsächlich prompt. Sie schwenken damit den Scheinwerfer vom Problem auf die Lösung und beginnen automatisch, Auswege zu finden. Irrtum entspannt zugeben können, ist daher immer entwaffnend und beruhigt ungemein – Sie selbst und alle anderen sowieso.

«Wenn schon scheitern, dann bitte schön mit Freude!», heißt eine wichtige Regel beim Impro-Theater. Ich liebe diese Haltung! Wenn ich das allerdings in der Warm-up-Phase eines Business-Workshops vorschlage, ernte ich erst mal Empörung. «Scheitern? Fehler?! Das lassen wir mal lieber. Und mit *Freude* scheitern? Hallo?! Das dann bitte gar nicht!»

Dummerweise übersetzen viele «Fehler» mit «failure» – also Versagen. Eigentlich merkwürdig, wo uns doch im wahrsten Sinne tatsächlich nur etwas *fehlt*. Ich stelle mir vor, was wohl passiert wäre, wenn wir schon als Kleinkind diesen Widerwillen Fehlern gegenüber empfunden hätten. Vermutlich hätten wir weder reden noch laufen gelernt und wären bis heute murmelnd und krabbelnd unterwegs. Erstaunlich, weil doch alle großen Erkenntnisse von Fehlerketten geradezu inspiriert wurden. Erfinder wissen das, denn wer tausendmal erlebt hat, dass es dunkel bleibt, weiß eben irgendwann auch, wie er die Drähte in der Glühbirne so zusammenlötet, dass es hell wird.

Was ich in Coachings immer wieder erlebe, ist der Irrglaube an das fehlende Mega-Tool. Wenn wir das nur hätten, wäre alles gut. Dann wären wir schlagfertig und hätten den passenden Satz immer parat. Bäng! Ob das wohl stimmt? Ich denke eher, dass wir auf der panischen Suche nach dem ultimativen Rhetorik-Trick den naheliegenden Ausweg übersehen. Und der heißt: Benennen – was – ist. Reicht nämlich völlig. Und damit widerspreche ich mir übrigens gerade selbst, denn jetzt erwähne ich doch ein Tool – wir können uns Label nun mal besser merken. Ich nenne dieses hier S.T.O.P. für: State The Obvious Promptly. Das Offensichtliche sofort benennen. Kleiner Tipp, große Wirkung. «Ich habe mich geirrt» ist so ein S.T.O.P.-Satz. Unserem Bereichsleiter hätte er sicher ganz wunderbar gestanden. Gut möglich, dass damit sogar die 720 000 Euro im Haus geblieben wären.

Sie lade ich jedenfalls herzlich ein, «Ich habe mich geirrt» für sich zu nutzen. Am besten oft. Denn ist das erst mal ausgesprochen, nimmt jede Unterhaltung abrupt eine konstruktive Wendung. Es ist ein einfacher Satz. Er sagt sich leicht. Er tut jedem gut. Er wirkt befreiend. Wir würden alle deutlich mehr Spaß haben, mutigere Entscheidungen treffen und öfter über uns hinauswachsen, wenn wir uns dazu hinreißen lassen könnten, ihn in unser Repertoire mit aufzunehmen. Ich könnte es zugeben, wenn ich falschläge. Aber hier, da bin ich sicher, habe ich mich nicht geirrt.

WAS IHNEN DIESER SATZ SCHENKT?

ZEIT. RESPEKT. SELBSTACHTUNG.

27 ICH BRINGE DAS ERST MAL ZU ENDE

Ein herrlicher Spätsommertag in München mit bajuwarischem Bilderbuchhimmel in den Landesfarben: Schäfchenwolken auf sattem Blau. Heute ist Sales-Training für die Vertriebsmannschaft eines DAX-30-Unternehmens. Zwei Tage, sieben Männer, eine Frau, die meisten um die vierzig und fast alle mit dieser lässig-flapsigen Verkäufer-Attitude: immer einen Spruch auf den Lippen, gerne auch das letzte Wort, großer Spaß am Fabulieren. Viel Wettkampf-Energie hat sich in diesem Konferenzraum versammelt, der aussieht wie eine Filmkulisse und *Garage* heißt. Wenn diese Kombination aus Kommunikationsfreude und ordentlich viel Ego aufeinanderprallt, ist der Hang zur Dampfplauderei erfahrungsgemäß recht groß, sind stille, wahrhaftige Momente eher selten. Hier darf ich bald ein paar Impulse setzen, mit denen die Bereitschaft für Achtsamkeit und Empathie in der Gruppe wachsen kann, denke ich, und die einzige Frau im Team, nennen wir sie Judith, scheint ähnliche Gedanken zu haben. Fast flehentlich ihr Blick zwischen all der Hemdsärmeligkeit.

Freiwillig beteiligt sich Judith nicht, verhaltene Antworten, wenn ich sie drannehme. Zweimal lässt sie sich von einem Kollegen barsch unterbrechen, der seinen Kommentar offenbar spannender findet als ihren. Doch mit der Zeit nimmt sie Fahrt auf. «Du redest mir ständig dazwischen. Ich will jetzt auch mal ausreden!», platzt sie plötzlich heraus. Bringt natürlich nichts. Ich habe noch nie erlebt, dass jemand einlenkt, wenn die Dynamik derart hochgefahren ist: «Ach so, tut mir leid, dann sprich natürlich gerne weiter.» Passiert dann eben nicht. Im Gegenteil. Ihr Kollege fällt prompt in die dritte Person und spricht nun nur noch *über* sie: «Ausreden will sie. Ja, dann soll sie das doch tun. Mach ich doch auch!» Klingt schwer nach Gender-Issue, wenn da mal nichts hochpoppt heute. Lange sehe ich mir das nicht mit an, aber noch lasse ich es laufen, denn manchmal entsteht ja auch eine Energie, in der sich jeder selbst enttarnt.

In der Pause vertrauensvolles Vier-Augen-Gespräch auf der Terrasse. Judith kommt auf mich zu und klagt mir offiziell ihr Leid. Nie darf sie ausreden. Und wenn sie das fordert, erst recht nicht. Es folgt ein Crashkurs über Ich-Botschaften, den ich mit dem Tipp beende: «Sag nicht, was du *nicht darfst*, was der andere *tun soll*, sag einfach, was *du tust*. Jetzt. Dein neuer Satz heißt: *Ich bringe das erst mal zu Ende*. Blick aushalten, Stimme fest, das wirkt.» Judith kräuselt die Nase. «Das bringt was?» «Give it a go», sage ich und nehme einen letzten tiefen Atemzug an der frischen Luft, denn gleich sind wir wieder für Stunden hinter Fenstern, die sich nicht öffnen lassen. Wer hat das eigentlich erfunden?

Eine halbe Stunde später werden wir Zeugen von Judiths Durchbruch. Ich sehe förmlich, wie sie Anlauf nimmt: «Ich bringe das erst mal zu Ende.» Schön laut war das. Darauf ihr aalglatter Kollege: «Wie bitte?!» «Ich bringe das erst mal zu Ende», wiederholt Judith nun etwas mutiger mit der Handfläche gegen ihn gerichtet und redet einfach weiter. Da war er plötzlich still.

Mit einer hübschen kleinen Ich-Botschaft sind Sie immer erfolgreicher als mit einem fordernden Appell. Denn dass «Lassen Sie mich mal ausreden!» nicht funktioniert, wissen wir seit der Erfindung von Polit-Talkshows. Wenn Sie in Ihrer Botschaft aber das Offensichtliche direkt und entspannt benennen – S.T.O.P. für: State The Obvious Promptly –, ist das immer eine gute Idee, wir hatten das im vorangegangenen Kapitel, und es wird noch öfter kommen, weil S.T.O.P. einfach zuverlässig funktioniert.

Ich erinnere mich, wie ich mal in einem Blumenladen anstand. Die Schlange ging quer durch den ganzen Laden, als fänden Muttertag und Valentinstag gleichzeitig statt. Erstaunlich, dass noch niemand lautstarke Forderungen gestellt hat, wundere ich mich, und kaum gedacht, schmettert es von hinten: «Können Se keene zweete Kasse uffmachen?!» Ich muss schmunzeln und bin gespannt, wie es weitergeht. «Ick hatte keenen Reisebus erwartet», ruft entspannt die Frau hinter der Kasse zurück und bewegt sich keinen Deut schneller. Ende der Unterhaltung. Macht Kurt Krömer auch nicht besser.

Um mir die Zeit zu vertreiben, sehe ich mir Mini-Orchideen an und trete dafür einen kleinen Schritt nach rechts. Das veranlasst die Frau hinter mir, sich dreist an mir vorbeizuschieben. Muss man sich erst mal trauen, denke ich und habe wenig Lust zu reagieren. Aus purer Neugier stelle ich mich dann aber doch vor sie und sage mit einem hingehuschten Lächeln: «Ich gehe dann mal auf meinen Platz zurück.» Da ist sie wieder, die Kombination aus Ich-Botschaft und S.T.O.P. Wie erwartet ernte ich nur einen verblüfften Blick – die stereotype Reaktion auf Aussagen, in denen die direkte Ansprache fehlt. Funktioniert also immer noch, denke ich und höre, wie die Frau hinter mir vor sich hinmurmelt «Wie jetzt zurück …? Zurückjeblieben war se doch, ähh …» Kein Wort zu mir. Was soll sie auch sagen, wenn der Angriff fehlt. Ist immer gut, die eigenen Rezepte hin und wieder mal zu testen.

Das Leben wird leichter, wenn wir uns dafür entscheiden, Störungen nicht mit Aufregung zu belohnen, sonst kann aus einer kleinen Irritation schnell der große Wirbel werden. Ziehen wir unsere Energie lieber sofort ab. Mit einem wirksamen Satz im Handgepäck geht das sogar recht schnell.

Die meisten von uns unterschätzen sich gehörig. «Das geht nicht so einfach» höre ich oft oder «Natürlich regt man sich da auf». Hm. Wieso glauben so viele daran, dass es tatsächlich natürlich, also menschlich ist, Opfer unserer Gefühle zu sein, wo doch klar ist, dass wir unsere Gefühle selbst herstellen? Sie sind eine Reaktion auf unsere ebenso selbst hergestellten Gedanken. Alles freiwillig, alles hausgemacht. Es *ist* einfach, sich wieder runterzuholen. Wir haben es nur nicht trainiert, uns nie wirklich vorgenommen, vielleicht nicht mal probiert. Meine Erfahrung ist: Den eigenen Raum einzunehmen, für sich einzustehen, ruhig oder souverän zu sein, *ist* ziemlich einfach. Wir dürfen es mit uns nur mal *vereinbaren,* sonst kann es wirklich nicht gelingen, da gebe ich allen Bedenkenträgern recht.

Aufregung ist freiwillig, und der Weg aus dem Drama ist eine Frage der Entscheidung.

Je lauter wir Nein sagen, zu uns, den Umständen oder zu anderen Menschen, desto lauter ruft die Welt auch Nein zurück – Gesetz der Anziehung. Und zwar nicht erst, seitdem «Law of Attraction» die Esoterik-Buchregale erobert hat. Ich finde dieses Phänomen ohnehin auch eher *logisch*. «Wie man in den Wald hineinruft, so schallt es auch heraus», haben die Generationen vor uns dazu gesagt. War unsere Oma deshalb esoterisch? Dass Gleiches Gleiches anzieht, habe ich tausendmal erlebt – bei anderen und bei mir selbst genauso. Passen wir also auf, was wir aussenden, denken, fühlen.

Manchmal mache ich eine kleine Fantasiereise. Ich stelle mir vor, dass jemand unser Leben abfilmt. Jede Sekunde davon. Und am Abend bekommen wir die Momente, in

denen wir uns am meisten aufgeregt haben, als Tagestrailer vorgespielt. Na, da wäre was los! Bei den Filmen der anderen würden wir sicher lachen, aber bei unseren eigenen? Die wären uns womöglich peinlich – mir allemal. Wenn ich dann während der nächsten Stresssituation *genau das* erinnere, werde ich schnell ruhig und mache mich daran, einen besseren Film zu drehen. Einen, den ich lieber sehen will. Klappt meistens ganz gut. Probieren Sie's mal aus. Und wenn das nicht gelingt, hilft immer noch Satz 9 als locker dahingesummte, leichte Melodie. Sie wissen schon: «Das verzeihe ich mir am besten gleich mal selbst.»

Das Leben kommt mir vor wie ein großes Spiel mit vielen kleinen Alltagstests, an denen wir wachsen oder scheitern können – genau wie bei Judith und dem Sales-Team aus München.

Natürlich wäre es großartig, wenn einen jeder ausreden ließe. Wenn Ihnen aber doch jemand ins Wort fällt, ist es nützlich, das nicht persönlich zu nehmen und einfach zu sagen, wie es nun weitergeht: «Ich bringe das erst mal zu Ende.» Klingt klar, selbstverständlich und gar nicht kampfbereit, sodass Sie damit höchstwahrscheinlich genau das auch erreichen. Mit freundlichen Grüßen an Polit-Talkshows.

WAS IHNEN DIESER SATZ SCHENKT?

FREIHEIT. RESPEKT. WÜRDE.

28 ICH HABE ES VERNOMMEN

Manchmal meint es das Leben wirklich gut mit uns. Mitten ins Nichts hinein kann unverhofft ein Angebot segeln, das uns vor Freude staunen lässt. So ging es mir kurz vor der Jahrtausendwende in einer nasskalten Novemberwoche. «Hast du Lust, ein paar Reportagen mit mir in Kapstadt zu drehen?», ruft Frank, den ich vor ein paar Wochen bei einer Pressekonferenz kennengelernt habe, gegen den Wind in sein Handy. «Als was denn?», frage ich erstaunt. Fernsehreportagen habe ich noch nie gemacht. «Weiß noch nicht, du könntest die Interviews führen, damit ich gescheite O-Töne kriege, und die Vorgespräche und ein bisschen durchs Bild hüpfen, wenn ich 'ne Statistin brauche. Also Redaktion und Feelgood-Management, dein Englisch ist besser. Kamera mache ich, Schnitt auch.» Entweder der Mann ist verrückt oder unprofessionell, oder er weiß mehr als ich. Wie kommt er darauf, dass ich dafür die Richtige bin? «South African Airlines ist übrigens im Bild», ruft er weiter, «das heißt sie sponsern First-Class-Flüge.» «Na gut ... ist jetzt natürlich 'ne schwere Entscheidung ... Yap. Überredet! Ich bin dabei.» «Tipptopp», meint er und legt auf. Ist in Südafrika nicht gerade Sommer?

Eine Woche später sitze ich mit Frank, Kai und einem satten Sonnenbrand auf der Terrasse des legendären

Mount Nelson Hotels, ein exquisiter Traum in Pink. Auf dem Tisch flattert unter Steinen ein sportliches Programm im Wind: fünf Reportagen an fünf Tagen auf fünf Zettel gekritzelt. Den ersten Film drehen wir direkt hier, weshalb wir Gäste des Hauses sind, erfahre ich gerade. Ich sollte ernsthaft über Reisereportagen nachdenken ... Der zweite Ort ist Grootbos, zwischen Van Dyks Bay und Stanford. Ein luxuriöses Eco-Reservat, das zwei Jahrzehnte später durch *Sing meinen Song* bekannt werden sollte. Bilderbuch-Bedingungen. Doch die Stimmung ist gereizt, denn Frank redet ununterbrochen auf Kai ein, ein deutscher Freund, der in Kapstadt lebt und unsere Drehgenehmigungen besorgt hat. Frank ist hektisch heute und eine Spur zu laut. Er verlangt, fordert, fragt, wartet die Antworten nicht ab. «Es ist mir wichtig, dass du das weißt!», sagt er jetzt schon zum dritten Mal. Dann auf einmal Kai mitten in die nächste Wortsalve hinein, laut und ruhig und deutlich: «Ich habe es vernommen.» «Bitte?!?» Frank legt eine Vollbremsung hin. Und dann noch mal: «Ich habe es vernommen.» Ein Satz wie ein Stoppschild. Und so war es dann auch. Frank ist baff, beruhigt sich augenblicklich, bestellt einen Singapur Sling, und alle haben wieder einen Blick für das Mount Nelson, in all seiner Pracht.

Faszinierend wirksam, der Satz, und hiermit aufgenommen in mein wundervolles Wortarchiv, denke ich. Ziemlich überzeugend. Sagt dasselbe wie «Ich hab dich gut gehört», bringt aber ein bisschen mehr Ruhe rein, mit der man sich seinen Raum zurückzuerobern kann. «Ich habe es vernommen.» Wie merkwürdig förmlich das klingt, ganz sachlich, richtig offiziell. Es gibt den Worten ordentlich Gewicht.

Einmal hatte ich einen sehr widerwilligen, auf Krawall gepolten Manager in einem Pitch-Workshop. Knallroter Kopf, Bürstenhaarschnitt, ein sehr enges Hemd über einem sehr dicken Bauch. Keine zehn Minuten sind vorbei, und der Mann ist kurz davor, die Gruppe zu sprengen. Er nörgelt, stört die Vorstellungsrunde, tippt in sein Handy. Wenn er mit mir redet, sieht er grundsätzlich weg. Wer außer ihm etwas sagen will, dem wird ins Wort gefallen. Eine menschliche Zeitbombe, der Mann, und es liegt auf der Hand, dass ich hier zeitnah eingreifen darf, wenn der Kurs was werden soll. Das sagen auch die Gesichter der anderen Teilnehmer – von neugierig bis flehend ist jeder Blick dabei.

Als ich gerade ein Modell vorstelle und er dabei wieder einmal vor sich hin grummelt, spreche ich ihn an: «Moment mal kurz. Ich schlage vor, dass Sie deutlich mehr Aufmerksamkeit bekommen, Sie haben ja offenbar ganz viel zu sagen.» Da gab es ihn dann doch ganz spontan, unseren ersten Blickkontakt. «Wie jetzt Aufmerksamkeit?!», bellt er, und der Kopf changiert ins Dunkelrote. «Na, wir kennen uns ja noch nicht, aber Sie haben viel zu sagen, wie mir scheint. Dann will ich das natürlich auch hören: Bitte schön! Wie geht's Ihnen eigentlich hier?»

Nach einer einladenden Handbewegung fängt er tatsächlich an zu reden. Über die Sinnlosigkeit von Workshops, dass Soft Skills was für Frauen sind, dass er das alles nicht braucht und dass er einen Job hat, den er jetzt nicht machen kann, weil ich ihm die Zeit stehle. «Das ist ja total blöd für Sie», sage ich. «Eben», bellt der Bürstenschnitt. «Dann schlage ich vor, dass Sie jetzt eine Stunde mit voller Aufmerksamkeit wirklich hier sind und der Sache eine Chance geben. Und wenn um 11 Uhr alles noch genauso furchtbar ist für Sie, sollten Sie ganz dringend den Raum verlassen. Das passt ja sonst nicht. Ist völlig verschenkte Zeit.» Es folgt eine lange Ansage. «Gut. Dann nehme ich das zur Kenntnis», sage ich, als er sich leer geredet hat. «Dann haben Sie jetzt alles gesagt, und wir haben es alle gehört. So ... Wollen wir denn dann weitermachen?» Von diesem Zeitpunkt an war eine herrliche Arbeitsruhe im Raum, und ich konnte endlich loslegen. Der Mann blieb bis zum Ende.

«Dann nehme ich das zur Kenntnis», «Ich habe es vernommen», «Ich hab dich gut gehört», alles Sätze aus derselben Wortfamilie, die rüberbringen wollen: «Dein Beitrag ist angekommen.» Deshalb funktionieren sie. Manchmal wollen Menschen eben einfach nur hören, dass sie gehört werden. Damit ist die Welt schon wieder fast in Ordnung. Tun wir ihnen den Gefallen. Das Leben kann so einfach sein. «Ich habe es vernommen» ist im Grunde eine Empfangsbestätigung. Kennen wir ja aus anderen Zusammenhängen. Da heißt es auch: «Ihre E-Mail ist bei uns eingetroffen und wird nun weiterbearbeitet», so was in der Art. Beruhigt einen ja irgendwie, wenn die Mail nicht ins Leere lief. Wer verschickt schon gerne Flaschenpost?

Haben Sie sich schon mal gefragt, wieso Menschen überhaupt schreien? Aus Wut oder Aggression, tippen vermutlich die meisten. Aber Wut und Aggression wären kein Grund, sondern nur eine Reaktion auf den Grund, um den es wirklich geht. Klassisches Zwiebelschalen-Prinzip. Die Schicht darunter ist meist viel spannender. Wieso schreit einer? Weil er aggressiv ist. Wieso ist jemand aggressiv? Vielleicht aus Verzweiflung. Er weiß nicht, wie er sonst reagieren soll. Das macht ihn wütend, jetzt schreit er. Und was liegt nun da wieder drunter? Die Antwort aus psychologischer Sicht ist simpel: Wir schreien, wenn wir das Gefühl haben, nicht gehört zu werden. So einfach. Kennen wir ja aus dem täglichen Leben. Wenn Ihre Freundin auf der anderen Straßenseite läuft, ist Rufen die einzige Möglichkeit, um anzukommen. Wenn Ihre Freundin aber neben Ihnen im Kino sitzt, schreien Sie ihr sicher nicht ins Ohr. Wenn also jemand, der schreit, den Eindruck hat, dass man ihn nicht hört, liegt auf der Hand, wie Deeskalation gelingen kann: Einfach eine Empfangsbestätigung verschicken – Ich habe es vernommen –, und das Gemüt ist schnell beruhigt.

WAS IHNEN DIESER SATZ SCHENKT?

BERUHIGUNG. THEMAWECHSEL. SELBSTBESTIMMUNG.

29 ICH HABE MICH UMENTSCHIEDEN

Mist! Jetzt habe ich da zugesagt», stöhnt Til genervt. Seit ein paar Tagen schon spürt er diesen dumpfen Druck am Solarplexus und war seitdem am Rätseln, was das wohl zu bedeuten hat. Vor zwei Sekunden dann die Eingebung: «Ich will einfach nicht für diesen Kunden arbeiten!» Und dann etwas gequälter: «Wieso habe ich bloß zugesagt? Gar nicht gut, das Ganze. GAR. NICHT. GUT.» Unbehaglich windet er sich auf dem merkwürdig geformten Designerstuhl, springt schließlich auf und stellt sich ans Fenster.

Heute ist Wrap-Session in Düsseldorf, unser letztes Coaching also. Immer eine gute Gelegenheit, um mal einen Blick zurückzuwerfen. Was war unser Ziel vor drei Monaten? Was waren die Etappensiege und was die wichtigsten Learnings? Kann ich diesmal alles vergessen, denn hier fliegt gerade Tils Souveränitäts-Thema, mit dem wir in der ersten Session gestartet sind, als fetter Bumerang mitten in die edle Konferenzetage mitsamt ihrem schönen Rheinuferblick. Ist das dahinten eigentlich schon Köln?

«Wie komme ich da jetzt wieder raus ...», kommt es monoton von der Fensterfront, wo Til den Blick ins Weite schweifen lässt. Im Coaching eine oft gestellte Frage, für Job und Privatleben gilt sicher dasselbe, denn wer halbwegs gewissenhaft ist und Zusagen ernst nimmt, tut sich mit Absagen naturgemäß recht schwer. Unser Verstand mag Absagen nicht, das Herz noch weniger. Wir empfinden sie als Affront, was die Sache unangenehm für uns macht. So wollen wir nicht sein. Kein Wunder also, dass unser Gehirn bei den ersten Absage-Vorboten immer gleich fieberhaft nach einem Hintertürchen sucht. Dummerweise gibt es aber keins, denn ein Nein ist ein Nein, und das kommt beim Gegenüber ganz sicher auch so an. «Aber irgendeinen Weichspüler muss es doch geben! Bei dir klingt auch immer alles so entspannt», fordert Til, jetzt ganz zielorientierter Unternehmensberater. Der Mann leitet eine Business Line mit 1200 Mitarbeitern und ist es gewohnt, Entscheidungen zu treffen, die nicht immer allen gefallen, aber hier wünscht er sich den Schonwaschgang. Etwas, das netter klingt, als es ist. Er will absagen, aber seine Sätze sollen nicht kratzen.

Noch bevor ich einen Vorschlag habe, bastelt er an einer Notlüge. Im wahrsten Sinne des Wortes eine naheliegende Idee, denn Notlügen lungern immer in der Nähe herum, wenn uns das schlechte Gewissen plagt. Irgendwann drängeln sie sich dann dreist nach vorn, überholen all unsere anderen Ideen und rufen selbstbewusst über die Schulter: «Wirste mal sehen. Mit MIR wird dein Leben gleich viel leichter!» Oft glauben wir dieser aufmüpfigen inneren Stimme sogar, wahr ist sie trotzdem selten. Ein schlechtes Gewissen ist einfach kein guter Ratgeber und schließt gelassenes, selbstbewusstes Handeln schlichtweg aus. Das bräuchten wir aber, wenn wir am Trudeln sind und wieder das Steuer an uns reißen wollen. In solchen Momenten ist eine klare, souveräne Ansage wichtig, die uns zuverlässig und schnurstracks als Pilot zurück ins Cockpit bringt. Ein Beispiel: «Ich hatte doch neulich zugesagt. Ich habe das noch mal wirken lassen und merke jetzt: Ich war viel zu voreilig, das passt so einfach nicht für mich. Ich habe mich umentschieden.»

So oder so ähnlich könnte ein erster Wurf gut klingen. Und dann mal sehen, was passiert. Vermutlich ist das Erstaunen auf der anderen Seite groß, im schlimmsten Fall mischt sich auch eine Prise Entrüstung mit hinein – spielen wir es ruhig mal durch: «Was? Wieso das denn? Sie waren sich doch sicher! Sie haben zugesagt!», könnte es dann vorwurfsvoll heißen. Wichtiger Tipp: Sich jetzt bloß nicht zu wortreichen Rechtfertigungen hinreißen lassen. Lieber entspannt und klar auf der eingeschlagenen Linie bleiben: «Absolut. Ich hatte zugesagt. Und dann eben gemerkt, dass das keine gute Idee war. Es passt einfach nicht für mich. Ich habe mich verschätzt und will mich lieber umentscheiden.» Merken Sie was? Viele Worte, dennoch keine Gründe. Kein einziger sogar. Dafür ganz selbstbestimmt der Fokus auf «umentscheiden». Ein simples Wort, und doch kommen die meisten gar nicht darauf, wenn Rechtfertigungsimpulse und Notlügen im Schulterschluss die Sicht versperren. Geben Sie sich ruhig die Erlaubnis, nichts erklären zu müssen. «Es passt so einfach nicht für mich», reicht oft tatsächlich aus. «Ich habe mich umentschieden» auch. Die meisten Menschen nehmen eine derartige Reaktion erstaunlich gut auf – viel besser, als wir denken. Das haben wir einmal mehr dem Charakter der powervollen Ich-Botschaft zu verdanken und ebendiesem entschlossenen Verb. *Umentschieden* klingt klar, leicht, flexibel, selbstverständlich und eben auch verantwortlich, denn hier hat jemand eine Wahl getroffen.

Wie viel schlechter hört sich da das klassische «Mir ist etwas Wichtiges dazwischengekommen» an? Eine Standardfloskel, die gar nicht gut ankommt, weil sie übersetzt natürlich heißt: «Du bist nicht so wichtig wie das, was mir dazwischengekommen ist», oder abgekürzt: «Andere sind wichtiger als du.» Hört das Ego gar nicht gern. Und das Ego hört immer mit, wenn wir aus seiner Sicht eine Abfuhr bekommen.

«Mir ist das Leben dazwischengekommen», hat mir mal jemand geschrieben. Konnte ich gut verstehen. Das Leben hat ja auch wirklich seinen eigenen Kopf und sprengt halt manchmal unsere lang gehegten, wohldurchdachten Pläne.

Einem Rechtfertigungsdrang jedenfalls brauchen wir generell nicht nachzugeben. Wozu alles erklären? Die meisten wollen unsere Backgroundstory gar nicht hören. Sie haben mit unserer Absage genug zu tun, denn die bedeutet für sie Planänderung, und das heißt oft auch Mehraufwand. Jetzt dürfen sie unseretwegen umdisponieren und die entstandene Lücke irgendwie schließen. Die wenigsten möchten daher sicher nicht noch obendrein unsere konkreten Beweggründe hören. Eine Absage können sie viel besser nehmen, wenn wir sie verantwortlich, klar und menschlich rüberbringen, anstatt alles wortreich zu bedauern und um Verständnis zu heischen.

Wenn wir einfach klipp und klar sagen, was ist, regt sich unser Gesprächspartner, entgegen unseren Befürchtungen, oft gar nicht auf. Gleiches zieht nun mal Gleiches an.

Der Schreihals den Wütenden. Die Ruhige den Stillen. Und Klarheit eben Klarheit. Wenn Sie also klar in der Sache sind, entspannt im Tonfall und eindeutig in der Aussage, ist das ein kluger Zug für alle, auch beim Thema Absagen. Ein simples Statement kommt hier am besten an. «Ich habe mich umentschieden» klingt leicht, macht klar, was ist, erklärt dennoch nichts und tut auch keinem weh.

Und für den unwahrscheinlichen Fall, dass Ihr Gesprächspartner doch nachhakt, haben Sie ja schon zwei Alternativsätze in petto, die hier ebenfalls gut greifen, Satz 18: «Wie gesagt», oder Satz 24: «Klingt alles logisch, mein Gefühl rät mir jedoch was anderes». Beides dramafreie Sätze, die weder zu Vorwürfen noch zu Rechtfertigungen einladen.

Bei Til hat das sehr gut geklappt. «Es war ganz leicht», spricht er mir ein paar Stunden nach seinem Termin gelöst aufs Band. «Sie haben gar nicht nach Gründen gefragt. Stell dir vor: ‹Es passt einfach nicht› hat Ihnen tatsächlich gereicht!»

Ich bin froh, dass ich regelmäßig solche Feedbacks bekomme, weil sie mich darin bestärken, dass es sich lohnt, in Ruhe dranzubleiben und weiter an der eigenen Souveränität zu arbeiten. Wer hoch wachsen will, braucht nun mal starke Wurzeln. Das kommt auch allen anderen zugute, mit denen wir zu tun haben. Wir lassen unsere Mitmenschen dadurch zwar öfter mal verblüfft zurück, weil sie es gar nicht fassen können, wie leichtfüßig sich scheinbar schwierige Themen plötzlich lösen lassen. Aber wie das so ist: Das, was wir *Problem* nennen, ist ohnehin unwichtig.

Entscheidend ist der Blick, mit dem wir das vermeintliche Problem betrachten – und auch die Art, in der wir damit umgehen.

«Ich habe mich umentschieden.» Ein kleiner, lässig dahingesagter Satz, der augenblicklich Schluss macht mit Selbstvorwürfen und schlechtem Gewissen und Sie wieder so klingen lässt, wie es Ihnen guttut. Als selbstbewusster Gestalter, als bewusste Gestalterin Ihres Lebens.

WAS IHNEN DIESER SATZ SCHENKT?

ERLEICHTERUNG. FREIHEIT. MACHT.

30 ES IST, WIE ES IST, WIE ES IST

Rate, wer nächste Woche für die Hauptrolle der neuen MEGA Netflix-Serie gecastet wird? Moi! Ich. Me myself and I!», schreit Hanna durch den Hörer. Ich sehe sie förmlich auf und ab springen, als sie schon weiterschwärmt: «Ich fliege nach New Yohooork! Und vorher: zwei Monate Dreh in Schottland. ZWEI MONATE!!!» Es folgt eine bunte Kette voll vielversprechender Einzelheiten. «Du wirst mich so was von auf den roten Teppich vorbereiten, Karin. Red Carpet, here I come!», und weg war sie wieder.

Ich freue mich sehr für Hanna und für mich gleich mit, denn Red Carpet-Prep macht immer Spaß. Neben all den naheliegenden Themen rund um Auftritt und Wirkung wird es hier nämlich finessenreich: bei «Wie ich auf Fragen antworte, die mir keiner gestellt hat», zum Beispiel. Mit den grauenvoll durchschaubaren Statements, bei denen Politiker bewusst Fragen ignorieren, hat das aber nichts zu tun. Ohnehin alles noch Zukunftsmusik, denn für Hanna geht es zunächst um wichtige Etappensiege: Casting gewinnen, auf Vertrag einigen, drehen.

Ein paar Monate später kommt endlich der entscheidende Anruf. Nach einer zermürbenden Zitterpartie, etlichen Beteuerungen und noch mehr Video-Calls heißt die neue Botschaft: Die Rolle geht an eine Holländerin. Blonder, größer, jünger. «Wie bitte? Geht's noch? Es liegt am Look?!? Es gibt Perücken, Maske. Schuhe!!» Hanna ist fassungslos und dreht ziemlich durch. Als sie den Verlust der Rolle auch Wochen später noch nicht verkraftet hat, legen wir eine Session ein, in der sie sich in Rage redet. Mittendrin mein Interventionsversuch: «Wo warst du eigentlich, als du erfahren hast, dass du zum Casting eingeladen bist?» «Was? Wieso? Am Milchregal beim Bioladen, ist das wichtig?» Die Frage gefällt ihr nicht. «Und wie ging's dir an dem Tag?» «Ja, gut, glaub ich.» Sie denkt nach. «Ich hatte gerade die Zusage für diese Episoden-Hauptrolle bekommen, das Geld von der Wapo war auf dem Konto, und ich war verliebt. Gut halt.» «Aha», sage ich, «dann geh doch mal zurück zu diesem guten Tag, in diesen Bioladen. Geh mal den Gang lang zum Milchregal. Kannst du das?» «Ja, klar», kommt es etwas missmutig, dennoch schließt sie unaufgefordert die Augen. «So. Und jetzt guck mal in Gedanken auf dein Handy und stell dir vor, es klingelt – nicht.» «Waaas?» «Ja. Es klingelt einfach nicht, wird auch nicht klingeln. Nicht im Bioladen und auch sonst nicht. Deine Agentin ruft nicht an. Die Rolle wird dir nie angeboten, das ist die neue Geschichte. Du weißt nicht mal, dass es die Serie überhaupt gibt.» Hanna reißt irritiert die Augen auf. Dann wird sie unvermittelt ruhig, und es sieht so aus, als ob der Raum um sie herum ein bisschen heller würde.

Kann alles passieren, wenn uns mitten in der Aufregung plötzlich ein Licht aufgeht. Wenn uns, wie in diesem Fall, klar wird, dass wir einer Sache hinterhertrauern, die uns nie gehört hat. Wenn dieser Gedanke vom Kopf ins Herz gerutscht ist, können unsere negativen Gedanken urplötzlich wie ein Kartenhaus zusammenstürzen, was alles gleich viel leichter macht. Unser Gehirn ist dann in der Lage, das große Drama auf kleine Fakten herunterzubrechen, und die heißen: Alles, was Hanna in dieser Geschichte je gehabt hat, war die Aussicht auf etwas – und sonst nichts. Sie hat faktisch nichts verloren, weil sie nie etwas besessen hat. Ihr ging es gut im Bioladen. Bis zu dem Anruf hat ihr die Rolle kein bisschen gefehlt. Daher, wenn Sie etwas schwernehmen, einfach mal zurück zu der Kreuzung gehen, an der Sie abgebogen sind, und dann im Geiste eine andere Abfahrt nehmen oder weiter geradeaus fahren. Eine kleine Fantasiereise, die verbunden mit dem banalen Satz «Es ist, wie es ist, wie es ist» Wunder wirken kann. Eine tröstliche Medizin für all die vielen Möglichkeiten, die wir nie in die Tat umsetzen konnten.

Auch für Situationen, in denen wir zu schlechtem Gewissen neigen, kann ich ihn bedenkenlos empfehlen. Beispiel: das Urlaubsphänomen. Selbstständige wissen, was ich meine: Im Job herrscht seit Wochen Flaute, der letzte Urlaub ist lange her, wir lassen uns zu einer Reise hinreißen, und kaum treten wir sie an, boomt die Auftragslage, vor allem Künstler kennen sicher dieses Spiel. Was also tun, wenn Sie am Strand sitzen und genau jetzt ein lukratives Event reinkommt, ein Fotoshooting winkt, eine Rolle, ein Film, ein Mega-Projekt? Wenn Sie es nicht mehr ändern können: loslassen. Am besten blitzschnell. Annehmen, akzeptieren, loslassen – welches Wort Sie auch immer am meisten beruhigt. Die simple Erkenntnis «Es ist, wie es ist, wie es ist» kann hier als Selbstgespräch recht schnell für Ruhe sorgen. Manchen klingt das zu fatalistisch, wie eine

Kapitulation. Sie können es auch anders hören: als Einladung nämlich zu einer entspannten Haltung, die Ihnen jede Menge Energie spart.

Daher, wenn unsere Chance weg ist, der Topjob vergeben, das Haus verkauft, der letzte Flieger in der Luft, nehmen Sie es leicht. Ruhig werden. Ausatmen. Einatmen. Erkennen, dass es ist, wie es ist, wie es ist. Und dass es ganz und gar sinnlos ist, in etwas herumzuwühlen, das Sie nicht mehr ändern können. Die Vergangenheit einfach da lassen, wo sie hingehört, ist ohnehin die beste Idee. «Es gibt zwei Tage im Jahr, an denen du nichts, aber auch gar nichts tun kannst», hat es der Dalai Lama mal auf den Punkt gebracht. «Der eine heißt gestern, der andere heißt morgen.»

Und wenn Sie die Umstände ändern können? Wenn Sie etwas nervt, auf das Sie noch Einfluss haben? Das Sie absagen, verbessern, gestalten können? In diesem Fall ist Ärger natürlich positiv. Er kann Ihnen den nötigen Schwung geben, um die Sache kraftvoll anzugehen. Er kann Ihr Antrieb sein, der Lust macht auf den zweiten Anlauf.

Um uns daran zu erinnern, dass wir immer die Wahl haben, wie wir reagieren möchten, ist das Gelassenheitsgebet ein lehrreicher Reminder: «Gib mir die Gelassenheit, Dinge anzunehmen, die ich nicht ändern kann, die Kraft, Dinge zu ändern, die ich ändern kann, und die Weisheit, das eine vom anderen zu unterscheiden.» So wahr, so leicht, so schwer. Wenn wir das doch einfach immer alle könnten ...

Was übrigens Hanna betrifft: Vier Monate später wusste sie, wieso die Absage am Ende doch ein Segen war: Bei einem anderen Projekt, das sie annehmen konnte, weil die Serie ausfiel, hat sie am Set den Mann ihres Lebens kennengelernt. Die beiden sind nun seit ein paar Jahren verheiratet. Auf die Einladungskarte haben sie einen simplen Spruch in Gold prägen lassen: «Es ist, wie es ist, wie es ist.»

WAS IHNEN DIESER SATZ SCHENKT?

GELASSENHEIT. ERLEICHTERUNG. FRIEDEN.

31 WIR PASSEN EINFACH NICHT ZUSAMMEN

Radio B Zwei: See You Later – die Sendung zum Kennenlernen. Jeden Samstagabend auf 92,4 mit Karin Kuschik. Steffen ist in der Leitung. Er ist 42, kommt aus Potsdam und will den Winter lieber zu zweit erleben. «Hallo, Steffen.» «Hallo, Karin.» «Erzähl mal, was ist eine bezeichnende Eigenschaft von dir? Wo sind sich alle Freunde einig: Das ist typisch Steffen! Gibt's so was?», frage ich in den Hörer. «Unbestechlich», kommt es wie aus der Pistole geschossen. Unbestechlich? Hab ich auf diese Frage auch noch nie gehört. «Klingt spannend. Gib mal ein Beispiel», sage ich und erfahre, wie Steffen neulich die Geburtstagseinladung einer Kollegin dankend abgelehnt hat mit den Worten: «Ich glaube, das passt nicht so gut.» «Wie äh ... das Datum?», fragte die Kollegin irritiert. «Nein, ich glaube, *wir* passen nicht gut zusammen.» Wow. Da war sie erst mal platt. Hört man auch nicht jeden Tag. Mit großen Augen sieht mich die Sendeassistentin nun durch die Doppelglasscheibe an, der Tontechniker hört auf, in seiner Zeitung zu blättern. «Damit eckst du bestimmt öfter mal an», mutmaße ich. «Ja, schon, viele finden das unhöflich, ich meine das aber ganz emotionsfrei», sagt der unbestechliche Steffen. «Es ist einfach manchmal so, dass man nicht zusammenpasst, oder? Kein Beinbruch. Sagt ja nichts über den anderen aus.» «Sagt es nicht?», frage ich erstaunt. Tontechniker und Sendeassistentin tauschen verblüffte Blicke. «Gar nicht», meint der Hörer. «Man würde ja auch kein Hemd anprobieren, wenn man findet: Das passt nicht zu mir.» Fand ich interessant, den Vergleich. Sagt tatsächlich wenig über das Hemd aus und viel über den, der es nicht anprobieren will.

Das ist das Schöne an Livesendungen. Immer wenn man es sich gerade innerlich ganz routiniert bequem machen will, kommt es plötzlich anders, und der Kopf schaltet wieder auf hellwach. Nur der Blick auf die Uhr zwingt mich an dieser Stelle zu Dienst nach Vorschrift: Vor halb acht muss noch ein Song stattfinden samt Werbung und Verkehr, also besser mal zum Ende kommen. Schade eigentlich.

«Wir passen einfach nicht zusammen.» Wie lapidar das klingen kann, wenn man es eben mal so wegspricht. Ohne Wertung, reine Feststellung, ganz und gar unaufgeregt und entspannt im Tonfall. Will ich diesen Satz hier ernsthaft als Absage für Geburtstagseinladungen empfehlen? Wohl eher nicht. Ihn aber mal als Spielvariante ins große Archiv der Antwortmöglichkeiten mit aufzunehmen, scheint mir durchaus lohnenswert.

Wie viele Paare dadurch wohl einen leichteren Weg gehabt hätten? Gut, vermutlich auch einen kürzeren. Denn oft versuchen wir, uns Menschen oder Umstände passend zu reden, und versäumen es, kurz nachzuspüren. Sonst könnten wir sie hören, die leise Stimme in uns, die bedauernd und doch klar zum Ausdruck bringt: «Wir passen einfach nicht zusammen. Wir tun uns nicht gut. Lassen wir es lieber sein.» Aber wer traut sich das schon so?

Viele haben nie gelernt, Nein zu sagen. Bei diesem Thema steht eine Instanz in uns unaufgefordert Wache. «Das kannst du doch nicht bringen!», mahnt unser innerer Zensor streng, «einfach absagen!» Und so quälen wir uns weiterhin zu Verabredungen, auf die wir keine Lust haben, weil unser Impuls zuzusagen schneller war als ein ehrlicher Blick aufs Geschehen. Mag ich diesen Menschen überhaupt? Tut es mir gut, wenn wir uns treffen? Bin ich danach müder, wacher, genervt oder energiegeladen? Alles gute Fragen für ein erfülltes Leben, denn nicht jeder passt nun mal zu jedem. Wer daher ehrlichen Herzens sagen kann: «Danke für die schöne Absicht, ich glaube allerdings, wir passen nicht zusammen», erspart sich sicher einiges.

Natürlich dürfen wir das erst mal aushalten, wo uns ein Ja doch so viel leichter fällt: den einen aus Angst, jemanden zu enttäuschen, den anderen aus purer Höflichkeit. Selbst unser Ego liebt ein Ja – wer eingeladen wird, ist auch erwünscht, das schmeichelt. Und so lassen wir uns immer mal wieder auf Menschen ein, die uns Lebenszeit kosten, ohne unser Herz zu bereichern.

Mit Gegenständen fällt uns eine klare Haltung auch nicht eben leichter. Denken Sie an all die Walnussöle, Vasen, Kerzenständer, Kochbücher und Socken, die wir im Laufe unseres Lebens irritiert geschenkt bekamen und nie benutzt haben. So mancher hat sich schon für einen kratzigen Schal bedankt, von dem er wusste, dass er ihn nie tragen würde. Wir wollen niemanden beleidigen und belügen daher uns. Fake-Freude statt ehrlichem Erstaunen scheint uns naheliegender, denn «Danke, aber nein danke», haben die meisten von uns nie gelernt.

Wer sich dennoch dazu überwindet, wird bald merken, dass es sich mit der Aufrichtigkeit wie mit einem Schattenriesen verhält. Je näher man dem Riesen kommt, desto schneller stellt sich heraus, dass er eigentlich ein Zwerg ist, der nur einen langen Schatten wirft. Mit anderen Worten: Ehrlichkeit ist leichter, als wir denken, und Überwindung wird recht schnell belohnt. «Danke für die schöne Absicht, das freut mich wirklich sehr. Nur leider ist es gar nicht mein Geschmack» kommt uns vielleicht unmöglich vor, wird aber oft ganz entspannt aufgenommen. «Ich finde das Armband super, ich trage nur nie eines», findet der Schenker vielleicht gar nicht schlimm. Und es stimmt ja auch: Jeder von uns kann Bilder ganz fantastisch finden, ohne das Bedürfnis zu verspüren, sie an die eigene Wand zu hängen. Manches freut uns aus der Ferne einfach mehr.

Neulich hat sich ein Klient heftig mit seinem Kollegen gestritten. Die beiden sollten gemeinsam ein Projekt starten, doch statt des Brainstorms hielten sie sich lautstark vor, wie unterschiedlich sie doch sind. «Absolut kindisch», meinte später der Klient zu mir. Da hat er recht, denke ich, denn wer sich unverstanden fühlt, rutscht innerlich tatsächlich ins Kindesalter ab. Für einen Erwachsenen wäre ein Charakterunterschied kein Grund, um ausfallend zu werden – besonders nicht im Businesskontext. Irgendwann, so der Klient, hatte er einen Geistesblitz und unterbrach sich schnurstracks selbst: «Weißt du, was? Wir passen einfach nicht zusammen! Ist einfach so.» Schnappatmung. Pause.

«Lass uns lieber mal festhalten, was deine Talente sind, die mir fehlen, und was ich einbringe, das du nicht hast, damit wir wissen, wie wir hier vorankommen. Macht ja sonst keinen Sinn.» Da waren die Wogen urplötzlich geglättet, und beide sind auf einmal ruhig und entspannt weitergesegelt, ohne dass einer den anderen vom Boot stoßen wollte. Sachen gibt's.

«Das Leben dauert sechs Jahre, alles danach ist Wiederholung», hat mal ein weiser Mann zu mir gesagt. Will heißen: In den ersten sechs Jahren machen wir so viele Erfahrungen, verknüpfen sich so viele Synapsen, werden so viele Nervenbahnen verschaltet, dass wir in dieser Zeit wichtige Muster bilden, für Glaubenssätze und Verhalten. Danach erleben wir vor allem eine lange Kette an Musterwiederholungen. Dummerweise merken wir das nicht. Daher lohnt sich im Zusammenspiel mit anderen der klare Blick: Was

läuft da wirklich ab? Geht es tatsächlich um den anderen, oder nervt mich die Tatsache, dass *ich* schon wieder etwas erlebe, dass ich die letzten hundert Male schon schrecklich fand? In dem Fall: Welcome to your own story.

«Wir passen einfach nicht zusammen» kann in vielen Situationen ein wunderbar zielführender Gedanke sein, ob Sie ihn nun aussprechen oder für sich behalten. Wir müssen deshalb weder den anderen ändern noch uns selbst. Sehen Sie lieber zu, welche Handlungen Sie aus Ihrer Einsicht ableiten können, damit Ihr Leben leichter wird. So schlicht, so klar, so lapidar ist dieser Satz. Er will weder wehtun, noch tut er es. Wenn Sie ihn ganz nebenbei klingen lassen, kann er sogar fast unschuldig wirken und doch enorm befreiend sein. Was man in Dating-Shows so alles lernt …

Ob wir Steffen aus Potsdam durch seinen Auftritt in *See You Later* tatsächlich eine Frau vermitteln konnten, habe ich übrigens nie erfahren – in dieses Buch hat er es zwei Jahrzehnte später dann jedenfalls geschafft.

WAS IHNEN DIESER SATZ SCHENKT?

SOUVERÄNITÄT. INTEGRITÄT. FREIHEIT.

32 IM MOMENT TREFFE ICH MICH AM LIEBSTEN MIT MIR SELBST

Ein satter, tiefer Ton schwingt durch das Yogastudio. Wenn dieser Gong ertönt, ist das Ende von Shavasana eingeläutet und damit auch das Ende unserer Kundalini-Yogastunde. Immer wieder schön, so in den Sonntagmorgen zu starten. Leise und noch etwas benommen rollen wir unsere Matten ein, und dann beginnt das übliche Schlangestehen vor den kunstvoll geschnitzten Schiebetüren, hinter denen sich die Regale für Gurte und Decken befinden. Jetzt einen Yogi-Tee, denke ich, als ein quietschiges «Kaaaarin!» von rechts hinten durch die Stille schneidet. Ich möchte glauben, dass es noch jemanden mit diesem Namen im Raum gibt, drehe mich aber vorsichtshalber um, und – schade, hier bin tatsächlich ich gemeint.

Yvonne, eine Frau, die ich vor vielleicht sieben Jahren mal flüchtig in einem Stepptanzkurs kennengelernt und seitdem nie wieder gesehen habe, springt auf mich zu. «Das ist ja toll, wie geht's dir? Wo warst du? Was hast du gemacht? Steppst du noch? Also ich nicht mehr. Leider, hätte klappen können, aber du weißt ja, wie das ist.» Während ich noch überlege, ob ich wirklich weiß, wie das ist, spricht sie schon über ihre Kinder und fliegt dann zum Thema Castings weiter. Yvonne hat einen Traumkörper und arbeitet seit Jahren als Model in der Werbebranche.

Gerade als ich mich freuen will, dass sie offenbar nicht erwartet, dass ich zur Unterhaltung etwas beitrage, sagt sie: «Wir müssen uns unbedingt treffen!» «Ähm ... Müssen wir?», denke ich und sage erst mal nichts, denn nach eineinhalb Stunden Kundalini Yoga dreht mein System noch ruhige Kreise. Erwartungsvoller Blick von Yvonne. «Los, sag was!», hämmert eine Instanz von innen, aber ich lächle nur und gebe einen Ton von mir, den man als Zustimmung deuten könnte. «Hmmm ...» Reicht ihr. «Super! So machen wir's. Hast du noch deine alte Nummer?» «Yap!» «Perfekt. Muss eh schnell los, die Nanny wartet. Wir haben uns getrennt. Ach, erzähle ich dir dann! Ciaoiii!», und weg ist sie. Ich trinke dann noch schweigend meinen Yogi-Tee und denke über die Begegnung nach. Passiert mir selten, dass ich so angesprungen werde von fast fremden Menschen, mit denen ich mich noch nie verabredet habe, die dann aber, weil Jahre vergangen sind, denken, dass es doch ein guter Grund ist, genau das einmal nachzuholen. Mein Gefühl war eher: «Jetzt weiß ich wieder, warum wir uns nie verabredet haben.» Kann man ja nicht sagen, so was, will ich auch nicht sagen. Wäre verletzend und auch überflüssig. Trotzdem: Stellung beziehen darf ich jetzt natürlich schon. Na toll. Und wie?

Ein Klient fällt mir ein, der vor Jahren nach einer ähnlichen Begegnung völlig ratlos im Coaching saß. Mein Feedback damals, wen wundert's: Ich-Botschaften. Wenn man ein Statement machen will, ohne den anderen zu verletzen, sind diese Aussagen über uns selbst nun mal das Mittel der Wahl. Klappt immer und heißt in diesem Fall eben nicht: «Ich will dich nicht treffen», was ja die Wahrheit wäre, sondern: «Im Moment treffe ich mich am liebsten mit mir selbst», was ebenso stimmt. Meist reagieren die anderen ein bisschen verblüfft, wenn sie in unseren Sätzen nicht vorkommen – wir hatten das schon. Aber genau deshalb kommt es eben nie als Angriff rüber und daher so gut an. Mein Klient jedenfalls war damals sehr erfolgreich, und auch Yvonne reagiert positiv: «Verstehe ich total», kommt prompt die Textnachricht. «Toll, dass du das so sagst. Kenne ich auch von mir, solche Phasen.» Und dann verschwand sie wieder aus meiner Umlaufbahn. Ist jetzt ebenfalls sieben Jahre her.

Älterwerden hat ein paar gute Nebeneffekte. Man wird irgendwie gelassener, finde ich. Mit dreißig hätte ich mich so was nämlich nicht getraut. Da hätte ich einen ganzen langen Abend mit einer Yvonne verbracht, ohne genau zu wissen, warum. Hätte mich irgendwie selbst dabei verraten, und mit richtig viel Pech wäre das der missverstandene Beginn einer langen Verbindung geworden. Gar nicht gut, so was. Hatte ich nicht oft, kam aber vor. Reicht für ein Leben. Kennen Sie das?

Was Werte betrifft, bin ich ziemlich oldschool. Zuverlässigkeit, Verbindlichkeit, Wertschätzung, Pünktlichkeit, finde ich alles gut und wichtig. Klingt enorm deutsch, merke ich gerade, und auch sehr langweilig. Ist aber nun mal so. All diese Werte kollidieren natürlich mit den deutlich cooleren Eigenschaften wie Toleranz oder Gelassenheit, was ein Dilemma sein kann. Ich habe mir deshalb irgendwann etwas angeeignet, das mir eigentlich komplett gegen den Strich geht: Unverbindlichkeit. Na gut, eine homöopathische Dosis davon. Meine Vorbilder dafür kommen aus einer anderen Generation. Ich finde es nämlich bemerkenswert, mit welcher Lässigkeit Mittzwanziger damit umgehen, wenn diese Werte fehlen. Zwischen dem Alter und dem Grad der Unverbindlichkeit scheint es einen direkten Zusammenhang zu geben. Erklärversuch: eine Story, vier Generationen.

Bei 80-plus-Jährigen heißt «nächsten Mittwoch um halb vier» noch nächsten Mittwoch um halb vier. Da gibt's nichts dran zu rütteln. Was gesagt wurde, ist Gesetz. Da wird montags schon in der Bäckerei der Lieblingskuchen vorbestellt und dienstags noch mal nachgefragt, damit er auch bloß da ist am Mittwoch um halb vier. Und wann drücken die Freunde auf die Klingel? Genau, Mittwoch um halb vier. Weil der Besuch natürlich längst im Auto wartet oder noch mal um den Block läuft, damit er nicht zu früh kommt, aber eben auch nicht zu spät. Hier ist das Wort etwas wert, der Kaffee in der Thermoskanne, der Tisch ist gedeckt.

Eine Generation später heißt «Mittwoch um halb vier», dass man Dienstagabend noch mal anruft: «Bleibt es bei morgen um halb vier?» Im Grunde eine Suggestivfrage, aber wir wollen sichergehen. Kuchen wird ein paar Stunden vorher gekauft, Kaffee, Tee oder Wasser wird natürlich angeboten und steht auch schon bereit.

Generation Y. Am selben Morgen per SMS: «Halb vier steht?» Antwort: «Klar.» Es wurde wahrscheinlich nicht extra Kuchen gekauft, aber etwas, das noch da ist, wird in Schälchen auf dem Tisch verteilt, und man stellt sich erst, wenn der Besuch schon da ist, an die Kaffeemaschine:

«Kaffee? Cappuccino? Espresso? Welche Stärke auf einer Skala von 4 bis 11? Decaf?» Wenn als Antwort kommt: «Ein Americano mit ein bisschen braunem Zucker wäre super», ist das Erstaunen bei Millennials nicht sonderlich groß. So was wird routiniert erledigt.

Gen Z. Gegen 15:45 Uhr kommt eine Sprachnachricht mit vielen Nebengeräuschen: «Wird 'n bisschen später.» Antwort: «No sweat.» Schwitz-Emoji. Bei Ankunft kurz vor vier statt einer Entschuldigung ein gestöhntes «Was in der Baaaahn wieder los war!». Kaffee heißt hier Tee. Der wird in einer eco-friendly Flasche selbst mitgebracht. Snacks gibt es nicht, aber auf Nachfrage landet eine Packung glutenfreie Kekse auf dem Tisch. Wer sich wider Erwarten über die halbe Stunde Verspätung wundert, wird mit einem «Bleib mal locker» zum Chillen eingeladen.

Klingt alles stereotyp, ich weiß, aber wie das so ist mit Verallgemeinerungen, sie basieren auf deckungsgleichen Erfahrungen, und die passen nun mal gut in Schubladen.

Fragt sich, was das alles mit «Zurzeit treffe ich mich am liebsten mit mir selbst» zu tun hat. Nichts eigentlich – und doch wieder alles. Als klassischer Abgrenzungssatz ist es eine Einladung zu einem selbstbestimmten Leben. Und weil uns das natürlich leichter fällt, wenn wir beim Grenzensetzen ein gutes Gewissen haben, versteckt sich in der Mittwochs-um-halb-vier-Story ein kleines Tool, das ich «homöopathische Dosis» nenne. Das Prozedere ist einfach: Stellen Sie sich ein Verhalten vor, das gegen Ihre Werte spricht (bei mir: Unverbindlichkeits-Blabla). Dann nehmen Sie genau davon eine minimale Dosis und würzen damit das Vorhaben, das Ihnen gerade schwierig erscheint (Yvonne entspannt absagen). Das Resultat: Plötzlich geht es deutlich leichter.

Das Leben ist zu kostbar, um uns mit Menschen zu treffen, die uns egal sind, um über Dinge zu reden, die uns nichts geben. Charmant absagen können gehört daher einfach mit dazu, wenn das Leben leichter werden soll.

WAS IHNEN DIESER SATZ SCHENKT?

ZEIT. SELBSTACHTUNG. KLARHEIT.

33 DAS KANN ICH GUT VERSTEHEN

Mitten in Kapitel 32 bricht mein Laptop plötzlich zusammen. Ein paar Sekunden lang sieht der Bildschirm aus, als wäre er ein alter Fernseher, bei dem jemand verzweifelt versucht, die Antenne richtig einzustellen, dann ist er schwarz. Entspannter Neustartversuch meinerseits. Gleich wird sich auszahlen, dass ich mir diesen komplizierten Kombinationsgriff gemerkt habe, für den man eigentlich drei Hände braucht. Aber Fehlanzeige, mein treuer Freund bleibt stumm. Da wir von einem sechs Monate alten Profigerät mit allem Schnick und Schnack sprechen, bin ich zuversichtlich, was eine schnelle Lösung betrifft. Die werden das am Telefon bestimmt schnell klären. Zwei Stunden Boxenstopp, dann arbeite ich weiter, so meine Prognose. Wann habe ich eigentlich zum letzten Mal ein Back-up durchgeführt?

Wie sich schnell herausstellt, kollidiert meine Zuversicht erheblich mit der Wirklichkeit, denn nach dem Absturz beginnt das eigentliche Dilemma. Als ich die perfekt getarnte Hotline-Nummer endlich aufgespürt habe, stellt sich heraus: Sie ist so hot, dass ich gleich wieder aus der Leitung fliege. Beim zweiten Anlauf klicke ich mich durch Nummernkombinationen, um dann mitgeteilt zu bekommen, dass für meinen Fall der Kundenservice eine andere

Nummer hat. Nachdem ich in ausgesprochen empathiefreien Gesprächen mehrfach dasselbe erzähle, erfahre ich, dass ich auflegen soll und auf den Ku'damm gehen darf, um die Lage vor Ort vom Support-Team beurteilen zu lassen, was mir als schwieriges Unterfangen angekündigt wird, so ganz ohne Termin, vielleicht geht das auch morgen erst. Whaaat?!? Ich schwinge mich ins Auto, wäre doch gelacht ...

Weil ich davon ausgehe, dass auch Sie Reparatur-Odysseen hinter sich haben – Computer, Kühlschrank, Router, ist im Grunde austauschbar –, spule ich direkt mal vor, denn die Erfahrungen mit der Servicewüste klingen vermutlich ähnlich: «Geht nicht ... War schon immer so ... Da habe ich keinen Einfluss ... Machen wir grundsätzlich nicht ... Das dauert aber ... Müssen wir einschicken ... Kann ich nicht sagen». Weil ich es mir nicht leisten kann, zehn Tage lang einfach mal die Arbeit niederzulegen, bekomme ich vor Ort den gut gemeinten Tipp: «Na, wenn Sie weiterschreiben wollen, rate ich Ihnen, einen neuen Laptop zu kaufen.» Aha, toll, war dieser hier nicht gerade noch neu? So viel zum Thema Leihgeräte ... Wenn Sie also demnächst mal einen Computer-Crash haben: Ich hätte dann jetzt ein Ersatzgerät.

Was mir an diesem Tag gänzlich gefehlt hat, merke ich erst bei meiner Abendroutine. Ich liebe diese kleinen Check-ins mit mir selbst, um den Tag gebührend zu verabschieden. Am Absturz-Abend war der «Evening-Check» dran, und das heißt drei kleine Fragen für einen wachen Geist, damit der Körper schlafen kann. Erste Frage: Was hat mich heute gestört? «Fehlendes Verständnis», schießt es mir sofort durch den Kopf, und zwar in jedem einzelnen Gespräch. Und es stimmt: Von all den vielen Menschen, die doch sicherlich geschult sind, hat tatsächlich kein einziger irgendeine menschliche Reaktion gezeigt. «Das verstehe ich gut», zum Beispiel, oder «Das tut mir sehr leid. Ist jetzt bestimmt richtig blöd für Sie», etwas auf der Ebene hätte durchaus gutgetan. Es ist ein so viel besseres Gefühl, wenn man nicht nur redet, sondern auch verstanden wird, denke ich. Bei Frage zwei schlafe ich schon.

Manchmal, wenn mein Weltverbesserungs-Impuls mit mir durchgeht, schlage ich Verständnis sogar aktiv vor. So wie neulich, als ich von der Glaserei am Telefon erfahre, dass es nach dem dritten Termin nun auch noch einen vierten geben wird, weil schon wieder irgendwer irgendwas vergessen hat. Vier Termine wegen derselben Fensterscheiben? Halleluja. Als meine Ansprechpartnerin konsequent kein Bedauern zeigt, lasse ich sie wissen, dass unser Gespräch durch mehr Verständnis ihrerseits für mich deutlich angenehmer wäre. Ich dachte da an etwas wie «Ich verstehe gut, dass das blöd für Sie ist, sich immer wieder Zeit zu nehmen. Tut mir leid für den erneuten Aufwand». Irgendetwas eben, das erkennen lässt: Am anderen Ende sitzt ein Mensch, der nachvollziehen kann, wie es jemandem an diesem Ende geht. Was soll ich sagen? Bei der Glaserei kam mein Vorschlag nicht gut an. Nach einem hysterischen «Sie sind hier nicht die einzige Kundiiiin!» ist die Leitung nach dem dritten I schon tot. Aufgelegt. Während ich noch völlig verblüfft auf meinen Hörer starre, dreht mein Kopf sich schon weiter. «Bleibt zu hoffen, dass ihr das nicht irgendwann mal mit der 112 genauso geht», denke ich so vor mich hin, und meine Fantasie malt erste Bilder. «Meinen Sie vielleicht, Sie sind die Einzige, die gerade einen Herzinfarkt hat oder überfallen wurde?!» Käme sicher nicht so gut, wenn man gerade irgendwo im Straßengraben liegt ... Perspektivwechsel – immer ein lohnenswerter Schlenker.

Natürlich kann ich mir vorstellen, wieso gerade Kundendienstmitarbeiter so selten auf die Not der Kunden eingehen: Sie wollen eben das Gegenteil von Not erreichen – uns weg vom Problem und hin zur Lösung führen. Psychologisch betrachtet, wittere ich allerdings auch Überforderung. Wer berufsbedingt laufend mit Beschwerden, Vorwürfen und den ewig gleichen Fragen konfrontiert ist, wer immer wieder hört, wieso es in diesem speziellen Fall unmöglich ist, auf den Laptop zu verzichten, *«weil ich sonst meinen Job nicht machen kann!!!»*, darf lernen, sich effektiv abzugrenzen, oder stumpft einfach ab. Schutzmechanismus hochfahren, Schotten dicht machen. Sätze aufsagen, Möglichkeiten benennen, höflich bleiben. Das muss reichen, wenn man pausenlos mit Verzweiflung und Wut konfrontiert ist. Ich finde das sehr menschlich. Das Problem ist nur: Es reicht leider nicht.

Einmal kurz Verständnis zeigen, einmal kurz den anderen wirklich hören und sich dann wieder abgrenzen, wäre so viel effektiver. Ich verstehe, dass das kein naheliegender Impuls ist. Wer in seiner eigenen Geschichte gefangen ist, hat oft kein Ohr für die Geschichten anderer – gilt bestimmt für beide Seiten. Trotzdem: Gerade für Menschen in Kummerkasten-Positionen ist ein Perspektivwechsel Gold wert. Wenn Sie diese Fähigkeit demnächst einmal vermissen sollten, holen Sie sich ruhig Ihre Dosis Verständnis aktiv ab: «Ich freue mich, wenn Sie sich kurz mal in meine Lage versetzen. Wie würde es Ihnen gefallen, wenn Sie das Ganze erleben? Was würden Sie jetzt gerne hören?» Eine kleine Aufforderung, die neue Möglichkeiten öffnet. Und ja, manchmal, ganz manchmal, fliegt man damit bei der Glaserei auch aus der Leitung, stimmt.

Das Leben wird leichter, wenn wir uns daran erinnern, dass dem anderen vermutlich dasselbe fehlt wie uns: Verständnis für die eigene Lage. «Das verstehe ich sehr gut» ist daher ein verlässlicher Icebreaker. Ein einfaches kleines Signal zur Entschärfung der Situation. Es lohnt sich, das dauerhaft auf dem Radar zu haben. Finden nicht echte Gespräche immer erst statt, wenn wir die Möglichkeit in Betracht ziehen, dass auch der andere recht haben könnte?

Manchmal wollen wir auch nichts verstehen und einfach nur verstanden werden. Mindestens gehört und wahrgenommen. Ist das geschehen, geht es uns gleich besser. Wir kennen das von Kindern. Ein Mädchen weint, weil die Ferien zu Ende sind, die beste Freundin das gleiche Kleid trägt, das Meerschweinchen gestorben ist. Viele Erwachsene argumentieren dann mitten ins Weinen hinein, oder sie sagen: «Du musst doch nicht weinen.» Habe ich nie verstanden. Als ob irgendein Kind auf der Welt jemals darauf reagiert hätte, indem es die Tränen trocknet, verständig nickt und sagt: «Ja, stimmt. Dann höre ich jetzt besser auf damit. Danke für den guten Rat.»

Auch als Erwachsene brauchen wir mitten in der Aufregung keine rationalen Tipps. Denn wer emotional geladen ist, wem die Welt gerade unfair erscheint, bei dem hat längst eine kindliche Instanz das Ruder übernommen. Und wenn wir gerade fünf Jahre alt sind, brauchen wir vor allem Bestätigung. Wir wollen gehört werden, auf den Arm, und irgendwer soll alles wieder richten. Ein Segen also, wenn uns in diesen Momenten jemand Verständnis entgegenbringt, und genauso segensreich natürlich, wenn auch Sie dieser Jemand für andere sein können. «Das kann ich gut verstehen» beruhigt alle aufgeregten Kinderanteile in uns immer verlässlich schnell.

WAS IHNEN DIESER SATZ SCHENKT?

VERSTÄNDNIS. GESPRÄCHSBEREITSCHAFT. EMPATHIE.

34 ICH WÜRDE MICH GERN MEHR FÜR DICH FREUEN

Ich liebe Schauspieler. Sie sind ein wundervolles Pendant zu meinen Erlebnissen in der Businesswelt und unfassbar wissbegierig. Ein Grundinteresse am persönlichen Wachstum scheint allein durch die Berufswahl natürlicherweise bereits vorhanden, und diese mutige Bereitschaft, die eigene Komfortzone jederzeit zu verlassen, lässt die gemeinsame Arbeit schon mal zu einem schwungvollen Heimspiel werden. Hier können wir Tempoläufe machen und auch jederzeit tief tauchen. Überzeugungsarbeit ist überflüssig – Schauspieler müssen nicht zu ihrem Glück gezwungen werden, sie haben sich bereits vor einem Coaching für sich selbst entschieden –, immer eine gute Ausgangslage.

Falls Sie nun Corporate Client sind und während der letzten Sätze überschallartig das Gegenteil abgeleitet und direkt auf sich bezogen haben – entrüsten Sie sich lieber nicht. Auch die Arbeit mit Executives hat natürlich bestechende Vorteile, zum Beispiel eben diese zielorientierte Schnelligkeit, die ich Ihnen gerade unterstelle. Doch in dieser Geschichte geht es aus gegebenem Anlass ausschließlich um Künstler.

Eine gewisse Neigung zur Nabelschau bringt wohl jeder Schauspieler mit, und das wiederum setzt eine erhöhte

Ehrlichkeit mit sich selbst voraus. Beides sicher hilfreich in dem Job. Auch emotionale Intelligenz ist enorm von Vorteil und oft bereits überdurchschnittlich stark ausgeprägt. Dummerweise machen Neid und Missgunst dennoch vielen einen Strich durch die Rechnung. Denn anders als in den meisten Berufen messen sich Schauspieler automatisch mit Kollegen. Geht wahrscheinlich gar nicht anders. Sobald sie eine Rolle sehen, die sie für sich spannend finden, spult sich ein innerer Fragebogen ab. Wie hätte *ich* die Rolle angelegt? Was hieße es für mein Image, wenn ich diese Nuance im Spiel mal zeigen könnte? Welche neue Farbe würde das in mein Demoband bringen? Wie komme ich an den tollen Regisseur? Wäre ich überzeugender gewesen als sie? Wieso war ich nicht zum Casting eingeladen? Wieso war ich beim Casting und wurde nicht besetzt? Soll ich die Agentur wechseln?!? Fragen über Fragen.

Ein ewiger Leistungs- und Selbstoptimierungsdruck, ein ständiges Vergleichen. Macht man als Schornsteinfeger sicher nicht so. Auch nicht als Herzchirurgin, Gas-Wasser-Installateur oder Zahntechniker. Als Coach schon mal gar nicht, denn ich werde nie wissen, was Kollegen in einer Vier-Augen-Session zustande bringen, es sei denn, ich buche mir selbst eine. Das ständige Vergleichen gibt es nur bei Künstlern, die die Performance anderer Künstler sehen, und am häufigsten eben bei Schauspielern, denn Zugriff auf Filme hat jede und jeder immer und überall.

Obwohl den meisten sicher klar ist, dass Vergleiche der sicherste Weg ins Drama sind, tun es viele eben doch –

und dabei kann man nur verlieren. Entweder gegen andere oder gegen sich selbst. Denn wer sich mit anderen vergleicht, stellt dabei ein Gefälle her und hat die Wahl zwischen zwei unattraktiven Polen. Auf der einen Seite Arroganz, Verachtung, Missgunst. Das kann dann so klingen: «Mann, war die Kollegin schlecht. Das hätte ich selbst ohne Vorbereitung besser gespielt.» Oder es spricht der Gegenpol, an dem Unsicherheit, Selbstzerstörung, Enttäuschung zu Hause sind, was sich kleinlaut so ausdrückt: «Ich sollte es echt sein lassen. Er ist zehnmal besser als ich. Ich bin zu alt, zu groß, zu klein, zu dick, zu dünn, zu klug für den Job.»

Es ist erstaunlich, wie freigiebig sich Schauspieler einerseits gegenseitig unterstützen mit Tipps zu Castings, Fotografen, Workshops, Coachings. Sie tauschen Kontakte aus, lassen Kollegen vor der Kamera gut aussehen, geben sich Feedback. Und doch ist da andererseits dieser kleine, fiese Stich, wenn ein Kollege die Rolle bekommt, wenn die Freundin drei Seiten Homestory in der Bunten hat, wenn die Fotografen auf dem roten Teppich einen anderen Namen lauter schreien.

Ich rede hier übrigens nicht von den Lucky Five, diesen fünf Prozent, deren Gesicht jeder kennt. Bei den Til Schweigers, Emilia Schüles, Iris Berbens oder Matthias Schweighöfers dieser Welt ist sicher vieles anders. Ich meine die vielen wunderbaren Talente, die ihr Bestes geben, ohne dass es bisher sonderlich aufgefallen wäre. Und das ist klar die Mehrzahl.

Deutscher Filmpreis. Berlin. Ziemlich spät am Abend. Schätze ich zumindest, denn ich erinnere, dass einige Frauen ihre High Heels bereits in der Hand statt an den Füßen trugen. Auf eine Treppe, die etwas abseits in der Nähe des Stehtischs liegt, an dem ich gerade mit zwei Gläsern Prosecco warte, setzen sich stöhnend zwei Schauspielerinnen. Die eine mit leeren Händen, bei der anderen ragt schlank und stolz die Goldene Lola aus der Handtasche – ihr Preis für die beste weibliche Hauptrolle des Jahres. Beide Frauen spielen in derselben Liga, die Gewinnerin ist vermutlich einen Tick bekannter. «Weißt du, was», sagt die Frau ohne Lola, «ich würde mich gern mehr für dich freuen.» Die Preisträgerin blickt überrascht auf: «Wie meinst du das?» Wiederholt die erste: «Ich würde mich gern mehr für dich freuen, aber es gelingt mir einfach nicht.» Pause. Und dann mit festem Blick: «Trotzdem ganz herzlichen Glückwunsch.» «Danke», sagt die Lola-Trägerin und nimmt die Trophäe aus der Tasche. «Das bedeutet mir was.» Sie betrachtet ihren Preis: «Ich hab sie aber verdient, oder?» «Stimmt», sagt die erste. Und nach einer Weile: «Ich aber auch.» «Stimmt», sagt jetzt die Lola-Frau, reicht ihr die Figur, und beide lächeln vor sich hin. Eine ruhige, ehrliche, wahrhaftige Szene, die ich da ganz zufällig mitbekomme. «Filmreif», denke ich. Muss man erst mal können, so was. Und damit meine ich beide Frauen.

Wieso mich der Satz beeindruckt hat? Weil er echt war und dieser leeren, gespielten Freude zuvorkam. Merken die anderen nicht ohnehin, wer neidisch oder missgünstig ist? Der Blick wirkt dann gleich instabil, manchmal auch starr, der Ton ist eine Spur zu fröhlich, und es schleichen sich verräterische Worte ein: «Ganz *ehrlich*, ich freue mich *wirklich* für dich.» Wirklich …? Ehrlich …? Wie viel größer wäre es, Eifersucht einfach da zu lassen, wo sie hingehört: bei sich selbst. Immer ein guter Anlass zur Selbstreflexion.

«Wow, Glückwunsch!», hat mein Freund Mark mal zu Philipp gesagt, beides Musikproduzenten. Wir kennen uns alle ewig, und die beiden mögen sich sehr. An dem Tag war klar, dass Philipp nicht nur eher in den Charts gelandet war als Mark, sondern auch, dass sich die Single über fünfhunderttausend Mal verkauft hat. «Ist ja super», sagt Mark, «ich wünschte nur, ich könnte mich mehr für dich freuen. Platin!!!» Da war er wieder, dieser Satz. Und weil Marks Hauptstärke Ehrlichkeit ist, schiebt er noch hinterher: «Na, ich arbeite mal noch ein bisschen an meiner Freude», und dann haben beide gelacht. Herrlich erlösend, so ein Eingeständnis – schon beim Zuhören, finde ich.

Daher, wenn Sie irgendwann mal diese fiesen, stechenden Gefühle haben sollten, während andere gerade im Glück baden, denken Sie vielleicht einfach an die Story mit den Billboard Charts oder an die Lola. Sie müssen den Satz nicht mal aussprechen. Sie können auch den Gegenentwurf leise als Selbstgespräch denken, wenn es laut nicht klappen will: «Das ist ja ein Ding, ich bekomme es tatsächlich nicht hin, mich für den anderen zu freuen. Na, das geht aber besser!» Sich einfach mal den eigenen Status quo einzugestehen, kann eine Menge Energien freisetzen. Energien, die Sie sonst womöglich in einen Pfeil packen würden, um damit unfairerweise auf einen strahlenden Sieger zu zielen. Das bringt leider keinem was.

«Ich würde mich gern mehr für dich freuen.» Wie großherzig, wie reflektiert. Ein Satz, der beiden auf Anhieb das Leben leichter machen kann. Die Lösung kann so einfach sein.

WAS IHNEN DIESER SATZ SCHENKT?

EINSICHT. EHRLICHKEIT. GRÖSSE.

35 DAS PRIVILEG GEBE ICH IHNEN NICHT

Einmal habe ich einen indischen Guru interviewt. Yogi, Speaker, Autor, Mystiker … und scheinbar in jedem Bereich ein Meister der Superlative. Ihm folgen mehr Menschen, als die Schweiz Einwohner hat. Seine Vision: Innere Transformation soll jedem möglich sein und ganz selbstverständlich zum täglichen Leben gehören, wie Zähneputzen, quasi also Seelenhygiene. Dafür verspricht er effektive Techniken. Fand ich interessant.

Für seine Buchpremiere in Deutschland wählt sein Stab ein Talkshow-Format auf großer Bühne. Mit von der Partie ist außer mir eine Schauspielerin und Moderatorin, die inhaltlich top vorbereitet ist. Viele kluge Fragen warten also auf den Guru, aber ein Gespräch will nicht so recht in Gang kommen. Vielleicht, weil er es eher gewohnt ist, Unterweisungen zu geben; meistens also *vor* Menschen spricht statt *mit* ihnen. Seine Antworten jedenfalls bringe ich nicht unbedingt mit unseren Fragen in Verbindung, und natürlich ist es Teil des Moderatorenjobs, das auch mal anzusprechen. Unter normalen Umständen eine leichte Übung, aber wenn einem ein hochrangiger Guru mit bodenlanger Robe, kunstvollem Turban und weißem Vollbart gegenübersitzt, der auch noch als erleuchtet gilt, wirkt das dann plötzlich nicht mehr ganz so naheliegend. Ich unterbreche ihn trotzdem bewusst und benenne das auch so, erscheint mir einfach richtiger.

Sagen wir so, Harmonie buchstabiert sich anders als dieses Vakuum, das sofort nach meiner Grätsche entsteht: zwei Sekunden ohrenbetäubende Stille. Die anschließende Energie fühlt sich eher schneidend an. Wenn die Nerven von ein paar Tausend Zuschauern gespannt sind, kann einem so eine kollektive Schrecksekunde schon mal messerscharf in den Solarplexus fahren. Zur Entschärfung drehe ich mich nonchalant zum Publikum: «Uuups! Did I just insult the Guru?» Habe ich jetzt den Guru beleidigt? Aufatmen im Saal, Lächeln. Bei den Zuschauern, bei mir, auf dem Gesicht des Yogis auch. Denn natürlich ist sicher allen im Raum unausgesprochen klar, dass das Protokoll für heute eher hieß: «Sprechen Sie nur, wenn der Meister fertig ist», und nicht: «Unterbrechen Sie ruhig, wann immer Ihnen danach ist». Er lächelt also, süffisant, wie ich finde, und mit durchaus festem Blick, und schiebt dann in diesem unverkennbar indischen Singsang hinterher: «I would never give you the privilege to insult me.» Peng. Das sitzt. «Ich würde Ihnen nie das Privileg geben, mich zu beleidigen …» Wieder so ein magischer Satz, durch den mal kurz die Zeit stehenbleibt. Für mich übrigens der wichtigste in seinem ganzen Auftritt.

Die Kraft hinter der Aussage und die Souveränität, mit der er sie trifft, bringen die gesamte Bandbreite von allem, was mir im Leben und im Coaching wichtig ist, auf den Punkt: Selbstführung, Reflexionsvermögen, Bewusstsein, Souveränität. Die Süffisanz, okay – die hätte ich nun nicht gebraucht. Dennoch hat dieser Satz eine ähnliche Schlagkraft wie das Auftakt-Kapitel «Wer mich ärgert, bestimme immer noch ich». Auch hier geht es in erster Linie um Status. Wie viel Macht will ich einem Menschen über mich geben? Was will ich ihm erlauben? Soll ein anderer tatsächlich bestimmen dürfen, wie es mir geht? Will ich mich dermaßen fremdbestimmen lassen? Würden wir diese Fragen in einem neutralen Moment auf einer Liste vorgelegt bekommen, wären die Antworten sicher weltweit deckungsgleich: Nein, wir möchten anderen natürlich nicht die Macht über uns geben. Sie sollen nicht bestimmen dürfen, was wir denken. Ob ich mich aufrege, wach liege oder verzweifelt bin, das will ich selbst entscheiden. Sehen die allermeisten mental gesunden Menschen sicher ähnlich. Besser selbstbestimmt handeln als sich überrollen lassen. So weit die Theorie.

In der Praxis hören wir uns dennoch immer mal wieder Anklagen formulieren: «Du machst, dass ich mich schlecht fühle», «Deinetwegen bin ich völlig nervös», «Wenn du so guckst, kann ich doch nur unsicher werden». Wenn gerade jemand auf unseren empfindlichsten Triggerpunkt drückt, fühlen sich solche Sätze dummerweise wahr an. Dann sinkt schlagartig unser Know-how, und wir vergessen schon mal, dass wir selbst dafür verantwortlich sind, wie wir uns fühlen. Der andere darf natürlich versuchen, uns aus dem Konzept zu bringen, aber die Entscheidung darüber liegt zum Glück bei uns. Gerade unter herausfordernden Umständen ist es eine gute Idee, wenn wir uns daran erinnern, dass wir jederzeit frei wählen können, wie wir auf die Welt reagieren möchten und was wir denken wollen.

«Die Gedanken sind frei», dieses alte deutsche Volkslied wurde nicht zufällig vermehrt in Zeiten politischer Unterdrückung angestimmt. Als Sophie Scholls Vater zum Beispiel wegen hitlerkritischer Äußerungen von den Nazis inhaftiert wurde, stand seine Tochter abends vor der Gefängnismauer und spielte das Lied auf der Blockflöte. Muss ergreifend gewesen sein, diese unschuldige kleine Melodie mitsamt ihrer bedeutungsschwangeren Botschaft über die Mauer hinweg in die Zelle geweht zu bekommen.

Die Gedanken *sind* frei. Und daher können wir eben auch immer entscheiden, ob wir uns angegriffen fühlen wollen oder nicht – völlig unabhängig davon, ob uns tatsächlich jemand angreift. «Ich würde Ihnen nie das Privileg geben, mich zu beleidigen» bringt diese Haltung ganz selbstbewusst auf den Punkt. Lässt sich je nach Situation natürlich abwandeln. Etwa: «Ich hoffe, ich habe Sie nicht beleidigt.» «Nein, dieses Privileg würde ich Ihnen nie geben», oder «Keine Sorge. Das Privileg hast du gar nicht». Eine bestechende Reaktion, die, verbunden mit einem echten Lächeln, sogar charmant statt arrogant wirkt und dennoch diese hohe Dosis Selbstbestimmung ausstrahlt. Solche Sätze haben die Kraft, uns innerlich zu stärken, selbst wenn wir noch nicht ganz vom Inhalt überzeugt sein sollten. In dem Fall gilt einfach wieder «Fake it till you make it». Mit anderen Worten: Sagen Sie es trotzdem. Denn wenn Ihre Ohren öfter mal eine starke Botschaft von Ihnen hören, fühlt sich diese Aussage auch bald nach innen wahr an. Funktioniert ja immer beides: Wir können über neue, klare Worte bewirken, dass sich unsere Haltung ändert, oder über eine neue Haltung bewirken, dass wir uns, ganz ohne nachzudenken, plötzlich klarer ausdrücken.

Was andere von uns halten, hängt wesentlich davon ab, was wir selbst von uns halten. Auch daher ist es sicher gut, regelmäßig für Klarheit im Kopf zu sorgen. Was ist drin? Was soll rein? Und was soll lieber draußen bleiben?

WAS IHNEN DIESER SATZ SCHENKT?

SELBSTBESTIMMUNG. SOUVERÄNITÄT. UNANTASTBARKEIT.

36 DANN NEHME ICH MAL DAS HIER

Ich gehöre zu den Schnellentschlossenen. Das war durchaus nicht immer so. Früher habe ich die Speisekarte auch schon mal auswendig gekannt, bevor ich, immer noch unsicher, eine Bestellung aufgeben konnte. Brachte die anderen am Tisch natürlich regelmäßig um den Verstand. Aus purem Respekt vor der Zeit und dem Hunger meiner Mitmenschen habe ich dann eines Tages in einer Blitzentscheidung diesen nervigen Cocktail aus Zögern, Abwägen und Spekulieren einfach weggekippt. Ins Land der Entscheidungsfreudigen umzuziehen, schien mir so viel attraktiver. Wenn ich bedenke, wie schwer ich mir diesen Wechsel vorgestellt hatte und wie leicht er dann tatsächlich war ... Ein klassisches Sprungbrett-Phänomen: Wir stehen stundenlang bibbernd auf dem Zehnmeterturm, um auf den richtigen Moment zu warten, doch der Unterschied zwischen Warten und Springen liegt am Ende in nur einem einzigen kleinen Schritt. Weniger als eine Sekunde dauert der, und wir gehen ihn noch nicht einmal, weil plötzlich unsere Angst verschwunden ist, sondern weil irgendeine Instanz in uns begriffen hat, dass Mut nicht bedeutet, keine Angst mehr zu haben. Mut ist, wenn man Angst hat und es trotzdem tut. Eine Frage der Entscheidung. Und genau darum geht es in diesem Kapitel.

Um es gleich vorwegzunehmen: Wenn Sie davon erfüllt sind, stundenlang Bewertungen online zu vergleichen, und es lieben, sich wochenlang damit zu beschäftigen, ob die neue Küchenschrank-Oberfläche in Wenge oder Diamantnussbaum sein soll, springen Sie ruhig zum nächsten Kapitel. Wenn Sie schnell entschlossen sind, vielleicht auch. Es sei denn, Sie wollen verstehen, wie der Rest der Welt so tickt. Wie es all den Zweiflern mit Leidensdruck ergeht, denn an sie richte ich mich hier ausdrücklich. An all die Zeitverplemperer und Unentschlossenen unter uns, die so gerne vom Hadern ins Tun kommen möchten und einfach nicht wissen, wie das angesichts der vielen Wahlmöglichkeiten gelingen kann. Hier kommt Ihre Chance auf eine grundsätzliche Vereinbarung mit sich selbst: Was Sie nämlich entscheiden wollen, wenn Sie sich nicht entscheiden können. Klingt verrückt? Ist es nicht.

Was ich Ihnen anbiete, ist ein Notausgang. Eine Exit-Strategie für Situationen, in denen Sie üblicherweise mit einer Kaskade an grüblerischen Gedanken reagieren. Sobald Sie merken, dass dieser Zustand droht, können Sie zukünftig einen unscheinbaren Satz aus dem Ärmel zaubern, der die Sache merklich abkürzt: «Dann nehme ich mal das hier.» Wirkt anmaßend banal, ist aber durchaus effektiv und basiert wie so viele Erkenntnisse auf einem konkreten Schlüsselerlebnis.

Anfang der Neunzigerjahre in einem Tex-Mex-Restaurant. Burrito-Buden schießen damals in Berlin an jeder Ecke aus dem Boden und mit ihnen viele bunte Neon-Kakteen in klassischer Wildwest-Optik. Die Stadt riecht regelrecht nach Käsesoße, und selbst Fremdsprachenmuffel können plötzlich exotische Wörter wie Jalapeño erstaunlich spanisch aussprechen. Ich weiß bis heute nicht, ob mir Tex-Mex eigentlich schmeckt, aber es gibt Dinge, die hinterfragt man nicht. Fondue an Silvester, Ente an Weihnachten, Nachos im Kino.

Einer der angesagten Hauptstadtläden hat tonnenweise feinen Sand auf dem Fußboden verteilt. Strandfeeling statt Baumarktfliese. Als ich gerade dabei bin, die Tischbeine auf dem Sand zurechtzudrücken, verändert ein kleiner Dialog am Nebentisch schlagartig mein Leben. «Du nimmst auch immer das Erstbeste», sagt vorwurfsvoll ein Mann zu seiner Edelpunk-Begleiterin mit raspelkurzem schwarzem Minipony und Schneewittchen-Teint. Er ist offensichtlich gestresst, weil sie längst bestellt hat und er nun unter dem ungeduldigen Blick der flipfloppigen Bedienung leidet.

«Klar nehme ich das Erstbeste. Soll ich vielleicht das Zweitbeste nehmen?!», meint Schneewittchen lässig, und ich bin erst einmal baff. Ziemlich erhellend finde ich die Dimension, die dieser Satz eröffnet, vom Wortspiel mal ganz abgesehen.

Auf einmal bin ich wieder Teenager und denke, dass unsere Mütter damals auch nicht mit der Speisekarte im Esszimmer gewartet haben, wenn wir aus der Schule kamen. Es gab, was im Topf war, und wenn man Pech hatte, konnte das auch schon mal Leber mit Kartoffelbrei und Röstzwiebeln sein. Keinen Schimmer hatten wir damals von dem abenteuerlichen Bohei, das im 21. Jahrhundert rund ums Essen gemacht werden würde. Weit entfernt waren wir von dem enormen Entscheidungsdruck, der heute gang und gäbe ist – beginnt schon morgens im Coffee Shop: «Mit Koffein oder Decaf? Small, medium, tall? Kuhmilch, laktosefrei, Hafer-, Mandel- oder Sojamilch? 1,5 Prozent, non fat oder regular? Kalt oder heiß? Eigener Becher oder refill oder doch Pappe?» Und das war nur der Kaffee. Es ist abstrus, wie viele Entscheidungen so mancher vor 9 Uhr morgens treffen darf – für Schwerentschlossene eine zusätzliche Qual.

Nehmen Sie es daher lieber leicht und machen Sie es wie die Frau aus dem Tex-Mex-Laden – oder eben auch wie ich. Denn seit ich diesen Satz gehört habe, bestelle ich in den allermeisten Fällen einfach äußerst simpel das Erstbeste. Sobald mir etwas gefällt, klappe ich die Karte zu, auch im übertragenen Sinne. Im Restaurant, bei der Tapetenwahl bis hin zum Urlaub. Das Erstbeste bitte hierher! Eine großartige Erleichterung ist das und ein Gewinn an Lebensqualität.

Ein Beispiel. Sie wissen nicht, ob Sie eine der Hosen kaufen sollen, die Sie gerade anprobiert haben. Eine Abkürzung kann jetzt sein, sich an dieses Kapitel zu erinnern, auf eine Hose zu zeigen und einfach zu behaupten: «Dann nehme ich mal die hier!» Wenn es die richtige Entscheidung war, spüren Sie das sofort. Wenn es die falsche war, erst recht. Manchmal merken Sie es vielleicht auch erst am nächsten Morgen, wenn Sie die Hose tragen wollen und sich plötzlich ein schlechtes Gefühl breitmacht, Widerwille oder Bedauern aufzieht. In dem Fall greifen Sie einfach entspannt zu Satz 22: «Ich weiß nicht, heißt immer Nein.» Heißt dann, zurück zum Laden.

Eine solche Kurskorrektur ist absolut legitim und in diesem Fall sogar erwünscht. Denn immerhin ist ein trotziges Aber ein Gefühl, das Ihre Intuition extra vorbeischickt, damit Sie spüren können, was zu tun ist. Denn genau das ist ja die Herausforderung für Unentschlossene: Sie kommen nicht in ihr Gefühl, weil ständige Pro-und-Kontra-Listen den Weg dazu versperren. Wenn Sie also Lust haben, das in Zukunft einmal anders zu erleben, schlage ich einen verbindlichen Deal mit sich selbst vor. Beim nächsten «Ich weiß nicht, was ich machen soll» entscheiden Sie einfach irgendetwas. Rechts oder links, schwarz oder weiß, Costa Rica oder Costa Brava. Egal. Entscheiden Sie einfach. Denn es ist nicht die Entscheidung, die für Sie so wichtig ist. Es ist Ihre Reaktion auf die Entscheidung, die Ihnen die Augen öffnen kann. Ihr Gefühl. Probieren Sie es aus. Nicht erst in der nächsten wichtigen Situation, sondern wenn es noch um wenig geht. In solchen neutralen Momenten feierlich eine Vereinbarung mit sich selbst zu treffen, das wirkt.

Manchem hilft es auch, sich einmal ernsthaft klarzumachen, dass jede Entscheidung *für* eine Sache auch zwingend eine Entscheidung *gegen* alles andere ist. Wenn ich Ja zu diesem einen Mann sage, sage ich Nein zu Millionen anderer Männer. Wenn ich dieses E-Bike bestelle, sage ich Nein zu allen anderen E-Bikes im Internet. Sie wählen im Restaurant die 103? Dann wissen wir schon mal, welche hundertzwei Gerichte Sie heute nicht essen. Ist einfach so. Wer trotzdem seinen Fokus auf das riesengroße Reservoir voll Alternativen legt, wird schnell daran verzweifeln, lebt länger in Zwischenlösungen und hängt vermutlich einer Illusion nach. Dass es nämlich die perfekte Lösung gibt. Als leidenschaftliche Perfektionistin darf ich jedoch sagen: Es gibt auch für Perfektion immer mehrere Möglichkeiten. Nehmen Sie also einfach diese hier ...

Also: machen oder sein lassen, grübeln ist keine Option. Auch eine Devise, die das Leben leichter machen kann. Es ist einfach gesünder, wenn Sie sich sagen: Zweifle nur, wenn du unbedingt musst. Ansonsten vertraue.

WAS IHNEN DIESER SATZ SCHENKT?

SICHERHEIT. FREIHEIT. JEDE MENGE ZEIT.

37 ZUM GLÜCK

Tut das hier weh?», fragt freundlich der Handchirurg und drückt zielsicher auf eine erhabene Stelle an meiner Handwurzel. «Au!», rufe ich empört, bevor ich noch an eine bessere Antwort denken kann – die brauche ich jetzt nicht mehr. Er nickt verständig, tippt etwas in den Computer und schiebt meine Stelle mit seinen Fingern hin und her. «Beweglich ist schon mal gut», meint er und tastet weiter.

«*Wenn* Hand-OP, dann *nur* in diesem Krankenhaus», hatte mich mein Orthopäde eingeschworen. «Und wenn dieses Krankenhaus, dann *nur* beim Chefarzt.» «Er muss es ja nicht zahlen», denke ich und mache noch am selben Tag einen Termin. Die rechte Hand einer Rechtshänderin, da soll auf jeden Fall der Beste ran. «Ich habe Ihnen ein Hühnerei der Güteklasse A rausoperiert», wird der Arzt Wochen später zu mir sagen, aber das ahnen wir beide zu diesem Zeitpunkt noch nicht.

«Was es ist, wissen wir erst, wenn wir es einschicken», reißt mich mein zukünftiger Operateur aus meinen Gedanken und schiebt einen braunen Umschlag mit Röntgenaufnahmen über den Tisch. «Die MRT-CD liegt auch mit drin», sagt er, und dann etwas ernster: «Hand ist immer kompliziert. Eine sehr enge Stelle ist das, da läuft vieles zusammen.» Langer Blick. Wenn das ermutigend klingen sollte, hat es nicht geklappt. Ich will schon zur Tür gehen, als ich merke, wie ich meine Manieren verliere, denn plötzlich frage ich ganz freiheraus: «Können Sie das auch?» Er blickt verblüfft hoch, ich verblüfft runter und lege etwas spezifischer nach: «Ich meine, die OP. Können Sie das auch so richtig, richtig gut?!» Da lacht er auf, strahlt mich ganz ohne Ego an und sagt beschwingt: «Zum Glück!» Alle Bedenken weggeblasen. Ich bin sofort beruhigt. Und beeindruckt obendrein. Zum Glück? Was für eine schöne, kleine, leichte Antwort. Darf ich mir gleich mal merken. Die hätte ich jahrelang ganz wunderbar gebrauchen können.

In meiner ersten Zeit als Coach sah ich mich regelmäßig mit großer Skepsis zum Thema Branchenkenntnis konfrontiert: «Haben Sie schon mal Patentanwälte gecoacht?», «Können Sie hier überhaupt Workshops geben, wenn Sie sich in der Stahlbranche nicht auskennen?», «Was ist Ihr Know-how bei Audit & Assurance? Sie sollen ja unsere Wirtschaftsprüfer coachen.» Am Anfang war ich höchst verwundert. Wieso sollten Kenntnisse über IFRS 9 die Voraussetzung für ein gelungenes Sales-Training sein, und was nutzt mir Insiderwissen über Wasserstoffleitprojekte in einem Business-Coaching? Automatisch schlägt meine Fantasie an solchen Stellen Purzelbäume: Wie dieselben Menschen wohl reagieren würden, wenn ein Arzt bei ihnen akute Blinddarmentzündung diagnostiziert und dann plötzlich zurückrudert: «Oh, Sie sind Ingenieur? Warum haben Sie das nicht gleich gesagt, dann wird das hier nicht funktionieren. Blinddarm-Operationen kann ich nur bei Floristen.» Da wären alle ganz schön baff. Und wie das wohl käme, wenn der Physiotherapeut bedauernd den Kopf schüttelt: «Steuerberater? Nein, sorry, das geht dann leider nicht, ich habe bisher immer nur Busfahrer massiert. Die sitzen ja auch ganz anders.»

Branchenskepsis, ein Phänomen aus der Beraterwelt, und da gehört es ja auch hin. Berater sollten natürlich das Business, die Prozesse und die Strukturen der Kunden verstehen. Zu wissen, wo inhaltlich der Schuh drückt, ist hier besonders wichtig. Coaches allerdings werden aus anderen Gründen an Bord geholt: klare Kommunikation, Bewusstseinsschärfung, souveränes Verhalten – und dafür ist es egal, ob jemand Rennfahrer oder Bundeskanzlerin ist. Zum Glück, denke ich schmunzelnd seit der Begegnung mit dem Handchirurgen. Zwei kleine Wörter, die als Antwort ab jetzt reichen. Spielen wir es doch mal durch.

«Aber Sie wissen schon, wie eine Agentur funktioniert, sonst können Sie uns ja nicht coachen.» «Zum Glück funktioniert das Coaching, egal wie gut ich Ihre Branche kenne.» Lächeln. Freuen. Fertig. Oder kürzer: «Können Sie meine Flugangst auch wirklich löschen, sodass sie nicht mehr wiederkommt?» «Zum Glück!» Einmal kurz charmant gestrahlt – und gut. Mit diesem kleinen Twinset fühle ich mich wunderbar gewappnet. Mir soll mal einer kommen!

Aber wie das so ist, es kommt natürlich keiner, sobald wir richtig schön vorbereitet sind. Ein interessantes Phänomen. Kennen Sie das? Seitdem ich meine kleine Antwort wie einen ungesicherten Colt ganz locker an der Hüfte trage, bleiben alle Nachfragen aus. Ist bei den Klienten übrigens genauso. Wenn sich ein Coachee auf jeden noch so unwahrscheinlichen Einwand ideal vorbereitet, läuft plötzlich alles wie am Schnürchen. Keine Rückfragen, kein Murren, kein Ruckeln im Getriebe. Nichts. Die Beschäftigung mit dem Worst Case macht den Best Case offenbar erst möglich. «Ja okay, machen wir so», heißt es dann meist ganz lapidar in einem Meeting, das mir verzweifelt als «Katastrooopheeee!» angekündigt wurde. Die stellte sich aber trotz Vorbereitung in all den Jahren tatsächlich nur ein einziges Mal ein. Klarheit zieht eben Klarheit an. Eisernes Gesetz.

«Da fragt mich der Regisseur, ob ich auch Narben und Verbrennungen schminken kann. Hallo?! Mal in meinen Lebenslauf geguckt?», entrüstet sich die Maskenbildnerin neulich und wedelt mit dem Lockenstab gefährlich nah an meinem Ohr herum. Ein Klassiker. Die meisten können nicht gelassen bleiben, wenn jemand ihre Fähigkeiten hinterfragt. Das ist für sie ein Triggerpunkt, der einen Dominoeffekt lostritt: Aufregung, Rechtfertigung, angespannter Tonfall und akute Farbenblindheit – wir sehen die Welt dann nur noch schwarz-weiß.

«Wenn dich noch mal ein Regisseur fragt, ob du Verbrennungen schminken kannst, sag doch einfach: ‹Zum Glück›», rate ich der Visagistin – mein Ohr soll ja noch dranbleiben. Und siehe da, ihr geht es wie mir: sofortige Beruhigung. Ein breites Lächeln im Spiegel. Drama-Exit light.

Die wichtigste Haltung, wenn jemand Ihre Expertise infrage stellt, heißt: Bloß nichts persönlich nehmen. Ich finde diese Einstellung so fundamental, dass sie ein paar Seiten weiter ein eigenes Kapitel bekommt. Satz 42: *«Das nehme ich mal lieber nicht persönlich.»* So viel schon mal vorab: In den allermeisten Fällen sagen Skeptiker mit ihren Fragen mehr über sich selbst als über Sie aus. Ein Grund mehr, nichts persönlich zu nehmen. Skepsis ist schlicht das Ausdrucksmittel von Menschen, die Sorgen, Angst und Zweifel hegen – in jedem Fall fehlt Zuversicht. Wenn zum Beispiel ein Grafiker Angst hat, sich mit der Deadline zu verschätzen, die Projektleiterin befürchtet, den Falschen eingestellt zu haben, dann ruft diese Aufregung natürlich Fragen auf den Plan. Denn wer Angst hat, dumm dazustehen, will sich durch Nachfragen Sicherheit verschaffen – ein nachvollziehbarer Versuch, der Gewissheit bringen soll. Nur klappt das meistens nicht. Denn wenn uns ein Gefühl fehlt – in dem Fall Sicherheit –, können uns logische Argumente und ein noch so langer Lebenslauf nicht wirklich beruhigen. Wer auf Gefühle mit Gefühlen antwortet, ist erfolgreicher: «Können Sie das richtig, richtig gut?», fragt die Angst. «Zum Glück!», antwortet die Zuversicht. Eine vertrauensbildende Maßnahme, die augenblicklich funktioniert.

Mein Appell ist daher: Seien Sie lieber nicht beleidigt, wenn jemand Ihre Kompetenz infrage stellt, ist doch sein gutes Recht. Und unseres ist es, dennoch entspannt zu bleiben. Betrachten Sie solche Situationen einfach als Einladung, Souveränität zu üben. Und falls Sie wirklich einmal beleidigt werden, hilft Ihnen vielleicht das hier: «Eine Beleidigung ist im Grunde nur ein verzweifelter Schrei nach Hilfe.» Eine Psychotherapeutin hat mir das mal gesagt, ich fand es durchaus schlüssig, denn es sagt ja: Da kann einer nicht anders, da muss einer andere kleinmachen, in der leisen Hoffnung, sich dadurch groß zu fühlen. Gelingt natürlich nicht, was die Not dann noch vergrößert. Atmen Sie solche Verzweiflungstaten mit einem «Gute Besserung» lieber weg.

Daher, wenn Sie jemals gefragt werden, ob Sie Ihren Job auch wirklich draufhaben, denken Sie gern an den wunderbaren Handchirurgen, lachen Sie auf, strahlen Sie Ihr Gegenüber entspannt an und sagen Sie beschwingt: «Zum Glück!»

WAS IHNEN DIESER SATZ SCHENKT?

TOLERANZ. ENTSPANNUNG. LEICHTIGKEIT.

38 ICH MÖCHTE LIEBER PROFESSIONELL BLEIBEN

Leyla ist zur Leiterin der Unternehmenskommunikation aufgestiegen. Ein toller Job mit viel Verantwortung für alles, was ihr Spaß macht: Pressearbeit, Präsentation, Pitch, Social Media und natürlich die interne Kommunikation vom E-Book bis zum Podcast. Vierzehn tolle Menschen arbeiten ab jetzt für sie, und das mit Anfang dreißig, alle Achtung. Sie hat viele Ideen und viel Talent. Was sie nicht hat, ist ein gutes Gewissen. Das ist mein erster Eindruck, als ich ihr in Frankfurt auf dem Dach eines Parkhauses, das jetzt ein angesagter Beach Club ist, gegenübersitze. Völlig surreal schweben wir in einer weißen Strandkorbwelt zwischen den Wolkenkratzern.

«Du wirkst, als ob du glaubst, dich dafür entschuldigen zu müssen, dass du aufgestiegen bist», sage ich, als sie mir von ihrer Beförderung erzählt. Sie nickt erleichtert: «So fühlt es sich auch an.» «Mit einem T-Shirt, auf dem steht *Sorry, dass ich Chefin bin*, wird der Job aber vermutlich schwer», gebe ich zu bedenken, und Leyla seufzt. Ihr Blick folgt zwei Plastik-Flamingos, die in einem kleinen Pool vor sich hintreiben.

Ich erfahre, dass sich zwei ihrer Lieblingskollegen auf diesen Job beworben hatten, sie selbst aber nicht. Erst auf Anfrage der Geschäftsleitung kam sie ins Rennen.

Nun fühlt sie sich, als hätte sie ganz ohne Startnummer einen Lauf gewonnen, für den andere monatelang trainiert haben. Auch aus einem anderen Grund schlittert Leyla in der neuen Rolle auf unsicherem Terrain: Die Buddys von gestern sind die Mitarbeiter von heute, auch damit darf sie erst mal klarkommen, und das Team natürlich auch.

Hierarchiewechsel fühlen sich schräg an, wenn wir uns auf dem Sprung nach oben selbst infrage stellen, die anderen machen das dann nämlich automatisch auch. Gefahr im Verzug für Leyla und ihr Team, wie der Zusammenstoß mit Dirk beweist.

Etliche Projekte haben die beiden gemeinsam gewuppt und sich dabei immer großartig verstanden. Doch neulich raunzt Dirk seine neue Chefin wegen eines belanglosen Themas an: «Dann mach's doch selbst, wenn du alles so

gut kannst!» «Beim bisherigen Chef hätte er sich das nie erlaubt», meint Leyla fassungslos und schiebt kleinlaut nach, dass sie vor lauter Überforderung bis heute nicht reagiert hat. Ein Gespräch mit Dirk steht also noch aus, und genau das bereiten wir nun vor.

Drei Tage später eine gelöste Leyla auf meiner Sprachbox. Nach einem zunächst holprigen Feedback an Dirk ist sie dann doch mutig in den Lead gegangen: «Du wirkst auf mich persönlich betroffen bei der Sache. Geht es wirklich um *das Thema*? Und wenn ja, können wir das bitte sachlich klären? Dein Ton scheint mir nicht angemessen. Ich möchte lieber professionell bleiben.» Da war er lange still. Ist immer ein gutes Zeichen.

«Ich möchte lieber professionell bleiben.» Ein ruhiger, leichter Satz, durch den Sie Ihren Gesprächspartner schnell mit ins Boot holen, selbst wenn der lieber schwimmen will. So geschehen neulich bei einem Klienten, der ausgerechnet von der Rechtsabteilung dazu angehalten wurde, bei einem Vertrag mal bitte beide Augen zuzudrücken. Weil er sich dadurch aber strafbar machen würde, meinte er stattdessen: «Ich möchte lieber professionell bleiben.» Was sollten die Kollegen da noch sagen? «Wir aber nicht?!?»

Natürlich können Sie den Satz auch umformulieren.

«Lassen Sie uns das Gespräch doch lieber auf eine professionelle Ebene heben, macht, glaube ich, mehr Sinn», zum Beispiel, oder: «Das ist mir jetzt zu persönlich. Wollen wir es lieber professionell klären?» Je nachdem, was gerade passt.

Wieso «professionell» überall auftaucht? Da sind wir wieder bei der Sache mit den Kindern. Ich hatte das bei Satz 33 kurz beschrieben: Streits, Aufregung und Drama sind immer Hinweise darauf, dass gerade aufgeregte innere Kinderinstanzen das Ruder übernommen haben. Und wenn das so ist, läuft eben gar nichts professionell – können Kinder nämlich nicht.

«Sie hätten dabei sein müssen, Frau Kuschik», höre ich öfter mal, «es war der reinste Kindergarten! Im Aufsichtsraaat! Sie machen sich kein Bild.» Ehrlich gesagt, ich *mache* mir ein Bild, und es ist immer dasselbe. Daher sage ich an dieser Stelle meist: «Es *waaar* ja auch ein Kindergarten. Ihr Chef klingt wie fünf, der CFO wirkt wie ein aufmüpfiger Teenager, und Sie waren ungefähr acht. Kommt das in etwa hin?» Bis jetzt hat noch jeder genickt, gestöhnt, gelacht an der Stelle. Denn es ist wahr: Wenn jemand unsere ureigenen, emotionalen Triggerpunkte drückt, bleiben die wenigsten von uns erwachsen. Dann flippen wir aus oder ein und verhalten uns alles andere als professionell. Daher ist «Ich möchte lieber professionell bleiben» eine schöne, kleine Einladung mitten in den nächsten Kindergeburtstag hinein. Eine wohlgemeinte Erinnerung, dass wir alle schon groß sind und es daher besser wissen. Meistens klappt das ziemlich gut. Souveränität können wir im Umgang mit Unsouveränität eben am besten lernen.

«Ich hab echt keine Lust mehr, immer alles vorzugeben. Das kann ja wohl nicht wahr sein. Die können doch mal mitdenkeeen!», regt sich der Inhaber einer Eventagentur über sein Team auf. «Alles muss ich tausend Mal wiederholen. Ich sage jetzt gar nichts mehr.» Klang ziemlich bockig, fand ich. Er fand, das sei sein gutes Recht. Stimmt natürlich. Ich kann Schachmatt-Gefühle grundsätzlich gut nachvollziehen, nur eine Lösung bringt die Haltung leider nicht.

«Jogi Löw ging das bestimmt auch manchmal so», sage ich und ernte einen verständnislosen Blick. «Will nicht wissen, wie oft der immer wieder dasselbe vom Spielfeldrand geschrien hat, und keiner hat es umgesetzt. Vermutlich fragt er sich in der Halbzeit aber nicht, ob er die Mannschaft aufbauen soll oder lieber eingeschnappt auf der Bank sitzen bleibt. Er führt sein Team in jedem Fall – das ist einfach sein Job.» Der Agenturchef starrt mich missmutig an. Von wegen Fußball-Metaphern kommen immer gut an … «Stell dir mal vor, wie Löw in die Kabine rennt und schnaubt: ‹Jetzt bin ich aber echt sauer. Nö! Ich sag jetzt gar nichts mehr, da müsst ihr selbst drauf kommen!›» Da musste der Event-Mann dann doch mal kurz schief grinsen.

Es ist einfach so: Wenn wir uns erlauben, berufliche Entscheidungen mit persönlichen Befindlichkeiten einzufärben, machen wir uns und anderen das Leben unnötig schwer. Es ist wirksamer, professionell zu bleiben, auch wenn wir gerade sauer sind, uns jemand die Zeit stiehlt, oder das schlechte Gewissen drückt.

Kennen Sie die Geschichte von den beiden Mönchen am Fluss? Passt ganz gut zum Thema, finde ich: Ein junger und ein alter Mönch sind nach langer Wanderschaft auf dem Weg zurück in ihr Kloster und treffen auf einen Fluss. Dort steht eine alte Frau, die auf die andere Seite will, aber nicht schwimmen kann. Weit und breit keine Brücke und kein Boot in Sicht. Obwohl Mönchen Körperkontakt zu Frauen verboten ist, geht der ältere Mönch auf die Frau zu, nimmt sie auf seinen Rücken und schwimmt mit ihr ans andere Ufer, dort setzt er sie ab. Dankbar verbeugt sich die Frau, die Hände zum Wai. Als der Mönch wieder bei seinem Bruder ankommt, setzen beide die Wanderung fort. Die safranrote Kutte ist fast getrocknet, als es aus dem jungen Mönch herausplatzt: «Kontakt mit Frauen ist uns nicht erlaubt! Wie konntest du das tun?!» Geduldig hört sich der ältere Mönch die Vorwürfe an. Dann antwortet er: «Ich habe die Frau ans andere Ufer geschwommen und sie dort abgesetzt. Du aber trägst sie immer noch mit dir herum.»

Die Sache mit dem schlechten Gewissen ... So anstrengend, so überflüssig und ausschließlich zu klären mit der

Person, die es erfunden hat – und das sind immer wir selbst. Persönliche Betroffenheit ist gerade im beruflichen Kontext überaus hinderlich. Sie bringt uns nicht voran, sie hält uns klein, wir stehen uns damit nur selbst im Weg. Hartnäckig halten sich diese Gefühle, und kaum haben wir sie im Rückspiegel aus den Augen verloren, tauchen sie vor uns als Anhalter wieder auf. Es kann beruhigend sein, dafür ein kleines, wirksames Statement mehr in der Tasche zu haben. «Ich möchte lieber professionell bleiben», ein Satz, den auch Leyla immer wieder mal benutzt. Mittlerweile ist sie in die Geschäftsführung aufgestiegen, und den Beach Club gibt es immer noch.

WAS IHNEN DIESER SATZ SCHENKT?

KLARHEIT. ORIENTIERUNG. RESPEKT.

39 ICH HABE DIE ZEIT FALSCH EINGESCHÄTZT

Ich bin Mitte zwanzig, als ich in London an einem Seminar für Persönlichkeitsentwicklung teilnehme, das es ganz schön in sich hat. Für diejenigen von uns, die wirklich offen sind, ist es durchaus weltverändernd – eine Master Class in Sachen Selbstverantwortung und Integrität. Darum geht es hier rund um die Uhr, selbst wenn man gerade in der Hotelbadewanne liegt, denn die Seminarleiterin, eine strahlend schöne, drahtige Frau aus Los Angeles, hält recht viel von Hausaufgaben. Ein Beispiel: Am Ende des ersten Tages verpflichtet sich jeder aus der Gruppe, bestimmte Regeln bis zum nächsten Tag einzuhalten. Pünktlichkeit gehört für alle verbindlich dazu. *9am sharp* heißt die Vereinbarung – um Punkt 9:00 Uhr, versprechen wir uns feierlich, sitzt jeder wieder auf seinem Platz.

Wie sich am nächsten Morgen herausstellt, ist nicht allen im Kurs das eigene Wort gleich viel wert, denn jeder Zehnte, schätze ich mal, trudelt irgendwann danach ein. Als Lady L.A. einen durchgestylten Franzosen, der wie der junge Alain Delon aussieht, fragt, warum er erst jetzt kommt, erzählt er lächelnd und wortreich, wie ihm die U-Bahn vor der Nase weggefahren ist. «Und was ist deine ehrliche Antwort?», sagt sie mit festem Blick. «Excuse me?» Er lächelt jetzt nicht mehr. «Was wirklich passiert ist», will sie wissen, «und erzähl mir nur von *deinem* Anteil an der Sache. Die U-Bahn kam ja sicher nicht zu früh.» Die Luft im Raum ist mit einem Schlag wie aufgeladen. Wir werden Zeugen eines verbalen Hindernislaufs, den alle gebannt verfolgen. Nach gut zwanzig Minuten klingt die Geschichte des Franzosen dann so: «Ich habe die U-Bahn verpasst, weil ich zu spät losgegangen bin. Ich bin zu spät losgegangen, weil ich mich fünf Mal umgezogen habe. Ich konnte mich nicht entscheiden, was ich anziehe, weil es mir wichtig ist, gut auszusehen. Mir ist es wichtig, gut auszusehen, weil ich unsicher bin.» «All right. Deine Eitelkeit war dir also wichtiger, als Wort zu halten und pünktlich hier zu sein?» Der Franzose schluckt. Sie legt den Kopf schief. Wir warten. «Alors ... Vielleicht eher ... Meine Unsicherheit war wichtiger?» Langer Blickkontakt zwischen den beiden. «Lasse ich gelten, my dear», meint sie schließlich ganz weich. «Immer besser, wenn man es selbst sagt.» Dann lacht sie entwaffnend auf. Alain Delon wirkt erleichtert, und die Gruppe fängt wieder an zu atmen. Spontanes Klatschen.

«Ich bin zu spät, weil ich so unsicher bin?» Klingt gleich ganz anders als «Die U-Bahn war weg», denke ich. Denn sich selbst kann man ändern, die Londoner Tube nicht. Natürlich war diese Nabelschau ein reines Selbstgespräch. Die Übung sollte einfach erlebbar machen, wie wir herausfinden können, was wirklich ist, indem wir immer eine Stufe tiefer gehen. Zwiebelschalen-Taktik. «Responsibility, folks!», hallt es immer wieder durch den Raum. «Verantwortung», darum geht es hier. Gerade beim Zuspätkommen übrigens grundsätzlich eine gute Idee, denn das

Letzte, das eine Seminarleiterin hören will, die wegen der Nachzügler immer wieder von vorne anfangen darf, sind Rechtfertigungs-Storys, die alle zusätzlich Zeit kosten. Sogar uns nervt das schnell, denn die Gruppe entwickelt bald einen echten Spürsinn dafür, durchschaubare Versuche zu entlarven, mit denen wir Verantwortung auf die Umstände abwälzen wollen. Ganz wunderbar mitzubekommen, wie sich jeder im wahrsten Sinne des Wortes *ent-wickelt*. Wer mal drei Tage lang voll den Fokus auf Verantwortung und Rechtfertigung legt, wird ein guter Fährtenleser, freue ich mich und werde aus meinen Gedanken gerissen, als unser Coach einen Einwand wegwischt: «Die meisten anderen hier haben es pünktlich auf ihren Platz geschafft. In derselben Stadt. Mit demselben Verkehr. Don't believe your own bullshit.» Glaub nicht deinen eigenen Blödsinn. «Quite right», denke ich und sehe vor meinem inneren Auge, wie ich atemlos und einen Becher Earl Grey jonglierend quer durch Paddington Station rase.

London war also prägend, und so ist mir bis heute ein «Entschuldigung, ich war heute Morgen völlig vertrödelt» lieber als «Es gab mal wieder keinen Parkplatz», wenn mich jemand warten lässt. Sagen wir doch einfach, wie es wirklich war. «Ich hab die Parkplatzsuche völlig unterschätzt», hat mal jemand ausgerufen, der mit wehenden Fahnen auf den Nachbartisch zusteuerte. Fand ich ziemlich gut. Oder eben wie in der Überschrift dieses Kapitels «Ich habe die Zeit falsch eingeschätzt». Vielleicht denken Sie jetzt, *ist doch egal, wie man das formuliert* – kann ich so nicht bestätigen. Zumindest zeigt die Erfahrung, dass Selbstverantwortung bei dem, der wartet, deutlich besser ankommt als eine Story voller Gründe. Habe ich Hunderte Male so erlebt. Und selbst Zuspätkommer sehen das ähnlich. «Es war wirklich befreiend, das einfach mal geradeheraus zuzugeben», berichtet neulich ein Regisseur, der sich nach vielen Bedenken dazu überwunden hat, den Selbstversuch zu wagen. Hätte er nicht gedacht, dass das so locker laufen kann, und ist entsprechend froh. Einmal kurz zugeben, dass wir etwas vergessen, versäumt, vermasselt haben, ist tatsächlich viel leichter, als den üblichen Cocktail aus Notlügen und Ausreden zu mixen.

Da ist sie also wieder, die positive Wirkung der negativen Ich-Botschaft, wir hatten das schon. Wer klipp und klar sagen kann «Jetzt wird's richtig unangenehm. Ich habe unseren Termin total vergessen», besänftigt damit sofort sein Gewissen, denn mutig und selbstverständlich die eigene Fehlbarkeit zu benennen, beruhigt immer schnell. Genau wie bei Satz 10 «Ich weiß es nicht» oder Satz 26 «Ich habe mich geirrt» hat auch «Ich habe die Zeit falsch eingeschätzt» eine starke Entmachtungs-Wirkung. Denn wenn Sie selbst schon Ihren Anteil zugegeben haben – wer soll ihn dann noch einklagen wollen? Macht einfach keinen Sinn.

Der Satz, der Ihnen in diesem Kapitel das Leben leichter machen will, ist diesmal ein reiner Platzhalter. «Ich habe die Zeit falsch eingeschätzt» steht stellvertretend für alle möglichen verantwortlichen Aussagen. Ich habe ihn gewählt, weil er gut in unser temporeiches Leben passt. Die Chance ist groß, dass wir öfter mal Gelegenheit haben, ihn zu benutzen, wenn wieder ein Termin den nächsten jagt oder wenn Sie merken, dass Sie eben doch nicht um Punkt neun auf Ihrem Platz sitzen können.

«Wer will, findet Wege, wer nicht will, findet Gründe», heißt es so schön. Gäbe es den Spruch nicht, ich hätte ihn gern erfunden. Denn er bedeutet ja auch: Wer etwas will, übernimmt Verantwortung. Entschlossen, klar, aktiv. Nur wer sich lieber drückt, schlittert gewohnheitsmäßig ins tiefe Tal der Rechtfertigungen und sucht die Schuld in Gründen. Oder wie es ein Salesmanager mal flapsig formuliert hat: «Wenn der Bauer nicht schwimmen kann, liegt es immer an der Badehose.»

Daher, wenn Sie beim nächsten Mal zu spät losgehen, die Zeit, den Termin oder sich selbst vergessen haben, übernehmen Sie ruhig hörbar Verantwortung. Einfach mal ganz ehrlich «Ich habe die Zeit falsch eingeschätzt» zu sagen, erleichtert vielleicht mehr, als Sie gerade denken. Der Satz ist wahr, zeigt Größe und kommt einfach besser an.

WAS IHNEN DIESER SATZ SCHENKT?

SELBSTBESTIMMUNG. FREIHEIT. EHRLICHKEIT.

40 DANKE FÜR DAS KOMPLIMENT

Es ist schon erstaunlich, wie unsicher viele Menschen mit Komplimenten umgehen und welche Bandbreite an Gefühlen so ein Feedback in uns auslösen kann. Vorausgesetzt natürlich, es gibt überhaupt eins, denn unser Kulturkreis ist nicht unbedingt berühmt dafür. «Lobwüste Deutschland» habe ich das in Kapitel 7 genannt. Und es stimmt ja auch: Loben, bewundern, Komplimente machen, hat in unserem zwischenmenschlichen Umgang keine Priorität. Daher ist es nur logisch, dass die meisten sich etwas schwer damit tun, Komplimente freudig anzunehmen; uns fehlt schlicht die Übung. Und genau das bewirkt beim Komplimente-Macher natürlich, dass er es sich beim nächsten Mal zwei Mal überlegt, ob er überhaupt was sagen soll. Ein Teufelskreis. Wenn es bei Satz 7, «Das bewundere ich sehr an dir», um die fehlende Bereitschaft ging, Komplimente zu verteilen, geht es in diesem Kapitel um das genaue Gegenteil: sie nämlich einmal so richtig entspannt annehmen zu können.

«Das ist ja ein schönes Kleid. Steht dir total gut!» «Findest du? Das ist ganz alt!» «Toller Mantel!» «Echt? Der war ganz billig.» Aha. «Was für eine schöne Tasche!» «Wirklich? Die wollte ich neulich schon wegwerfen.» Klassische Reaktionen auf Komplimente über unser Aussehen und unseren Geschmack. Erst kommt die Verwunderung, dann die Abwertung der eigenen Wahl Richtung billig oder alt. Ob das wohl jemand hören möchte? Dabei finde ich hier die Verwunderung über ein Kompliment das eigentlich Verwunderliche. Denn mal ehrlich, was sagt das über uns aus? Wollen wir den anderen mitteilen, dass wir etwas gekauft haben, weil es das hässlichste Stück im ganzen Laden war? Natürlich finden wir schön, was wir besitzen, deshalb wollten wir es haben. Deshalb tragen wir es, deshalb haben wir dafür bezahlt. Was fällt uns an einem simplen «Dankeschön!» dann eigentlich so schwer?

Im Coaching höre ich auf die Frage oft: «Ich will nicht angeberisch wirken» oder «Ich bin doch kein Mein-Haus-mein-Boot-mein-Auto-Typ! Lob rede ich lieber klein» oder «Ich kann nicht so gut im Mittelpunkt stehen». Kann ich alles nachvollziehen, hat aber mit der Bereitschaft, Komplimente annehmen zu wollen, im Grunde nichts zu tun. Wir vermischen hier, glaube ich, etwas. Es geht nicht darum, sich die nächste halbe Stunde im Glanz des Kompliments zu sonnen und eine olympiareife Siegerehrung einzufordern. Es geht eher um die Grundlagen des angenehmen Miteinanders – alleine schon aus Höflichkeit. «Das ist ja ein schöner Mantel!» «Oh, danke!» Oder auch mal selbstbewusster: «Ja, ne? Den trage ich auch wirklich gern.»

Noch schwieriger wird es für die meisten, wenn sie ein Kompliment für ihre Expertise, ihr Know-how oder ein Talent bekommen. Wer antwortet dann schon: «Ja, das kann ich wirklich gut, vielen Dank.» Oder: «Das gefällt mir auch sehr gut an mir.» Sagen wohl die wenigsten. Möchte ich hier aber mal ganz deutlich als Alternativ-Idee ins Rennen schicken. Sie ahnen nicht, wie leicht das über die Lippen kommen kann und wie groß der Gefallen ist, den Sie allein anderen damit tun. Denn von Geschenken haben idealerweise beide Seiten etwas. Es freut sich der Beschenkte, und das fällt großzügig auf den Schenker zurück. Ein wunderbarer Spiegeleffekt.

Eine sehr erfolgreiche und wissbegierige ehemalige Klientin, nennen wir sie Simone, hatte die Möglichkeit, sich für Komplimente zu bedanken, jahrzehntelang nicht in Betracht gezogen. Bei Komplimenten ging sie gleich auf Tauchstation, damit wollte sie nichts zu tun haben. Doppelt schwierig, weil sie im Job unfassbar vieles richtig macht, auch emotionale Intelligenz besitzt und ihren vierhundert Mitarbeitern eine großartige Chefin ist. Auch im Vorstand war sie angesehen. Entsprechend oft bekam sie positive Feedbacks, und genau da begann dann das Problem. Weil nämlich Simone nie gelernt hatte, Komplimente dankbar anzunehmen, fällt sie plötzlich nach unten und nach oben negativ auf. «Unsicher, abweisend, unsouverän, geht zu selten in den Lead», heißt es dann plötzlich über die viel gelobte Führungskraft in unserem Auftragsklärungsgespräch. Alle, auch Simone, stehen vor einem Rätsel, wie es denn zu dieser Wirkung kommen konnte ...

Das Gute an einer Wirkung ist, dass sie mit der Wahrheit nicht viel zu tun haben muss. Sie beschreibt nicht das Verhalten der Frau, sondern was ihr Verhalten in uns auslöst. Welchen Eindruck wir von ihr haben, mit anderen Worten: pure Interpretation eines Verhaltens, das man sich anders eben nicht erklären kann. Daher ist man als Coach auch oft Pfadfinder, auf der Suche nach dem, was wirklich ist.

Simone macht es mir da leicht. Gleich in der ersten Session erzählt sie, wie wichtig ihr Bescheidenheit ist. «Mach anderen bloß keine Umstände», hieß die Losung ihrer Kindheit. So haben ihre Eltern das den Kindern beigebracht. «Antwortet generell mit ‹Nein, danke›, wenn euch jemand etwas anbietet. Unseretwegen soll niemand ein Glas spülen oder eine Limo aus dem Keller holen.» Komplimente runterspielen gehörte auch dazu. Die Kinder sollten sich nichts einbilden auf ihre Leistungen. Was sollen denn die Leute denken?! Zwei sehr eindeutige Botschaften also. Mach keine Umstände und bilde dir nichts ein! So oft gehört, so oft erfüllt, dass sich diese Botschaften sicher schon vor Jahrzehnten als Glaubenssatz eingebrannt haben. Und so übersetzt eine Instanz in Simone *gutes Benehmen* mit *nichts anzunehmen und nicht gut dastehen zu wollen*. Kein Wunder also, dass sie sich vierzig Jahre später als Topmanagerin bei einem Lob immer noch wegduckt, einsilbig wird, den Blick nicht halten kann und «Nein, nein, das war eine Teamleistung» murmelt. Das verlangen die Glaubenssätze im Kopf schlicht so. Mit einem Appell an die Logik komme ich da bei Simone nicht weit. Mir ist nach provokativer Intervention.

«Eigentlich ja ganz schön unhöflich von dir!» «Was? Ich? Unhöflich?! Eher das Gegenteil.» Ich bleibe dran: «Doch nicht für deinen Gastgeber! Stell dir mal vor: Er wird ja von dir gleich zwei Mal attackiert.» «Entschuldigung?!?» Wer sein Leben lang die eigenen Wünsche und Gefühle unterordnet, kann gerade diesen Vorwurf überhaupt nicht fassen. Unverschämtheit! Als ihr später klar wird, was ihr Verhalten bei anderen Menschen noch auslösen könnte, wird sie nachdenklich. Denn Menschen zum Beispiel, die ihre Gastgeberrolle lieben, bringt sie mit diesem Verhalten natürlich um ihre Daseinsberechtigung. Es gibt sicher viele, denen es ganz erhebliche Umstände macht, wenn ihnen ein Gast keine Umstände macht. Hat Simone so noch nie betrachtet, auch nicht, dass es ja Menschen gibt, die tatsächlich gerne einen Kuchen für sie backen möchten und es lieben, drei verschiedene Sorten Milch anbieten zu können. Dass sie diese Menschen mit ihrem Verhalten um die Freude am Schenken bringt, kam ihr überhaupt nicht in den Sinn. Und so wird es dann doch möglich, dass ein uraltes Konstrukt aus Bescheidenheit und Höflichkeit schneller als geahnt ins Wanken gerät. Übertragen auf Komplimente bedeutet das: Jemand schenkt uns ein Kompliment («Bitte schön!»), und ein anderer empfängt das Kompliment («Danke schön!»). Eben. Wir können es also doch ganz gut, haben nur beim Thema Kompliment oft eine merkwürdige Ausnahme aus diesem Zauberwort gemacht.

Fest steht, wer Komplimente nicht annehmen kann, bringt den Schenker um seine Freude, wirkt unsicher und verbreitet eine merkwürdig abweisende Stimmung. Stellen Sie sich einen Geburtstag vor. Sie kommen mit einem liebevoll verpackten Geschenk herein, und das Geburtstagskind sagt: «Ist doch nicht nötig! Stell es gleich hier ab. Kannst du nachher dann wieder mitnehmen.» Na, da wäre was los! Aber seien wir ehrlich, genau das passiert doch, wenn wir ein Kompliment nicht annehmen können. Der andere fühlt sich nicht geschätzt, vermutlich abgelehnt, und Sie stehen auch irgendwie blöd da.

Bei Simone hat dieser Gedanke jedenfalls alles ganz überraschend schnell geklärt. Seit sie Höflichkeit neu definiert hat, klappt es im Job, und sie kommt souverän und führungsstark rüber. Wenn also das nächste Mal jemand sagt: «Sie sehen ja erholt aus. Richtig toll!», dann denken Sie vielleicht an Simone und sagen einfach: «Oh, das ist ja schön! Danke für das Kompliment.»

WAS IHNEN DIESER SATZ SCHENKT?

SELBSTACHTUNG. FREUDE. DANKBARKEIT.

41 DAFÜR BIN ICH VIEL ZU ...

Nile ist der begeisterungsfähigste Mensch, den ich je getroffen habe. Mit einer Lkw-Ladung voll positiver Energie taucht sie plötzlich in der Redaktion auf, in der ich gerade als Sendeassistentin bei RIAS TV begonnen habe. Sie ist 21, ich zwei Jahre älter, und der Sender heißt heute Deutsche Welle TV. «Du siehst ja sympathisch aus!», strahlt sie mich an. «Ich kenne dich noch gar nicht. Ich bin Nile aus der Spanisch-Redaktion!» Direkt, fröhlich, herzlich. Kontaktschwierigkeiten hat Nile schon mal nicht.

Schnell erfahre ich, dass sie Romanistik studiert, Wassermann ist und gerade von einer Sprachreise für Jugendliche zurückkommt, zwei Wochen Spanisch-Intensivkurs auf Mallorca. Das Lehrer-Schüler-Verhältnis war diesmal etwas unglücklich, berichtet sie. Zu wenig Schüler, sodass die Leiterin gleich am Vorabend verkündet, in einigen Klassen Lehrer-Tandems einzusetzen. «Da habe ich natürlich gleich mal interveniert», erzählt sie munter weiter. «So was kommt für mich gar nicht infrage.» «Ah, okay, wieso das?» Jetzt bin ich neugierig. «Na, ich hab gesagt, dass das bei mir nicht funktionieren wird. Dafür bin ich viel zu dominant!»

Dafür bin ich viel zu dominant?!? Wow. Das ist ja mal 'ne Ansage. Sehr selbstbewusst. Ich bin beeindruckt und auch verblüfft, als ich höre, welche Reaktion ihr Statement bewirkt hat. «Sie waren sofort einverstanden», sagt Nile. «Ich hab meine Klasse dann allein geführt. Macht ja sonst auch keinen Sinn.» Ne, klar, ist einleuchtend, denke ich und frage mich, wie sie diese Selbstverständlichkeit hinbekommt, denn ihr Plauderton klingt eher nach: «Geht leider nicht, ich habe eine Laktoseintoleranz.» «Ah ja, gut, dass du das sagst, dann natürlich keine Kuhmilch für dich. Dahinten steht die Hafermilch.» So was in der Art. Alle Achtung, dass ihr das auch beim Thema Dominanz gelingt. Muss an hundertprozentiger Klarheit liegen, dachte ich mir damals, und wenn ich es recht bedenke, glaube ich das immer noch. Hier greift einfach das Gesetz der Anziehung. Nile ist dermaßen mit diesem Charakterzug im Reinen, dass sie entspannt darüber reden kann, womit auf Anhieb die Wahrscheinlichkeit sinkt, dass andere sie dafür verurteilen. Es wirkt noch beeindruckender, wenn jemand Eigenschaften, die allgemein eher als unattraktiv gelten, ganz nonchalant benennen kann. Zeugt von innerer Größe.

Ich erinnere mich an einen Klienten, der sich nach unserer fünften Session in einem Meeting plötzlich locker sagen hört: «Nein, das lasse ich lieber. Dafür bin ich viel zu unsicher.» «Was? Du?!? Du bist doch total selbstbewusst!» «Ja, klar bin ich *selbst-bewusst*», sagt er gedehnt. «So sehr eben, dass mir klar ist, wie unsicher ich bin.» War absolut befreiend für ihn, dieser Satz, und auch die anderen haben dabei verblüfft etwas dazugelernt. Dass sich nämlich scheinbar gegensätzliche Eigenschaften noch lange nicht ausschließen, so paradox es im ersten Moment auch klingen mag. Widersprüchliche Persönlichkeitsaspekte können im Gegenteil ganz wunderbar nebeneinander existieren. Wir können klar sein *und* warmherzig. Besserwisserisch *und* verständnisvoll. Empathisch *und* intolerant. Schließt sich alles nicht aus.

«Dafür bin ich viel zu intolerant!», habe ich mal einem Freund gesagt, der daraufhin total entrüstet war. «Waaas, du? Du hast doch immer Verständnis für JEDEN!» Ja, stimmt. Ich verstehe so ziemlich alles und jeden, deswegen habe ich aber trotzdem eine Haltung. Ich verstehe die Menschen, *und* mir gefällt nicht immer, was ich da verstehe. Mitgefühl verpflichtet ja zu nichts. Empathisch *und* intolerant sein geht sogar ganz gut.

Beim Thema Nasehochziehen zum Beispiel setzte meine Verständnisbereitschaft jahrzehntelang ganz schlagartig aus. Da hat sich bei mir sofort ein Schalter umgelegt, und die Intoleranz übernahm das Ruder. Für meine Ohren ist Nasehochziehen ein ganz und gar unzulässiges Geräusch. Absolut indiskutabel, einfach nicht verhandelbar. Ich habe alles durch zu diesem Thema: Taschentücher verteilen, Hypnotherapie, Endlos-Diskussionen, Humor, Coaching, rhetorische Finessen. Was immer Ihnen noch einfällt, ich habe es vermutlich erlebt. Fakt ist, ich will Nasehochziehen nicht tolerieren und gebe mich erst dann geschlagen, wenn es gar nicht anders geht. In einer chinesischen S-Bahn vielleicht oder beim Holy Festival in Mumbai. Ist immer gut zu wissen, wann man verloren hat. Doch es war kein asiatischer Wochenmarkt, auf dem ich dieses lästige Thema ein für alle Mal hinter mir lassen sollte, sondern ein kleiner erhellender Moment auf der kurzen Zugfahrt zwischen Düsseldorf und Köln.

Ein Tag im Dezember. Grippesaison. Der Großraumwagen voll röchelnder Menschen wirkt eher wie das Wartezimmer beim HNO-Arzt – für mich der Vorhof zur Hölle. Ich sitze auf einem Fensterplatz, den Sitz neben mir habe ich frecherweise mit meiner Tasche blockiert. Doch im Düsseldorfer Hauptbahnhof lässt sich ein Mann ermattet auf den Gangplatz plumpsen. Ich kann die Laptop-Tasche gerade noch wegziehen, und er zieht auch – die Nase hoch. Geräuschvoll und mit schön viel Inhalt. Ich rutsche aus dem Stand ins tiefe Tal der Intoleranz, mein Herz wird eng, der Kopf stellt Strafzettel aus. Bevor ich mich noch für eine bewusste Reaktion entscheiden kann, höre ich mich klar und ein bisschen zu laut sagen: «Das wird nicht funktionieren.» «Ähm ... Meinen Sie mich?», fragt er verdutzt. «Ja. Sie. Das wird nicht funktionieren mit uns. Sie sitzen neben Deutschlands intolerantester Frau zum Thema Nasehochziehen.» «Ich habe Schnupfen!», presst er so verwundert wie pikiert heraus. «Ich weiß. Wenn ich Schnupfen habe, nehme ich ein Taschentuch.» Ich rede, als hätte ich eine Wahrheitsdroge genommen. Gar nicht charmant. Gut, war sein Geräusch jetzt auch nicht. Er kann es nicht fassen. «Dann müsste ich mir ja die ganze Zeit die Nase putzen!» «Genau», konstatiere ich. Mehr kommt von mir nicht. Er schweigt. Ich auch. Wir starren beide vor uns hin. Bei mir zieht ein schlechtes Gewissen auf, bei ihm rattert es. Plötzlich dreht er sich zu mir und sagt in ernstem Pfadfinder-Ehrenwort-Tonfall: «Ich werde versuchen, es sein zu lassen.»

Ich bin gerührt und sage tapfer: «Ich werde versuchen, es zu ignorieren.» Dann lachen wir beide los. Bis Köln zieht er die Nase tatsächlich nicht mehr hoch. Schade, denke ich. Ich hätte mich zu gerne tolerant gezeigt.

Was soll ich sagen? Die Begegnung war heilsam, denn seitdem ist das Thema für mich tatsächlich vom Tisch. Ob meine Zufallsbekanntschaft diese Situation nach all den Jahren auch noch erinnert? Vielen Dank bei der Gelegenheit an den unbekannten Mann im Zug. Wäre ja klasse, wenn Sie das Buch jetzt gerade lesen – ich wollte immer mal sagen: Sie waren wirklich wagemutig!

«Dafür bin ich viel zu ... dominant, unsicher, intolerant, selbstbewusst, schüchtern» – alles verblüffend ehrliche Sätze der Selbstflexion, die sicher allen guttun. Derjenigen, die es sagt, oder demjenigen, der es hört. Es ist einfach generell beruhigend zu wissen, mit wem wir es zu tun haben. Mindestens uns selbst sollten wir daher gut kennenlernen – immerhin führen wir mit uns die längste Beziehung unseres Lebens.

Warten Sie also lieber nicht zu lange. Lernen Sie sich möglichst schnell gut kennen. Machen Sie sich mit Ihren Qualitäten, Abneigungen, Zweifeln vertraut und bleiben Sie dennoch unbeeindruckt davon. Benennen Sie Ihre Themen ganz entspannt. Sie wissen ja: S.T.O.P. – State The Obvious Promptly. Diese kleine Angewohnheit kann enorm nützlich sein. So wissen andere, woran sie bei Ihnen sind, und Sie können sich selbst eben auch besser einschätzen. Das eigene Wesen zu verleugnen, ist ohnehin sinnlos. Versuchen zwar die meisten irgendwann, klappt aber eben nicht, denn Doppelbotschaften fliegen immer auf. Die viel beschworene Authentizität …

Seien wir also lieber souverän. «Dafür bin ich viel zu egoistisch, harmoniebedürftig, ehrlich, stark» ist ein guter Weg dorthin. Einfach mal benennen, was ist, kann sehr befreiend sein. Zeigen Sie sich ruhig echt und gerne auch in Ihrer ganzen Größe. Die anderen werden es überleben.

WAS IHNEN DIESER SATZ SCHENKT?

ENTSPANNUNG. SOUVERÄNITÄT.
INNEREN FRIEDEN.

42 DAS NEHME ICH MAL LIEBER NICHT PERSÖNLICH

Kara Johnstad ist eine großartige Sängerin und ein wahrer Freigeist, die Freude daran hat, sich selbst zu verwirklichen und andere Menschen aufzubauen. Wenn sie gerade keine Konzerte gibt oder ihre Musikschule umkrempelt, hüpft sie barfuß durchs «Oval Office», wie sie ihr halbrundes Musikzimmer nennt, singt laut vor sich hin und schwingt sich im Stundentakt hinter ihren Steinway-Flügel, auf dem sie die Gesangsschüler begleitet. Immer herzlich, immer positiv. Auch ich war eine Zeit lang regelmäßig dort, Singen finde ich ganz wunderbar.

Als ich mir nach einer Session im Dezember meine Wintermontur anlege, um gerüstet durch den Berliner Schnee zu stapfen, kommt Suse vom Treppenhaus in den Flur; sie ist heute nach mir dran. «Hörst du das?!», schnauft sie wütend. Ich zupfe mir den Pony unter der weißen Mütze zurecht und blicke sie irritiert im Garderobenspiegel an. «Was denn?» «Sie singt schon wieder!», beschwert sich Suse und zieht sich den Schal vom Hals. «Das hab ich schon im Erdgeschoss gehört!» «Na ja …», sage ich zögernd, «… sie ist Sängerin?» Ich bin nicht sicher, worauf sie hinauswill, und drehe mich zu ihr um. «Sie weiß genau, dass es mir schwerfällt, mich als Sängerin zu öffnen. Das macht sie doch extra! Gegen mich!» Aha. Muss man erst mal drauf kommen, denke ich verblüfft, greife nach meinen Handschuhen und bin froh, dass ich gehen kann. Muss sehr anstrengend sein, alles auf sich zu beziehen.

Projektion nennt sich dieses Phänomen in der großen Welt der Psychoanalyse. Kein typisches Life-Coaching-Thema übrigens, auch in der Businesswelt sind Projektionen durchaus an der Tagesordnung, denn nicht jeder, der auf der Karriereleiter weit gekommen ist, ist auch innerlich mitgewachsen. Und wer wenig Selbstbewusstsein hat, sich also im wahrsten Sinne des Wortes selbst nicht sonderlich bewusst ist, fühlt sich als Persönlichkeit natürlich unsicher, zweifelt entsprechend oft an sich und neigt dazu, die Dinge gerne mal persönlich zu nehmen. Wer schon mal in dieser Blase war, weiß: Wir sind dann schnell verletzt, werten neutrale Kommentare als Affront und schaffen es sogar, wohlwollende Aussagen negativ umzudeuten. Das kann ziemlich ermüdend sein – für beide Seiten, denn mit Annahmen, Vorwürfen und Rechtfertigungen wird das Leben schnell zum Eiertanz.

Dass Unsicherheit nicht immer auf den ersten Blick erkennbar ist, erschwert die Sache noch. Denn oft wirkt Minderwertigkeitsgefühl wie Arroganz, kommt schon mal angriffslustig oder zynisch daher oder biegt ab in Richtung anbiedernd. Es gibt viele Möglichkeiten, einen Komplex zu tarnen.

«Das nehme ich mal lieber nicht persönlich» heißt daher mein Satz für alle, die das Thema kennen. Wahrscheinlich handelt der andere auch gar nicht *gegen Sie*, sondern einfach nur *für sich* – auch das kann eine smarte Einsicht sein, die direkt zum Drama-Exit führt. Sie haben das etwas abgewandelt in Kapitel 2 gelesen.

Wenn Sie also jemand sind, der schnell mal etwas persönlich nimmt, ist allein der Vorsatz, das ab jetzt sein lassen zu wollen, sicher durchaus hilfreich. Denn da sich unsere Gefühle immer nach unseren Gedanken richten, dürften Sie nach einem neuen, förderlichen Gedanken auch immer ein neues, besseres Gefühl haben. «Das nehme ich mal lieber nicht persönlich» ist so ein neuer Satz. Er klingt entschlossen und dennoch leicht – immer ein guter Anfang.

Wenn sich Menschen, die sich leicht angegriffen fühlen, die Mühe machen, die Motivation ihrer Mitmenschen zu hinterfragen, statt sich prompt beleidigt zu fühlen, ist das

ebenfalls eine gute Idee. Warum handelt jemand so, wie er handelt? Welche Gründe gäbe es noch dafür, das zu sagen oder jenes zu tun? Fragen, die uns Alternativen sammeln lassen, den Blick weiten und durchaus verhindern können, dass wir aus unserer eigenen Unsicherheit heraus Unterstellungen bauen, die wir uns selbst dann als Wahrheit verkaufen.

«Was andere über dich denken, geht dich im Grunde gar nichts an», habe ich mal irgendwann zu einem Klienten gesagt. Er war regelrecht empört. Doch nach dem ersten Schock fand er diese Perspektive sogar erleichternd, und wir haben beide herzlich gelacht. Klingt provokant, schon klar, ist ja auch extra zugespitzt und eben doch so wahr. Als Affirmation formuliert, können Sie es weicher klingen lassen. Dann hieße das zum Beispiel: «Jeder darf denken, was er will.» Vielen Coachees tut es gut, diese beruhigenden Sätze in Stresssituationen als stummes Mantra parat zu haben. Und es stimmt ja auch: Jeder denkt ohnehin, was er will, ob uns das nun passt oder nicht. Oft können wir einfach nichts dagegen tun. Es ist, wie es ist. Und je eher wir das einsehen, desto entspannter wird unser Leben.

Es kommt natürlich auch vor, dass ein Mensch wie Suse sich angegriffen genug fühlt, um aufs Ganze zu gehen und frontal anzugreifen. Ist Ihnen so was schon mal passiert? «Das machst du doch extra! Gib es zu!» Meistens ziemlich überrumpelnd für den anderen – besonders, wenn es nicht stimmt. Was Sie dann entgegnen können, wissen Sie ja schon. Holen Sie einfach eins der vielen Deeskalations-Tools aus dem Köcher. Rückt so manches schnell ins rechte Licht.

Wenn Ihr Gegenüber dann immer noch stur behauptet, dass Ihr Vorgehen eine vorsätzliche Attacke war, schlage ich Plan Easy vor, und der heißt in meiner Welt: loslassen. Einfach loslassen. Denn wer unbedingt sauer sein will, braucht diese Erfahrung offenbar gerade. Gestehen Sie das anderen ruhig zu und erinnern Sie sich daran, dass Sie nicht zuständig sind für die Erfahrungen, die andere gerade machen wollen. Jeder ist innerlich ganz anders unterwegs auf diesem Planeten. Wer weiß schon, worum es Menschen gerade wirklich geht?

Wenn Sie ehrlichen Herzens und mit guter Absicht handeln und das dennoch jemand unbedingt gegen sich werten will, dann ist es eben so. Ob Sie also eher eine Suse oder eine

Kara sind – die Frage ist eigentlich nie «Wie hat die andere das jetzt gemeint?», sondern eher: «Wie will ich entscheiden, es zu hören?» Diese Frage gibt uns die Freiheit, so zu reagieren, wie es uns gerade guttut. Und das heißt in Zukunft vielleicht öfter mal: «Das nehme ich mal lieber nicht persönlich.»

WAS IHNEN DIESER SATZ SCHENKT?

FREIHEIT. KLARHEIT. SELBSTBEWUSSTSEIN.

43 ICH REDE LIEBER MIT MENSCHEN ALS ÜBER SIE

Eiseskälte mitten im Hochsommer. Ich sitze in einem dieser grauenvoll konzipierten Konferenzräume, in denen Menschen vollständig der Technik ausgeliefert sind. Die Fenster lassen sich nicht öffnen, die Jalousien fahren von der Sonne ferngesteuert ständig rauf und runter, und auch die Sonnenblenden drehen sich automatisch, sodass sich die Lichtstimmung im Raum alle paar Minuten ändert. Auf die klammkalte Luft, die uns die Klimaanlage in die Stirnhöhlen drückt, hat auch der Haustechniker nicht den geringsten Einfluss, wie er nach mehreren Fehlversuchen resignierend gesteht. Passt eigentlich zur Stimmung, denn auch in den Gesichtern der neun Kollegen, die sich hier Ende Juli mit Schals und Jacken gegenübersitzen, ist Frost angezeigt.

Krisen-Meeting in Baden-Baden. Der Grund: eine wild vor sich hin brodelnde Gerüchteküche in der Marketingabteilung. Mein neuer Klient ist dort Abteilungsleiter und hat die Sondersitzung einberufen, moderiert wird sie von mir. Mediatorin – ein Job, den ich nur im Notfall übernehme. Mir ist völlig schleierhaft, wieso sich jemand freiwillig zwischen die Fronten stellen will. Aber da sich der Klient diese Rolle nicht zutraut, bereits zwei Abmahnungen auf dem Tisch liegen und das Thema eben brennt, springe ich diesmal ein.

Was war passiert? Fast jeder im Raum beschwert sich seit Wochen über etliche andere Teammitglieder. Vorwürfe, Rechtfertigung, Denunzierung, Verteidigung, Wut und Verzweiflung auf allen Seiten – es gibt schönere Gründe zusammenzutreffen. Da schnell klar wird, dass hier jeder beim anderen genau das Verhalten anprangert, das er selbst auch an den Tag legt, habe ich im Grunde leichtes Spiel. «Was mich nervt», schreibe ich ans White Board und halte alles fest, was das Team mir ab jetzt zuruft. Schlecht über andere reden, Kollegen nach oben anschwärzen, Annahmen als Wahrheit verkaufen sind bald die Top Drei. Was hier fehlt, ist also Integrität. Fragt sich nun, wie die Mitarbeiter es hinbekommen wollen, diese Erkenntnis in konkretes Verhalten zu übersetzen.

«Wie wäre es mit: Wir reden nicht *über* Menschen, sondern *mit* Menschen?», biete ich an, als lange keine Idee kommt. Spontane Zustimmung. Das finden alle gut, daran wollen sie sich halten. Bestimmt auch, weil sich damit jeder selbst gut schützen kann. Der Satz ist der Startschuss zu einem angeregten Austausch, geprägt von Engagement und durchaus auch mal Spielfreude. Am Ende wird es fast pathetisch, als jedes Teammitglied aufsteht, um so das Commitment für die neuen Regeln zu demonstrieren, auf die sich alle nun geeinigt haben. Ein Neustart für die Abteilung – zumindest eine überzeugende Absichtserklärung.

Handlungsaufträge sind schon etwas Schönes, besonders wenn man sie selbst formuliert. Wenn ab jetzt jemand im Team schlecht reden will, muss keiner mehr nervös werden, denn die Reaktion liegt bereits auf der

Hand: «Wir wollten doch *mit* Menschen reden ... Wieso fragst du Ulrike nicht direkt, wie sie das gemeint hat? Ist, glaube ich, einfacher.» Gesagt, umgedreht, weitergearbeitet. Jeder kann damit schnell wieder bei sich sein und Verstrickungen lösen, bevor sie recht begonnen haben.

«Ich rede lieber *mit* Menschen als *über* sie», ein Statement, das umgehend deutlich macht, wofür Sie stehen und wofür nicht. Sie können es natürlich auch softer formulieren: «Solange ich nicht weiß, wie es wirklich ist, halte ich mich lieber raus.» Oder: «Ich möchte dazu lieber nichts sagen. Ist mir zu anstrengend.» Klar, bei jemandem, der es sich schon so richtig schön zum Lästern bequem gemacht hat, kommen Sie damit natürlich als Spielverderber rüber. So einer wird Ihre Vollbremsung schnell persönlich nehmen. Liegt übrigens an der Art der Formulierung, denn der Satz
dieses Kapitels ist eine Ich-Botschaft, und die funktioniert wie ein blank geputzter Spiegel. Wer nur über *sich* redet, bewirkt damit immer, dass sich das Gegenüber selbst klarer sehen kann. Sätze wie «Man wird ja wohl noch ein bisschen lästern dürfen! Plötzlich so moralisch?!» sind daher Reaktionen, die dem schlechten Gewissen unseres Gesprächspartners entspringen.

Ich fand es immer klug, beim Thema Flurfunk abzubiegen, denn Gerüchte bewirken nie etwas Gutes. Was soll es bringen, schlecht über andere zu reden? Hat es die Situation je vorangebracht? Wurde die Welt dadurch zu einem besseren Ort? Wurde die Person, über die wir reden, zu einem besseren Menschen? «Ach komm, ein bisschen lästern macht doch Spaß!» Weiß ich gar nicht. Ist das so? Ich habe diesen Spaß höchst selten erlebt. Fühlen wir uns wirklich leichter, beschwingter, befreiter danach? Ich fühle mich eher etwas schmutzig.

Andererseits, eine ganze Industrie lebt offenbar sehr gut davon. Nehmen wir die Gossip-Magazine. Manchmal habe ich den Eindruck, dass so mancher mehr Gerüchte über Promis kennt als Wahrheiten über sich selbst. Ich habe schon erwähnt, dass mir eine Psychotherapeutin einst sagte, dass Beleidigungen ohnehin nur ein Schrei nach Hilfe sind. Leuchtet mir ein. Wer sich davon ernährt, ist mit sich selbst vermutlich nicht sonderlich im Reinen.

Es gibt ein wirksames Tool dafür: T. H. I. N. K. Ein einfaches und effektives Akronym. Praktisch, das für sich selbst abrufen zu können, und sicher auch gut geeignet, um es an andere weiterzugeben. Jeder der fünf Buchstaben von THINK steht für eine kleine, kluge Frage. Die Checkliste ist simpel. Bevor wir über jemanden reden, könnten wir uns Folgendes fragen: Ist das, was ich gerade sagen will, wirklich ...

T – true? (wahr?)
H – helpful? (hilfreich?)
I – inspiring? (inspirierend?)
N – necessary? (nötig?)
K – kind? (freundlich?)

Wenn nicht, einfach sein lassen. Es würde Ihre Situation nicht verbessern. Doch genau darum geht es, glaube ich, wirklich im Leben: Was kann ich tun, um die Lage zu verbessern und *vor mir selbst* gut dazustehen?

Übrigens, der Marketingabteilung aus Baden-Baden geht es wieder gut. Zwei Teammitglieder sind gegangen, drei sind neu dazugekommen. Bei den Bewerbungsgesprächen hat der Marketingchef jedes Mal auf einen Spruch gezeigt und die Kandidaten gefragt, was sie davon halten. «Ich rede lieber *mit* Menschen als *über* sie», stand da pompös gerahmt. Die drei Neuzugänge konnten von allen am meisten damit anfangen.

WAS IHNEN DIESER SATZ SCHENKT?

EIN REINES GEWISSEN. LOYALITÄT.
GOOD KARMA.

44 MEIN BESTES MACHT NUR SINN, WENN SIE AUCH IHR BESTES GEBEN

Dr. Saarlander ist ein großartiger Internist. Herzlich, verständig, klug, mit auffallend schönen Händen. Mit schlafwandlerischer Sicherheit geht er den Dingen auf den Grund und trifft abwegige Diagnosen, auf die vorher niemand kam und die zum Erstaunen aller stimmen. Seine Patienten lieben ihn dafür. Auch für das geschmackvolle, farbenreiche Praxisambiente – schon das Wartezimmer mutet eher an wie die Lounge eines Boutique-Hotels. Statt des üblichen Presse-Potpourris thronen kiloschwere Coffee-Table-Books auf einer mit Samt bezogenen Fläche – überall dezenter Wellnessduft. Wo mein Blick hinfällt, sagt alles Ja.

Keine zweite Chance für den ersten Eindruck – diese simple Logik wird hier aufs Schönste wahr, und genau das soll auch die neue Internetpräsenz der Praxis zum Ausdruck bringen, wie ich nach einem der Vorträge, die regelmäßig in der Praxis stattfinden, von Dr. Saarlander erfahre. Doch leider scheint er sich bei der Wahl der Webdesign-Agentur vertan zu haben. Denn so vielversprechend das Team auch wirkte, umgesetzt wurde von den vollmundigen Versprechungen bisher noch nichts. Viel heiße Luft, was den Ästhetik-Fan verzweifeln lässt. «Sie sind doch eine Frau der Worte», meint er an diesem Abend, «was machen

Sie, wenn Sie es mit geballter Inkompetenz zu tun haben?» «Hmmm ... Den Auftrag zurückziehen?» «Angenommen, das ist keine Option», sagt der Mann mit den Klavierhänden und sucht eine Abstellfläche für sein halb leeres Glas, während ich mich frage, wieso das keine Option sein soll. «*Mein Bestes macht nur Sinn, wenn Sie auch Ihr Bestes geben*, haben Sie neulich zu mir gesagt, wissen Sie noch?» Er nickt. Mir hatte sein Spruch gut gefallen, jetzt spiele ich ihn gern zurück. «Wenn Sie den mit einer Frage kombinieren, ist das für Menschen, die mit zweierlei Maß messen, vielleicht ein guter Weckruf», sage ich und beziehe mich auf die Geschichte, die er mir gerade erzählt hat: In Überschallgeschwindigkeit habe sein Team alles an die Agentur geliefert, doch seitdem sei nichts passiert. «Still ruht der See», so Saarlander, «die haben mit der Seite nicht mal begonnen.» Er stöhnt über die Doppelmoral und sagt: «Was für eine Frage würden Sie denn stellen?»

Ein paar Tage nach unserem Gespräch dann ein Erfolgserlebnis, als er den Webmaster doch noch ans Telefon bekommt: «Mein Bestes macht nur Sinn, wenn Sie auch Ihr Bestes geben. Daher mal die Frage: Ist das, was ich hier wochenlang erlebt habe, wirklich Ihr Bestes?!» Einstiegssatz. Keine Anmoderation. Steilvorlage. Ist immer spannend zu erleben, wie so ein Ball verwandelt wird. In diesem Fall geht die Sache gut aus, denn der Senkrechtstart des Internisten bewirkt abrupt eine neue, klare Gesprächsqualität. Das passiert häufig bei einer Frage zur Selbsteinschätzung. «Ist das wirklich Ihr Bestes?» zwingt uns zur Reflexion, noch bevor wir ins Rechtfertigen abrutschen. So auch beim Webmaster. Unumwunden gibt er zu, dass sein Timing eine Katastrophe war, er vielen Kunden dieselbe Deadline versprochen hat und für die detailverliebten Wünsche seines Klienten nicht optimal aufgestellt ist – da habe sich die Agentur wohl überschätzt. Wenn das keine Ausgangsposition ist.

Doch selbst wenn der Mann zurückgebellt hätte, wäre die Situation besser als vorher – spielen wir den Worst Case doch mal durch. Arzt: «Mein Bestes macht nur Sinn, wenn Sie auch Ihr Bestes geben (…)» Webmaster: «Wollen Sie mir etwa unterstellen, dass wir unseren Job nicht machen?» «Unterstellen? Nein. Ich halte das ganz sachlich fest: Sie *haben* Ihren Job seit Wochen nicht gemacht. Sie waren nicht mal erreichbar. Daher meine Frage: War das Ihr Bestes? Ich meine das ganz ernst. Denn wenn das stimmt, müssen wir ja schleunigst umentscheiden.» So oder so also eine Einladung zur Klärung, diese Frage.

Was ich immer wieder erlebe: Egal wie schräg oder unverschämt sich jemand uns gegenüber verhält, viele schrecken vor einer Konfrontation grundsätzlich zurück. Wir wollen nicht bossy wirken, den anderen nicht in die Bredouille bringen und suchen fieberhaft nach Formulierungen, die unser Feedback harmonisch klingen lassen. Die Antwort ist: Stellen Sie die Suche ein. Unbequeme Fakten so zu verpacken, dass sich jeder damit wohlfühlt, kann nicht gelingen – so viel Samt und Seide gibt es gar nicht.

Was vielleicht dennoch Beruhigung bringt: Es ist auch gar nicht unser Auftrag, andere vor den Konsequenzen ihres eigenen Verhaltens zu bewahren. Jeder von uns trifft Entscheidungen, und jede Entscheidung hat eine Wirkung. Gestehen wir unseren Mitmenschen doch zu, dass sie ihre eigene Wirkung erleben dürfen. Wir müssen niemanden in Schutz vor sich selbst nehmen. Verhindert das nicht Lernen?

«Mein Bestes macht nur Sinn, wenn Sie auch Ihr Bestes geben» ist ein Satz, der uns in allen möglichen Situationen nützlich sein kann, beruflich wie privat. Mit Mitarbeitern, Kindern, Dienstleistern gegenüber oder wie neulich beim Bäcker. Eine kleine, füllige Frau mit schönen roten Locken dirigiert mich durch den Laden. Da soll ich mich hinstellen und den Herrn mal bitte durchlassen und nicht so nah mit der Tasche an die Deckel für die Becher ran. Kurze Kommandos, die sie über die Glasscheibe wirft, während sie Privatgespräche mit ihrer Kollegin führt und fahrige Handgriffe ausführt, die sie nicht weiterbringen. Als ich zum dritten Mal «Zwei Dinkel-Rosinenbrötchen» sage, reicht es mir. «Entschuldigung, mein Bestes macht hier, glaube ich, nur Sinn, wenn Sie auch Ihr Bestes geben.» Sie starrt mich an. Revolverstimmung. «Was?!?» «Na, ich sage hier zum dritten Mal dasselbe, ich möchte jetzt mal gehört werden. Sie wirken unkonzentriert.» «Bin ich auch!», ruft sie über den Streuselkuchen hinweg. Und dann leiser und mehr zu sich selbst: «Es ist aber auch ein Tag!» «Kenne ich», sage ich einlenkend. «Denn is ja jut», meint sie versöhnlich. Ihr Blick fliegt über die Vitrine und landet auf einem leeren Kuchenblech. «Sooo, zwei Dinkel-Rosinenbrötchen», sagt ihre Kollegin zu dem Kunden neben mir und kassiert ab. Was soll ich sagen? So ist das eben, wenn zwei andere parallel ihr Bestes geben. Der Streuselkuchen sah eh besser aus.

Sie merken schon, der Satz ist kein Weichspüler, eher ein Wake-up-Call, der erst mal kurz für Aufruhr sorgt. Ein Neustart, der uns wieder ausrichtet. Sie lehnen sich damit aus dem Fenster, aber nur so weit, dass Sie nicht rausfallen. Er ist eine eindeutige Aufforderung zur Qualitätssteigerung, und es ist vorher nie klar, in welche Richtung das Gespräch danach weiterläuft. Im Fall des Internisten gab es einen klaren Sprung nach vorn. Der Webmaster übernahm Verantwortung und ist den Job endlich professionell angegangen. Er hätte auch aussteigen können, denn unser Satz sorgt lediglich für Klarheit – ein Garant zum Happy End ist er nicht. Aber oft bewirkt ja auch Klarheit, dass wir am Ende happy sind.

Es sind immer die Mutproben, die uns voranbringen. Innerhalb der Komfortzone und ohne das geringste Lampenfieber kann Wachstum leider nicht gelingen. Ist das angenehm? Nein. Ist es hilfreich? Ja. Gerade wenn Ihnen Harmonie lieber ist als Konfrontation, ist es wichtig, dass Sie sich manchmal zu einem konfrontativen Satz überwinden, weil Sie damit Harmonie wiederherstellen. Wenn schon flüchten, dann am besten gleich nach vorn.

«Mein Bestes macht nur Sinn, wenn Sie auch Ihr Bestes geben.» Ein Satz, der eine Einladung für gute Zusammenarbeit sein kann oder zur Klärung durch Konfrontation. Dem designfreudigen Doktor jedenfalls hat er den Turnaround ermöglicht, denn die Agentur hat tatsächlich geliefert und ihm damit auch im Internet einen hochwertigen

Auftritt beschert. Dumm nur für mich, dass Dr. Saarlander ein paar Jahre später nach Kanada ausgewandert ist. Wenn Sie also einen wirklich, wirklich guten Internisten kennen …

WAS IHNEN DIESER SATZ SCHENKT?

GEWISSHEIT. KLARHEIT. SELBSTBEWUSSTSEIN.

45 ICH HABE KEINE AHNUNG, DESHALB MACHE ICH DAS JETZT MAL

Auf die Frage, ob er reiten könne, hat der begnadete Schauspieler Sabin Tambrea bei einem Casting mal geantwortet: «Ja, ich kann reiten. Ich muss es nur noch lernen.» Was für ein großartiger Satz! Er hat diese Geschichte in der NDR-Talkshow erzählt. Hubertus Meyer-Burckhardt war ganz aus dem Häuschen deshalb – kann ich gut verstehen. Ist ja auch toll, diese Haltung. Tambrea hat die Rolle dann wohl auch bekommen. Jedenfalls erinnere ich, dass er als Rübezahl, Ludwig II. und Ritter ziemlich oft herumgaloppiert ist; es scheint also geklappt zu haben.

Was mir gefällt, ist die Selbstverständlichkeit hinter seinem Satz. Es war ihm offenbar völlig egal, ob er eine Fähigkeit jetzt in dieser einen Sekunde bereits draufhat oder nicht. Wer Lust auf Lernen hat, hat immer alles drauf – irgendwann jedenfalls. Vermutlich misst sich Erfolg auch genau daran: an der Bereitschaft, ständig dazuzulernen. Es war eben selten ein Aber, das die Welt vorangebracht hat und Menschen über sich hinauswachsen ließ. Meistens war es ein Trotzdem.

Und dennoch stimmt es nicht, dass nur den Mutigen die Welt gehört und nur die Risikofreudigen vorankommen. Im Grunde gehört die Welt jedem. Denn wir alle können laufen, uns die Schuhe binden und einen Joghurt öffnen. Wir konnten das nicht immer, am Anfang sind wir sogar kläglich daran gescheitert, dann kam der Durchbruch, und schon bald haben wir keinen Gedanken mehr an Schnürsenkel verschwendet. Gehen, Radfahren, Autofahren, Skifahren, Klavierspielen, Stepptanzen, Italienisch sprechen. Alles lief nach demselben Muster ab: «Ich habe keine Ahnung, wie das geht, deshalb mache ich das jetzt mal.» Ein wundervoller Satz, der Möglichkeiten eröffnet, wo eben noch eine Schranke im Kopf war. Er bringt uns vom Geht-Nicht übers Versuchen ins Tun.

Wenn ich bedenke, wie viele Erwachsene mich in Workshops mit dieser wilden Mischung aus Entschlossenheit und Resignation unbedingt davon überzeugen wollten, dass sie etwas nicht können und daher auch nie lernen müssen. «Das habe ich noch nie gekonnt!», klingt es dann gerne etwas schrill, als wäre das ein Totschlagargument dafür, sich auch weiterhin nicht entwickeln zu müssen. Fakt ist, wir haben alle alles noch nie gekonnt. Irgendwann mal. Bis wir es dann eben doch konnten. So buchstabiert sich Fortschritt. Und genau das ist doch das Schöne am Menschsein, oder? Dass wir uns ständig neu erfinden können. Du kannst etwas nicht? Super! Mach es trotzdem. Man nennt das Lernen.

Echte Entscheidungen zu treffen, bedeutet immer, Sicherheiten aufzugeben. Das klingt für manche vielleicht etwas nassforsch und bringt auch das Thema Typfrage schnell auf den Tisch – es hat ja nicht jeder denselben Charakter. Stimmt natürlich. Ich habe aber in der Arbeit mit all den unterschiedlichen Menschen die Erfahrung gemacht, dass es immer und für jeden eine gute Idee war, etwas zu wagen. Der Zurückhaltende wagt dann eben mit Zurückhaltung, der Introvertierte wagt introvertiert und der Waghalsige natürlich waghalsig. Aber trauen darf sich doch bitte jeder Mensch, ganz unabhängig vom Charakter, oder? Das haben wir als Kind jedenfalls ständig gemacht. Es ist einfach so, dass Zweifel selten zu einer Antwort führen, sondern meist zu noch mehr Zweifeln. Zweifel, Angst und Vorbehalte gehen einfach nicht auf und münden meist in Prokrastination, der berühmten Aufschieberitis.

Natürlich habe auch ich manchmal Zweifel. Wenn es so weit ist, hilft mir stets ein kleiner, weiser Satz: «Wenn du Zweifel hast, mache einfach den nächsten Schritt ein bisschen kleiner.» Beruhigt irgendwie. Und es beinhaltet eben Fortschritt statt Stillstand. Denn ob vorwärts rennen, stolpern oder schleichen, vorwärts ist vorwärts. Für die meisten von uns ist das positiv besetzt. Wir haben einen eingebauten Motor und lieben es voranzukommen. Daher sind es auch meist die Zweifler unter uns, die abends, wenn alles ruhig wird, der Wecker gestellt ist, der Tag vorbei und der Schlaf noch nicht ganz da, plötzlich am Kopfkino scheitern. Denn Zweifel sind die Quelle des schlechten Gewissens, und das wird besonders gerne vor dem Schlafen wach, wir hatten das schon: «Ich sollte einfach ... Ich hätte mal lieber ... Was denkt der jetzt von mir? ... Ich schreib einfach eine E-Mail ... Na saaag mal, ich muss doch keine Mail schreiben!» Mindfuck, nennt das Petra Bock im gleichnamigen Buch.

«Ich habe keine Ahnung, wie das geht, deshalb mache

ich das jetzt mal» kann da Ihr Easy-Way-out-Ticket sein. Nicht denken, machen. Vielleicht auch schlecht machen, vielleicht sogar scheitern. Macht nichts. In dem Fall lesen Sie einfach noch mal bei Satz 9 nach: «Das verzeihe ich mir am besten gleich mal selbst.» Gnade sich selbst und anderen gegenüber walten lassen ist immer eine gute Idee. Was soll auch groß passieren?

Daher, wenn das nächste große Zögern kommt, das Aber, das Kann-ich-Nicht, machen wir es einfach trotzdem und staunen über das Ergebnis. Zeigen wir ruhig ein bisschen mehr Freigeist und steigern wir doch ein lahmes «Ich kann's ja mal versuchen» besser in: «Ich habe keine Ahnung, wie das geht, deswegen mache ich das jetzt mal.» Wirkt Wunder.

WAS IHNEN DIESER SATZ SCHENKT?

SELBSTVERTRAUEN. MUT. EIN LÄCHELN.

46 ICH WILL DICH NICHT IN DEINEN SCHWÄCHEN UNTERSTÜTZEN

Susi ist in Tränen aufgelöst. Seit dem Wochenende weiß sie: Ihr Mann hat sich neu verliebt und will, so schnell es geht, die Scheidung, übermorgen schon der Auszug. Damit fliegt mit einem Paukenschlag ihr gesamtes Leben in die Luft. Alles haben sich Pit und sie zusammen aufgebaut: das Haus in Königstein, die Firma, Hund, zwei Katzen, Boot, die Wohnung auf Sylt. Kinder nicht, die wollte sie zwar, er aber nie. Umso schlimmer der Grund für die Blitztrennung: Seine neue Liebe ist schwanger, Zwillinge. Der absolute Tiefpunkt im Leben meiner Freundin. «Ich will nur noch weg», schluchzt Susi in den Hörer. «Mal ein Jahr raus. Aber ich war immer nur im Taunus. Wo soll ich denn jetzt hin?!» Ich kann sie kaum verstehen unter all den Tränen und fahre rechts ran. «New York», sage ich und schalte die Warnblinkanlage an. Sie hört augenblicklich auf zu weinen. «Bist du verrückt? Ich spreche kaum Englisch!» «Dann wird es Zeit», sage ich und habe den Anflug einer Ahnung einer Idee, dass das Abwegige hier vielleicht genau das Richtige ist. In zehn Tagen werde ich selbst in Manhattan sein, um Freunde zu besuchen, und wer weiß … «Kommt nicht infrage. Ich dachte, du sagst was Kluges», jammert Susi. «Ach komm, wenn du Helgoland hören wolltest, hättest du jemand anderen angerufen.» Auch wieder wahr, denkt sie sich wahrscheinlich, denn – was soll ich sagen? – vier Wochen später stehen wir uns tatsächlich am J.F.K. Airport gegenüber. Ich schon im Big-Apple-Hochtaktungstempo, mit einem Decaf-White-Mocca-Latte im Anschlag, und sie blass, furchtbar abgemagert, mit großen Augen und scheuem Blick. *If you can make it there you'll make it anywhere* steht wie in einem schlechten Film auf dem Schild über der Information, an der ich auf sie warte. Wird Susi es hier wohl schaffen? Sinatra wirkt irgendwie ganz schön weit weg gerade. «Augen auf und durch», sagt sie, das war immer schon unser Spruch, wenn der Weg mal steinig wirkte. Ich lege den Arm um ihre Schultern, und wir steuern die Yellow-Cab-Schlange an. Das war vor 18 Jahren. Sie ist immer noch in den USA und hat in Brooklyn eine Agentur für Expats aufgezogen, die Deutschen hilft, sich in ihren ersten New-York-Monaten zurechtzufinden. Ihr Anruf aus dem Taunus wirkt wie ein längst verblasstes Foto aus einem anderen Leben.

«Hättest du mich damals in meiner Schwäche unterstützt, würde ich jetzt immer noch frustriert in Königstein hocken», hat sie mal gesagt, als wir unten in Battery Park sitzen und auf den Hudson River schauen, in der Ferne funkelt Lady Liberty. Vermutlich stimmt das sogar. Manchmal dürfen wir uns bei Freunden so richtig schön unbeliebt machen mit einem Vorschlag, der unsensibel wirkt, auf lange Sicht aber heilsam ist. Freundinnen daran zu erinnern, wer sie sind, wenn sie es selbst vergessen haben, nicht sagen, was jemand hören *will*, sondern was er hören *muss*, um wieder in seine Kraft zu kommen – ein radikaler Liebesdienst, der ziemlich viel bewirken kann.

«Ich will dich nicht in deinen Schwächen unterstützen», ein Satz, der vielfältig einsetzbar ist – manchmal besser nur gedacht als laut ausgesprochen, oft geht auch beides.

In einer recht langen Phase meines Lebens war ich als lebende Infobox bekannt. Freimütig und unaufgefordert habe ich die Republik mit Tipps, Kontakten und Ideen versorgt – kann ich heute kaum noch nachvollziehen. Als irgendwann zum vierten Mal derselbe Mensch gefragt hat: «Hast du mal die Nummer von Ben?», war mir klar, hier kann etwas nicht stimmen. Wenn ich weiterhin anderen die Arbeit abnehme, werden sie natürlich auch weiter auf mich bauen – ist völlig menschlich. Anstatt etwas in ihr eigenes Telefonbuch zu schreiben, ist es praktischer, mal eben kurz in meins zu schielen. Natürlich kann sich so keiner von uns entwickeln. Also habe ich mich freigekämpft. Es war etwas mühsam, mein unbewusst aufgebautes Image wieder eigenhändig abzutragen. «Ich will dich nicht mehr in deinen Schwächen unterstützen» war dafür ein nützlicher Gedanke. Gesagt habe ich ihn dennoch selten. Er klang mir ein bisschen zu brachial, auch wenn er den Kern wunderbar trifft. Dafür kam die abgeschwächte Version erstaunlich gut an: «Das war eine ganz schlechte Idee von mir, für alle die Auskunft zu sein. Bitte organisiert eure Kontakte ab jetzt selbst. Ich stehe nicht mehr zur Verfügung.» Und siehe da, ich wurde nie wieder nach der Nummer von Ben gefragt. Positiver Nebeneffekt: Es ist die einzige Nummer, die ich bis heute auswendig weiß. Hello, Ben!

«Worte zeigen dir, wie jemand sein will. Taten zeigen dir, wie jemand wirklich ist.» Wie wahr dieser Ausspruch ist, hat neulich ein Klient aus Wien erlebt. Der Mann ist richtig schön am Schweben, als wir uns in einer sehr bunten Hotellobby auf quietschgelben Armsesseln gegenübersitzen – die Konferenzetage wird gerade renoviert. Er berichtet, dass er in seine neue Kollegin verliebt ist und wie sein Leben von einer Sekunde auf die nächste die Farbe geändert hat – la vie en rose. Bei unserem nächsten Treffen die Ernüchterung. Die grandiose Go-Getterin, die er im Büro immer für ihre professionellen Statements bewundert hat, ist zu Hause offenbar ein Messie. «Im Stiegenhaus türmten sich schon die wild dahin geworfenen Schuhe, und in der Wohnung lagen überall unbezahlte Rechnungen am Boden. Ein Waaahnsinn!» Er fährt sich fahrig durch die Haare. «Wie hast du reagiert?», will ich wissen. «Na, irgendwann bin ich hergegangen und habe einfach alles überwiesen.» «Ernsthaft?» «Ja, schon. Satt hat ich's halt!» Ist natürlich auch eine Möglichkeit. Die Frau fand sein Verhalten sogar gut, was weniger gut ist für ihn, denke ich mal. Denn was hört sie aus seiner Hauruckaktion vermutlich heraus? «Ja, wunderbar! Ich muss alles nur lang genug liegen lassen, dann findet sich wer, der das erledigt.» «Da hast du sie aber voll in ihrer Schwäche unterstützt», sage ich. «Ein Schaaaas», stöhnt kopfschüttelnd der Wiener, und das Leben ändert vermutlich gerade wieder ein bisschen seine Farbe ...

Nicht immer, wenn wir jemandem helfen, tun wir ihm damit auch einen Gefallen. Ich erinnere mich an einen Kommilitonen, der immer wieder alle möglichen Leute am Institut angepumpt hat und damit jahrelang durchkam, sogar, wenn er das Geld schuldig blieb. Er hat sich einfach durchschlawinert. Mehr war auch gar nicht möglich, denn eine Lernkurve kann es in diesem System nicht geben. Wer immer wieder erlebt, dass andere für ihn in die Bresche springen, sieht logischerweise keine Veranlassung, selbst Verantwortung zu übernehmen, oder anders formuliert: Wenn ich spüre, dass andere sich für mein Glück verantwortlich fühlen, werde ich wenig Interesse am eigenen Glück entwickeln. Daher an alle, die zum Rettersyndrom neigen: Halten Sie sich mit gut gemeinten Aktionen lieber zurück. Eine Frage kann hier mehr bringen. Etwa: «Worin unterstütze ich andere eigentlich durch mein Verhalten? In deren Stärken oder in den Schwächen?»

Verstehen Sie mich richtig, natürlich ist es schön, für jemanden ein Licht zu sein. Wir sollten nur aufpassen, dass wir nicht zur Kerze werden, das hat etwas stark Aufopferndes: Kerzen spenden Licht, indem sie sich selbst verzehren. Am Ende war es für alle hell, aber die Kerze ist tot, hat sich einfach aufgebraucht. Vielleicht kriegen Sie lieber raus, wo es Taschenlampen gibt ...? Manchen fällt das unglaublich schwer. Sie sind so von Mitgefühl und Empathie durchdrungen, dass sie nicht merken, wie sie sich durch genau diese Art zum Komplizen für das Unglück der anderen machen. Denn durch bedenkenlose Großzügigkeit können wir bewirken, dass jemand, der uns wichtig ist, genau da stecken bleibt, wo es ihm nicht guttut: in seiner Schwäche. Und so kommt er dann zustande, einer der wenigen bewusst negativ formulierten Sätze dieses Buches: «Ich will dich nicht in deinen Schwächen unterstützen.» Scheint mir wirklich besser so.

WAS IHNEN DIESER SATZ SCHENKT?

RUHE. RESPEKT. VERBUNDENHEIT.

47 DU HAST IMMER DIE WAHL

Was für ein Ausblick! Das großzügig geschnittene Eckbüro zeigt Zürich von seiner allerschönsten Seite: Postkartenblick aufs Großmünster, wie es aus der pittoresken Altstadtkulisse ragt, am Horizont in blassem Gelb die Alpen, und vor uns glänzt der Zürichsee. Drei Investmentbanker sind in dieser malerischen Kulisse kurz vorm Durchdrehen. Morgen wollen sie den wichtigsten Deal des Jahres abschließen. Monatelang haben alle darauf hingearbeitet, und zehn Meter vor dem Ziel liegen nun die Nerven blank – besonders beim erfahrensten Mann im Team, nennen wir ihn Chris. Bisher galt Chris selbst immer als sichere Bank, doch jetzt droht er zu kippen. Hektisch läuft er im Office auf und ab, blättert in Dokumenten, setzt sich hin, springt wieder auf – fahrige Gesten, die ins Leere führen. «Haben Sie mal zehn Minuten?», frage ich nach einiger Überwindung – wer rennt schon gern einem Tornado entgegen. Er sieht mich entgeistert an. «Haben Sie nicht verstanden, was hier läuft? DEADLINE!! Ich habe *keine* zehn Minuten! Mir fehlen *zehn Stunden*!» An einem schwachen Tag hätte ich jetzt ein Loch im Solarplexus. Heute nehme ich es sportlich. «Ich verstehe vollumfänglich. Daher noch mal die Frage: Haben Sie mal zehn Minuten? Nicht für *mich*, für *Sie. Für die Sache*!» Ich zeige mit dem Kopf zur Terrasse und gehe schon mal vor. In Momenten wie diesem bin ich heilfroh, eine Zeit lang regelmäßig Impro-Theater gespielt zu haben. Hilft tatsächlich, um in herausfordernden Situationen unbeeindruckt zu bleiben. Sie wissen schon, lieber nichts persönlich nehmen.

Mit ungläubigem Blick betritt er tatsächlich die Terrasse und atmet erst mal durch. «Wie ich das sehe, sind Sie gerade verrückt», sage ich und rede lieber mal schnell weiter. «Ich meine damit, dass Sie *neben sich* stehen. So verschwenden Sie nur Zeit. Wenn Sie Lust haben, mir zu vertrauen, machen wir jetzt eine Übung, die Sie wieder in die Mitte bringt. Sie haben ja heute noch was vor.» Noch sagt er nichts. «Kostet ein paar Minuten und bringt vermutlich zwei Stunden. Sind Sie dabei?» Da springt Chris über seinen Schatten: «Let's do it!» So atmen wir also gemeinsam mit Alpenblick in einer Technik, die die Gehirnhälften wieder ausbalanciert. Im Anschluss hat er die Aufgabe, hoch konzentriert Wolken zu beobachten. «Aber *ganz genau*», sage ich, «als hinge Ihr Leben davon ab.» Er scheint die Sache ernst zu nehmen, denn als drei Minuten später der Gong an meinem Smartphone ertönt, sieht er aus wie nach einer Wellnessbehandlung und ruht tatsächlich mehr in sich.

«Und was war das jetzt?», fragt er ungläubig und rückt sich die Brille zurecht. Ich erzähle etwas über den Unterschied zwischen der Zeit, die sichtbar per Sekundenzeiger vergeht, und der Zeit*qualität,* in der gefühlt alles stillsteht – im Jetzt. «Gehen Sie öfter mal an diesen Ort, wenn Sie sich gehetzt und ungeduldig fühlen. Es lohnt sich», sage ich, und Chris nickt. «Das Jetzt ist ohnehin die einzige Zeit, die existiert», kommt es ganz unverhofft philosophisch. Da bin ich aber platt. Wie wahr.

Wir haben immer die Wahl. Ob wir der Zeit hinterherrennen oder uns kurz rausziehen und daran erinnern, was wirklich zählt. Ob wir im Stau eine halbe Stunde hektisch aufs Lenkrad trommeln, im Radio mitsingen oder die Situation produktiv für etwas anderes nutzen – die Fahrt dauert in jedem Fall so lange, wie sie dauert. Ob wir uns ärgern oder abregen wollen, recht haben müssen oder loslassen können – wie wir auf etwas reagieren, liegt immer noch an uns. Es zwingt einen ja niemand, sich aufzuregen, wir vergessen das nur öfter mal. «Du hast immer die Wahl», für manche klingt das vielleicht verdächtig nach Kalenderspruch. «Und was ist mit den richtig harten Schicksalsschlägen?!»

Sagen wir, eine junge Frau verliert bei einem Unfall ein Bein. Ich kann nur ahnen, wie es sein muss, plötzlich mit dieser Gewissheit konfrontiert zu sein. Lebensverändernd in absolut jeder Hinsicht. Dennoch gibt es viele Wege, damit umzugehen. «Mein Leben hat keinen Sinn mehr, ich sammle die Schlaftabletten und verabschiede mich» ist eine Möglichkeit. «Wer will mich jetzt noch haben?», denkt vielleicht eine andere Frau und rutscht in die Depression. Eine Dritte spürt, wie beim Rehasport die allerersten leisen Glücksgefühle wiederkehren, bleibt dran und startet zwei Jahre später bei den Paralympics. Und wieder eine andere Frau, nennen wir sie Heather, engagiert sich seit ihrem Unfall für wohltätige Zwecke, trifft dadurch Paul McCartney, heiratet ihn, lässt sich sechs Jahre später scheiden und erhält zweiunddreißig Millionen Euro Abfindung. Will sagen, es ist so einiges möglich mit nur einem Bein. Und so zugespitzt das in dieser Kürze auch klingen mag: Es ist nicht das fehlende Bein, das die Richtung vorgibt, sondern der Kopf. Denn ganz sicher hat sich Heather Mills nach ihrem Motorradunfall im Krankenhaus auch nicht sofort gedacht: «Dann heirate ich halt Paul McCartney.»

«You always have the choice» war auch Nelson Mandelas Einstellung in seinen fast drei Jahrzehnten Einzelhaft, die sicher nicht wie eine Wahl gewirkt haben. Wer mit dem Urteil «lebenslänglich» eine Vier-Quadratmeter-Zelle betritt, muss diesen Gedanken erst mal hinkriegen, denn dass daraus am Ende «nur» siebenundzwanzig Jahre werden sollten, wusste er zu dem Zeitpunkt noch nicht. Mir fällt so einiges ein, was jemand unter diesen Extrem-Bedingungen hätte tun können: Nachts heimlich Bücher schreiben, hinter Gittern stets die Freiheit im Blick behalten, Vergebung aufbauen, Verbitterung loslassen, vorzeitig entlassen werden und vier Jahre später der erste schwarze Präsident Südafrikas zu werden – dazu reichte meine Fantasie dann aber nicht. Was für ein Weg.

«Wie will ich mich fühlen?», «Was will ich denken?», «Wie will ich mich verhalten?» Drei Fragen, die sich Mandela vermutlich oft gestellt hat, und jeder von uns, egal unter welchen Umständen, kann die eigene Antwort natürlich selbst bestimmen. Hier funkt uns keiner rein, versuchen zwar viele, müssen wir aber nicht zulassen. Wissen Sie noch? Sophie Scholl und die Blockflöte vor der Gefängnismauer? Die Gedanken sind frei ...

«Ich soll immer die Wahl haben, ernsthaft?», denkt sich

unser Kopf vielleicht und rückt bei diesem Satz mit einem ganzen Bataillon von Gegenargumenten an: Erziehung, Herkunft, Charakterschwäche, Glaubensmuster, Sozialisation – so vieles kann dagegensprechen. Eine Indizienbeweiskette, die die linke, logische Gehirnhälfte eifrig vorbringt, weil sie nicht fassen kann, dass es tatsächlich möglich sein soll, unser Leben jederzeit zu ändern. Trotz Trauma, schlimmer Diagnose, Krieg oder Schicksalsschlag. Ja, das geht. Es gibt so viele bewegende Geschichten von Menschen, die Mut machen und uns staunen lassen.

«Unterwegs in die nächste Dimension» von Clemens Kuby fällt mir hier ein. Das Buch beginnt in einer regennassen Nacht, in der er vom Dach fällt und querschnittsgelähmt im Krankenhaus erwacht. Wie er es dennoch schafft, im tiefsten Tal der Tränen den Gipfelsturm für möglich zu halten, eröffnet dann tatsächlich eine neue Dimension.

Du hast immer die Wahl. Auch Laura Malina Seiler würde das wohl unterschreiben. Voller Begeisterung ruft sie seit Jahren zu Vergebung, Selbstliebe und Wertschätzung auf und dreht diesen Kreisel mit Hingabe, Humor und Kraft von allen Seiten: Podcast, Meditation, Interviews, Zeremonien, in ihren Büchern und Onlinekursen. Wenn Sie dieses Buch lesen, sind sicher noch ein paar Ideen dazugekommen. Kein Wunder, dass sie so viele Menschen im Herzen erreicht. Wir haben viele Möglichkeiten, uns Inspiration zu holen.

Du hast immer die Wahl. Eine schöne Botschaft an uns selbst, falls wir das Wörtchen ODER kurzfristig mal vergessen haben: Wollen Sie recht haben *oder* glücklich sein?

Über das Problem nachdenken *oder* über die Lösung? Wollen Sie in der Zukunft leben *oder* das Jetzt erleben? Den Schweizer Banker hatte die letzte Frage im allergrößten Zeitdruck damals gerettet. Seitdem denke ich übrigens immer, wenn ich irgendwo eine Bergkette sehe, ganz automatisch: «Du hast immer die Wahl.»

WAS IHNEN DIESER SATZ SCHENKT?

BERUHIGUNG. FREIHEIT. PERSPEKTIVEN.

48 SIE HABEN RECHT

Ich bin von jeher fasziniert davon, dass sich Polizisten und Menschen vom Ordnungsamt nicht freuen können, wenn sich Falschparker aus dem Stand heraus zahlungswillig zeigen. Zumal das ziemlich naheliegend ist: Die Schilder sind gut sichtbar, die Regeln sind bekannt – irgendwie logisch, dass man auch Verantwortung übernehmen will, wenn man schon entscheidet, sie zu brechen. Aber genau an dieser Haltung verzweifeln Strafzettelaussteller geradezu. «Wir erleben das nicht oft», gesteht mir ein Polizist mal halb beleidigt, als ich partout nicht in sein Böser-Regelbrecher-guter-Cop-Spiel einsteigen will, stattdessen alles zugebe und mit gezücktem Portemonnaie vor ihm stehe. Das passt ihm nicht, er will mich belehren, nimmt auch ein paar Anläufe dazu, scheitert dann an meiner Einsicht und gibt schließlich auf.

Viele Beamte sind es dermaßen gewohnt, in Gespräche verwickelt zu werden, dass sie mit einem treuen Welpenblick vermutlich mehr anfangen können als mit klarer Einsicht. «Waaaas? Halteverbot?? Ohhh, aber ich wollte doch nur gaaaanz kurz zum Schneider! Wo hätte ich denn sonst parken sollen?!» Suchende Blicke mit großen Augen. So was in der Art. Not my cup of tea.

Ist es Polizisten wirklich lieber, dass jemand, der einen

Führerschein besitzt, die Regeln nicht kennt? Ist ihnen ein zerstreuter Autofahrer sympathischer als jemand, der weiß, was er tut? Soll halbherzige Diskussionsbereitschaft tatsächlich mehr wert sein als beherzte Konsequenz? Da ich mich in besonderem Maße für Selbstführung und Gestalterkraft begeistern kann, ist das für mich schwer nachvollziehbar. Ich kürze Belehrungsversuche daher gern mit einem simplen Satz ab: «Sie haben recht.» Ein effektiver Weg, um nahende Standpauken im Keim zu ersticken. Kleiner Satz mit großer Wirkung also wieder mal, der vielen erstaunlich schwer über die Lippen kommt, obwohl er herrlich einfach ist und obendrein noch viel bewegt.

Menschen mögen es ganz einfach, recht zu haben, das ist auch völlig menschlich. Wer denkt schon bewusst: «Hoffentlich liege ich gleich falsch.» Natürlich wollen wir recht haben, völlig unabhängig vom Charakter übrigens, denn so funktioniert das Gehirn nun mal. Es hat sich etwas dabei gedacht, wenn es aus all den vielen Puzzleteilen, die uns das Leben bietet, Argumente zusammensetzt und Meinungen für uns bildet. Ganz selbstverständlich will die logische Gehirnhälfte dann auch, dass diese Kausalitätsketten stimmen. Und auch das Ego sucht ständig nach Bestätigung. Wenn andere uns also recht geben, sorgt das schlagartig für Wohlbefinden und ist ein echter Hinhörer. «Du hast recht» steigert die Aufnahmebereitschaft für alles, was danach kommt.

Sie können diesen kleinen, zielführenden Satz auch als Notausgang in petto haben, um damit in einer zugespitzten Situation eine unverhoffte Kurve anzubieten, die vertrackte Gespräche in eine gesunde Richtung lenken kann. Ich habe diese Möglichkeit einmal rein zufällig entdeckt.

Ein wolkenverhangener Novembertag in München. Ich sitze in einer dieser klassischen Konferenz-Etagen: lange Flure mit Originalen von vielversprechenden Künstlern an den Wänden und viele Türen, die in Räume führen, die aus irgendeinem Grund meist Städtenamen tragen. Heute bin ich für ein Pitch-Training in Oslo. Gerade läute ich die Mittagspause ein – endlich. Mein engagierter Klient und ich haben viereinhalb Stunden durchgerockt. Es steht viel auf dem Spiel für ihn. Um befördert zu werden, darf er ein internationales Gremium von seinem Business Case überzeugen und will dabei natürlich glänzen. Beim ersten Anlauf vor einem Jahr ist er durchgefallen. Eine dritte Chance gibt es nicht, also kam ich ins Spiel. Wir sind eng getaktet und haben nur eine halbe Stunde Lunch vereinbart, was fast nicht machbar ist, wenn man die Fahrstuhl-, Lauf- und Wartezeiten abzieht. Zielstrebig gehe ich auf die Garderobe zu und werde von einem Senior Partner angehalten, der mich aus einem Sales-Workshop kennt. «Das ist ja ein Wink des Schicksals! Super, Frau Kuschik! Sie können direkt mitkommen. Wir haben gerade einen Dry Run mit einer Senior Managerin, die nächste Woche vor dem Panel präsentiert.» Er beugt sich vertraulich zu mir rüber und wird leiser. «Sie ist gaaanz schlecht. Unterirdisch!!! Das können wir ihr natürlich nicht sagen. Aber sie braucht dringend professionelle Tipps. Da können Sie jetzt kurz mal einspringen!» Ähm ... kurz?!? Sofort rät mir mein

Bauch, den Mantel anzuziehen und lieber zum Aufzug zu gehen, so was kann nur schiefgehen. Eine unsichere Frau unter Druck, die bestimmt längst ahnt, wie weit sie unter ihren Möglichkeiten segelt, die auch die Unzufriedenheit der Partner sicher spürt, aber eben nicht hört ... Diese Frau soll jetzt in einem Crashkurs ohne Zeit für vertrauensbildende Maßnahmen und irgendwelche Basics Feedback von einer fremden Frau annehmen, die kurz mal aus der Kiste springt und ein paar Zaubertricks verrät, die sie dann aus dem Stand zur Top-Performerin machen? Ähm ... Lassen Sie mich überlegen – nein! Höchst unwahrscheinlich, die Sache. Ich weiß nicht, was genau mich geritten hat, dennoch anzutreten. Vielleicht war mein Ego verliebt in die Möglichkeit, es doch zu schaffen, vielleicht konnte ich damals auch noch nicht gut Nein sagen. Auf jeden Fall habe ich gegen mein Gefühl zugesagt. Das konnte nur danebengehen.

Ich gebe also mein Bestes, kürze ab, wo es geht, bin zugewandt und wohlwollend, aber eben auch so glasklar und auf den Punkt, dass es schnell zu viel wird für die arme Senior Managerin, die ohnehin schon nah am Wasser war, als ich den Raum betrete. Das Ganze muss wie ein Überfall auf sie gewirkt haben, und dass ihre Vorgesetzten bei jedem meiner Sätze immer wieder begeistert «Ja, genau! Super gesagt! Sonst wird das nämlich nichts!» rufen, hilft auch nicht wirklich. Während ich noch fieberhaft nach einem Ausweg suche, kippt die Situation. Der Frau kommen die Tränen, und die Partner schlagen sich sekundenschnell auf ihre Seite. «Na, so krass können Sie das doch nicht sagen, Frau Kuschik!», echauffieren sie sich jetzt über dieselben

Tipps, die ihnen eben noch so gut gefallen hatten. «Sie machen Sandra ja völlig fertig!» Whaaat?!?

Ich bin sauer. Richtig sauer. Weil sie trotz allem natürlich recht haben. Und sauer auf mich, weil ich mich habe einspannen lassen für diese Farce. Weil ich meiner Intuition nicht vertraut habe. Weil Alles-geben-und-nichts-bewirken eine enttäuschende Kombination ist. Weil ich die Frau so gut verstehe und gern Zeit gehabt hätte für sie. Weil das Spiel ihrer Vorgesetzten so durchschaubar unehrlich ist und weil ich jetzt noch bis 19 Uhr Hunger haben werde.

«Sie haben recht», höre ich da plötzlich die Autopilotin in mir sprechen – eine schöne Idee, so auf den letzten Metern. Irritation im Raum. Es wird still. Ich also weiter: «Sie haben absolut recht. Ich hätte auf keinen Fall hier zusagen dürfen. Das war total unprofessionell von mir! Tut mir wirklich leid.» Interessanter U-Turn des ersten Partners: «Nein, nein, also Frau Kuschik! Jetzt machen Sie sich mal keine Vorwürfe!» «Doch, auf jeden Fall», sage ich, «Sie haben recht! Das war unmöglich von mir, so was auf die Schnelle reinzuquetschen. Das geht GAR nicht.» Die Frau hört auf zu weinen, die Männer zeigen Milde: «Ist doch völlig nachvollziehbar. Wir haben Sie aber auch wirklich überfallen», sagt der eine. «War doch auch viel Hilfreiches dabei, oder?», schaltet sich jetzt der zweite Partner ein, und die Senior Managerin nickt sogar. Ich schüttele den Kopf. Innerlich. Was für ein Zickzackkurs für alle. Zum Glück gerade noch mal Richtung letzter Ausweg abgebogen. Halleluja. Sachen gibt's …

«Sie haben recht», habe ich mittlerweile rausgefunden, funktioniert fast immer. Ein echter Earcatcher, wie schon die Falschparker-Story zeigt. Ein Satz, der augenblicklich Gemüter beruhigt und die Harmoniebereitschaft steigert. Ein effektiver Deeskalations-Beschleuniger in drei kurzen Worten. Ein wirksames Abkürzungs-Tool, vor allem, wenn Sie mal vergessen haben, andere oder sich selbst ernst zu nehmen. Seien Sie ruhig großzügig mit diesem Satz und liegen Sie nach Situationen auf der Lauer, in denen er tatsächlich stimmt.

Und falls wir uns mal irgendwann persönlich treffen sollten, berichten Sie gern, was Ihnen der Satz gebracht hat. Oder vielleicht sagen Sie auch einfach nur: «Sie haben recht.»

WAS IHNEN DIESER SATZ SCHENKT?

HARMONIE. SELBSTREFLEXION. KLARHEIT.

49 GUT, DANN NEHME ICH DICH BEIM WORT

Manchmal formuliere ich Hausaufgaben am Ende eines Workshop-Tages extra ziemlich generell und hoffe, dass es keiner merkt. Ich möchte lieber erleben, was dabei rauskommt, wenn alle *denken*, sie hätten es verstanden – die Lernkurve kann dadurch beim nächsten Treffen gleich viel höher sein. Denn eins ist ja klar: Verstehen allein bringt leider nichts. Wissen ohne persönliche Erfahrung bleibt bloße Theorie. Wenn wir Know-how jedoch auch *anwenden*, sieht das schon anders aus. Natürlich ist das allen klar, sonst könnte jeder Auto fahren, der mal ein Buch darüber gelesen hat. Aber besonders bei Business-Trainings und ganz besonders auf der Führungsebene hat das dann plötzlich jeder Zweite irgendwie vergessen. Was dazukommt: Die wenigsten erlauben sich auch, ihre Erkenntnisse aus dem Workshop zu feiern. Oft, weil sie zu sehr damit beschäftigt sind, vor der Gruppe gut dazustehen, als hätten sie die neuen Tools immer schon gekannt. Voller Freude ein «Wow, das hat ja richtig gut geklappt» rauszuschmettern, fällt vielen richtig schwer. Ein gedehntes «Na jaaa, ist jetzt auch nicht sooo neu. Das wusste ich alles schon» ist scheinbar leichter. Das Gute ist, es stellt sich schnell heraus, was wirklich stimmt. Ein Beispiel.

Ein Baumhausdorf, irgendwo in den Wäldern zwischen Genf und Lausanne, mitten in der Romandie unter schneebedeckten Tannen. Ein traumhafter Ort, um mal so richtig schön abzuschalten. «Off Site», konnte ich meinem Auftraggeber überzeugend vermitteln, lernen Menschen einfach besser als im firmeneigenen Konferenzraum, in den sich immer wieder eine Assistentin schleicht, um sich eine Unterschrift zu holen. Die Bereitschaft, sich auf neue Inhalte einzulassen, ist in neuer Umgebung einfach deutlich höher. So haben wir also zwei Tage mitten im Wald gewonnen, und jeder kraxelt nachts mit dem Handy als Taschenlampe seine Strickleiter empor. Ein Hauch von Abenteuer mit hohem Öko-Faktor und Glam-Camp-Stimmung. In diesem ungewöhnlichen Ambiente findet unser Workshop kurz vor Weihnachten statt. Zwei Frauen, vier Männer, alle Führungskräfte, die in ihrer Firma als High Potential gelten, Menschen also, in die man gerne investiert, weil sie vielversprechend wirken und denen dennoch das gewisse Etwas fehlt. *Souverän Führen* heißt das Programm. Gerade besprechen wir die Hausaufgabe vom letzten Mal. *Bewusst delegieren* hieß es vor drei Wochen, da waren wir schon einmal hier. «Ist ja einfach», fanden alle, und ich konnte mich gerade noch bremsen, es ausführlich zu erklären.

Jetzt wird schnell klar: Trotz Blockhüttencharme und Kamingeknister – die Stimmung könnte besser sein, denn eine echte Erfolgsgeschichte hat nur Suzanne vorzuweisen. Die anderen beschweren sich, dass ihre Mitarbeiter nicht zuhören, das Gegenteil von dem machen, was sie sollen, und dass Delegieren ganz allgemein eine mühsame Angelegenheit sei. Sie fordern Tools und funktionierende Tipps, die ich aber nicht liefere, denn «Three Steps to success» ans White Board zu schreiben, wäre mir zu billig. Viel effektiver ist es, wenn sie die Schritte durch den Erfolg ihrer Kollegin selbst herausfinden. Bleibt einfach besser hängen.

Spannend für mich: Auch nach dreiundzwanzig Jahren Leadership-Training bleibt es, wie es war – die Menschen fragen zu wenig und sprechen viel zu viel. Beispiel Jour fixe. Hier sagen die meisten Führungskräfte durchaus, wie sie etwas haben wollen, manche sogar klipp und klar, doch dann kommt die falsche Anschlussfrage mit: «Ist dann alles klar?» Wenn das Team nickt, gehen alle auseinander, und der unvermeidliche Irrlauf beginnt. Denn wozu nicken wir auf eine Alles-klar-Frage? Auf das, was wir verstanden haben. Und das ist oft bereits etwas anderes, als der Sender in Auftrag gegeben hat. Dazu kommt, «klar» ist wie vieles im Leben ein völlig interpretierbarer Begriff und da-

mit äußerst subjektiv.

Was Suzanne als Einzige anders und auch noch richtig gut gemacht hat, war ihr Closing nach der Auftragsvergabe. «So, jetzt noch mal für alle», meinte sie. «Wer von euch übernimmt jetzt genau was? Pierre, fang mal bitte an!» «Quelle bonne idée!», rufe ich durchs Baumhaus, und da verlässt mich mein Französisch auch schon wieder. «That's the way, Suzanne!» Vorbildlich, dieses Closing, und eigentlich ganz einfach, denn wenn wir jeden selbst sagen lassen, was er oder sie als Auftrag verstanden hat, zeigen sich genau hier mit hoher Sicherheit bereits die ersten Missverständnisse.

Andere in eigenen Worten wiederholen zu lassen, was sie verstanden haben, erhöht die Chance, dass ankommt, was gesendet wurde, ganz enorm – gilt in der Teamführung genauso wie bei der Kindererziehung. Erst wenn diejenigen, die eine Aufgabe übernommen haben, selbst formulieren, was sie verstanden haben, wissen wir, ob unser Auftrag überhaupt angekommen ist. Und erst danach macht die Überschrift dieses Kapitels richtig Sinn: «Gut, dann nehme ich dich beim Wort.»

Sie merken es vielleicht, mit diesem Statement wird es für den anderen gleich ziemlich eng. Jetzt liegt plötzlich Verbindlichkeit in der Luft, eine völlig andere Energie, als nur mal eben vor uns hinzunicken. «Dann nehme ich dich jetzt beim Wort» macht hörbar, dass uns jemand sein Versprechen gab und sich verpflichtet hat. Allseits hörbar im Raum. Ein völlig anderes Führungsniveau.

«Geht mir das auf die Nerven», stöhnt plötzlich einer der vier Männer in der Gruppe mitten in die erhellende Stimmung hinein. «Alles muss man vorkauen. Ich arbeite ohnehin schon zwölf Stunden am Tag, und jetzt soll ich noch ganz genau aufpassen, wie ich was wann formuliere. Ich habe wirklich keine Lust, immer alles zu liefern. Die Leute müssen auch mal mitdenken.»

Kann ich menschlich sehr gut nachvollziehen. In einer idealen Welt will auch ich auf dieser paradiesischen Insel leben, auf der sich alle an dieselben Werte halten. Aber was soll ich sagen? Schöne Grüße aus Wolkenkuckucksheim, denn die Welt ist nun mal anders. *Menschen* sind anders. Und daher dürfen wir dazulernen, tolerant werden, empathisch sein, geduldig oder was auch immer wir zu lernen haben, um mit unseren Mitmenschen noch besser klarzukommen. Und mit uns selbst im Endeffekt ja auch.

Weil sich der genervte Teilnehmer, nennen wir ihn Philipp, beim Raclette-Essen am Vorabend als großer Fußballfan gezeigt hat, sage ich: «Ziele erreichen ist doch wie Fußball spielen, Philipp. Du rennst nie dahin, wo der Ball ist, sondern dahin, wo er sein wird, oder? Gilt auf dem Platz wie auch im Leben.» Philipp wiegt bedächtig seinen Kopf. Zustimmung sieht anders aus.

Führen – eines der wichtigsten Themen in der Businesswelt und daher auch oft angefragt. Ich finde ja «Selbstführung» erheblich wichtiger. Denn wenn wir die eigenen Gedanken nicht steuern können, nicht wissen, wie wir unsere Gefühle und unser Verhalten ändern können – wie sollen wir dann andere gut führen können? Aus meiner Sicht ist Selbstführung die beste Voraussetzung für gekonntes Leadership.

Zur großen Erleichterung vieler bedeutet Führung nicht *noch mehr machen*, sondern *andere machen lassen*. Es geht also gar nicht darum, permanent Häppchen zu servieren. Die ganze Arbeit schon mal selbst zu machen, das Team nur passiv zuhören zu lassen, am Ende alle bitte nicken. So führen wir weder gut, noch können andere von uns lernen. Souveräne Führung gelingt in vier Schritten: Fragen stellen, delegieren, Commitment einholen und dann – wichtig – loslassen. So können alle als Persönlichkeit wachsen und voneinander lernen, auch die Führungskraft.

«Bevor wir sprechen, sind wir Herr über unsere Worte. Wenn wir gesprochen haben, sind die Worte Herr über uns», sagt ein thailändisches Sprichwort. Das passt hier doch ganz gut. Es ist so viel mehr wert, wenn wir andere ihren Text selbst sagen lassen. Nur so können wir sie später auch beim Wort nehmen. Erst dann ist ihr Wort etwas wert.

«Gut, dann nehme ich dich beim Wort», für diejenige, die den Satz sagt, kommt sofort Beruhigung ins Spiel. Für denjenigen, der ihn hört, wird es plötzlich ernst. Ein kleiner Satz, mit dem Führung und Selbstführung ganz selbstverständlich gut gelingen können.

WAS IHNEN DIESER SATZ SCHENKT?

VERBINDLICHKEIT. KLARHEIT. STÄRKE.

50 DANN NEHME ICH ES LIEBER LEICHT

Ich liebe Thailand. Die Landschaft, das Essen, die Massagen, die Mentalität und auch die Hitze. Aber bei knapp 80 Prozent Luftfeuchtigkeit ächzen heute selbst die Thais und funktionieren alles zum Fächer um, was halbwegs dazu taugt. Träge überlege ich, ob man es *Abkühlung* nennen kann, in ein 32 Grad warmes Meer zu steigen, und sehne mich nach einem richtig schönen deutschen Platzregen. Wo ist der Klimawandel, wenn man ihn braucht?

Gerade tritt eine Thaifamilie, die zu einer Hochzeitsgesellschaft gehört, in schönster Tracht auf die Terrasse. Während sie noch überlegen, wo sie sitzen wollen, haut ein Urlauber mit krebsrotem Rücken, den er trotzdem in die Sonne hält, die Flasche mit der Sojasauce auf den Tisch. Irgendetwas scheint zu klemmen. In hohem Bogen fliegt plötzlich der Deckel ab, und ein Schwall schwarzer Sauce landet auf dem blütenweißen Sarong der schönen Thailänderin, die genau danebensteht. «Meine Güüüdeeee!», hallt es auf Sächsisch über die Terrasse. «Vohrflixt!» Der Mann macht sich auf, um die Sauce mit einer Serviette auf dem Rock der Thailänderin zu verteilen, aber sie lächelt nach der ersten Schrecksekunde, rückt die Frangipani-Blüte hinterm Ohr zurecht und sagt nur: «Mai pen rai!» – Macht nichts.

So ist das in Thailand. Egal, ob Sie ein Glas umwerfen, mit einem Tuk Tuk zusammenprallen oder Sojasauce über die Schwester der Braut kippen: «Mai pen rai» heißt landesweit das Mantra. Es ist nicht pure Höflichkeit, sondern eine echte Lebensformel, die ausdrückt: Egal, ob es etwas macht oder nicht, wir machen mal keinen Aufstand deshalb und entscheiden einfach, dass es uns nichts macht. «Mai pen rai, khaaaa!» In meine Welt übersetzt, bedeutet dieser Satz: «Dann nehme ich es lieber leicht.»

Täglich kann man im Land des Lächelns erleben, dass es tatsächlich funktioniert, selbst zu bestimmen, ob und wann man sich wie fühlen will. Wir können uns aufregen oder es egal sein lassen. Es leicht oder schwer nehmen. Sie wissen schon: «Du hast immer die Wahl.» Doch wo Satz 47 noch von uns verlangt, zwischen Alternativen abzuwägen, *welche Wahl* wir denn nun treffen wollen, brauchen Sie über «Dann nehme ich es lieber leicht» für den Rest Ihres Lebens nur ein Mal nachzudenken – jetzt. Der Satz drückt eine *grundsätzliche* Einstellung aus und damit eine Lebenshaltung, die da heißt: Ich will es *generell* lieber leichtnehmen. Viele treffen diese Vereinbarung mit sich selbst bloß nie. So ist es kein Wunder, wenn wir jedes Mal unruhig werden, wenn der Plan, den wir für unser Leben hatten, gerade mal nicht aufgeht.

Auf ein Wort reduziert, bedeutet «Dann nehme ich es lieber leicht»: *Gleichmut*. Im Buddhismus einer der vier *erhabenen Geisteszustände*. Güte, wohlwollende Freude und Mitgefühl sind die anderen drei. Die Frage ist immer: Welcher Energie will ich gerade Raum geben? Angst, Aufregung, Gleichmut, Freude? Wir dürfen selbst entscheiden.

«Das ist totaaal schwer! Ich komme nicht dazwischen, mein Kopf spinnt von selbst!», meint Marcus neulich im Telefon-Coaching. «*Alles* wirkt schwer, bevor du es kannst», sage ich und fühle mich ziemlich buddhamäßig – hätte ehrlicherweise aber auch von meiner Mutter stammen können. Denn das Mantra meiner Kindheit hieß: «Wenn du etwas nie übst, ist es logisch, dass du es nicht kannst. Lern es halt.» Wo sie recht hat …

Ich erinnere mich, dass ich einmal mit meiner Mutter sieben lange Stunden auf einer aufgeklappten Boulevardzeitung vor dem Eiffelturm gesessen habe. Zwei Mal schon hatten wir die Fahrt nach oben verpasst. Nach endlosem Schlangestehen hieß es beim ersten Mal «Aufzug kaputt», beim zweiten Mal dann «Nous fermons» – wir schließen. Siegessicher starten wir den dritten Anlauf diesmal bereits am Vormittag und wundern uns über die kleine Völkerwan-

derung, in die wir plötzlich reingeraten. Wo die wohl alle hinwollen? Zum Eiffelturm, wie sich herausstellt. Heute ist Nationalfeiertag. Louis de Funès hätte jetzt einen Herzinfarkt bekommen.

Seit Stunden haben Pyrotechniker den Turm besetzt und Raketenladungen an den Eisenträgern installiert. «Génial faijawöörkee!», wirbt eine Familie mit Picknickkorb, als wir unschlüssig nach oben schauen. Am Ende braten wir tatsächlich den gesamten Sonntag in der Sonne, unterhalten uns, machen Spiele, beobachten Leute und lachen viel. Ob Gleichmut wohl vererbbar ist? Am Abend dann Gänsehauteffekt, als plötzlich Tausende aufspringen und mit der Hand auf dem Herz die Marseillaise mitsingen. Und «génial» war für das anschließende Spektakel weit untertrieben, denn wir wurden mit dem schönsten Feuerwerk unseres Lebens belohnt. Merci.

Erlebnisse als Alltagstest zu sehen, macht generell vieles leichter, finde ich. Das Leben wird nun mal vorwärts gelebt und rückwärts verstanden. Wir wissen nie, was kommt. Daher einfach mal die nächste Welle nehmen, wenn es unsere Zeit erlaubt – das kann befreiend sein. Zulassen, sein lassen, loslassen ist ja meistens eine gute Idee. Denn Leichtigkeit hat nichts mit der Anzahl unserer Probleme zu tun. Leichtigkeit ist eine Frage der Entscheidung.

Es ist etwas passiert, das Ihnen nicht gefällt, das Sie verletzt oder zurückgeworfen hat? Das unfair oder fies war? Sie können es bewerten, jammern oder sich aufregen. Sie können auch einfach gar nicht reagieren, weil die Antwort bereits klar ist: Egal, was passiert, Sie nehmen es mal lieber leicht.

«Wenn es deine innere Ruhe kostet, war der Preis zu hoch», habe ich mal gelesen, auch ein Gedanke, der uns erden kann. Er bringt uns sogar schnurstracks zurück zum ersten Kapitel. Wissen Sie noch? «Wer mich ärgert, bestimme immer noch ich», die deutsche Antwort aufs thailändische «Mai pen rai».

Lassen wir einfach nicht zu, dass uns kleine Dinge das große Glück verderben. Daher, wenn einmal Sojasauce auf ihrer weißen Kleidung landet, einfach innehalten, ausatmen, einatmen und sich erinnern – an diesen speziellen Moment *jetzt*. Vielleicht echauffiert sich jemand neben Ihnen: «Regt dich das gar nicht auf? Was ist, wenn der Fleck nicht wieder rausgeht?» Dann können Sie sich entspannen, den Moment in Relation zu Ihrer gesamten Lebenszeit setzen und einfach sagen: «Och, dann nehme ich es lieber leicht.»

WAS IHNEN DIESER SATZ SCHENKT?

ENTSPANNUNG. SELBSTBESTIMMUNG.
UND GANZ VIEL LEICHTIGKEIT.

APPELL

Das waren sie, meine 50 Sätze, die das Leben leichter machen. Wie schön, dass Sie sich auf diese Reise begeben haben. Nun ist sie vorbei, und wir sind ganz schön rumgekommen. War denn ein Satz dabei für Sie? Oder drei oder dreißig? Es kann erhellend sein, mal genauer hinzusehen: Was sind meine Lieblingssätze? Weisen vielleicht alle in dieselbe Richtung? Wertschätzung, Klarheit, Abgrenzung, Selbstführung – das sind die vier Himmelsrichtungen, die Sie die ganze Zeit umgeben haben.

Wenn Sie jetzt denken: «Bingo! Da steht mein Name drauf, den Satz merk ich mir fürs Leben!», will ich kurz zur Spielverderberin werden, denn die Wahrscheinlichkeit ist groß, dass Ihnen das ohne einen bewussten nächsten Schritt nicht automatisch gelingt. Ich spreche von der Umsetzung – diesem weiten Feld zwischen Wissen und Können. Denn *Wissen ist Macht* stimmt ja nur, wenn wir es auch anwenden – sonst bleibt es bloße Theorie. Mein Appell heißt daher: Probieren Sie die Sätze aus, erleben Sie die Wirkung, wundern Sie sich über neue Reaktionen, und erschaffen Sie sich damit bessere Möglichkeiten. So kann das Buch eine wahre Schatztruhe sein.

«Use it or lose it», hat Thimon von Berlepsch in seinem Vorwort geschrieben, und genau so ist es: Wenn wir etwas nicht anwenden, vergessen wir es schnell – erst recht, wenn es um Persönlichkeitsentwicklung geht. Denn bei diesem Thema fahren unser Gehirn, das Ego und alte Gewohnheiten ganz schön was auf, um den neuen Input nicht einfach ohne Codewort ins System zu lassen – egal, wie groß die Aufbruchsstimmung ist. Es wohnen durchaus ungläubige Gegenstimmen in uns, die skeptisch den Mund verziehen, wenn etwas leicht zu ändern sein soll.

Zwei kleine Wörter können hier ganz nützlich sein. Unterschiedlich betont ergeben sie eine simple Erfolgsformel: «Einfach *machen*» – also «Setz es um!» und «*Einfach* machen» – wie «Nimm es leicht!».

Für Letzteres habe ich mich in diesem Buch zuständig gefühlt. Auf dieses Konto habe ich mit meinen 50 Sätzen immer wieder eingezahlt. Einfache Formulierungen mit Tiefgang, das war mein Ziel, damit Sie ohne komplizierte Tools schnell Erfolge erleben. Wenn es nun im nächsten Schritt um «einfach *machen*» geht, sind Sie dran. Denn ob Sie sich ein persönliches Best-of zusammenstellen, das Sie auch wirklich nutzen, liegt allein bei Ihnen.

«The value of an idea lies in the use of it», hat meine Nichte Marie mal gesagt. Eine quirlige Wassermann-Frau mit tausend Ideen, die sich schon mal gegenseitig überholen. Verständlich, dass ihr dieser Gedanke gut gefällt. Mir auch, denn die meistgestellte Frage im Coaching heißt tatsächlich: «Und wie setze ich das jetzt um?!» Vom Wollen ins Tun zu kommen, scheint für viele ein riesengroßer Schritt zu sein.

Dabei wissen wir doch, wie leicht es wirklich ist, vom Fünfmeterturm zu springen: einen Schritt nach vorne halt – wir hatten das schon. Die Frage ist daher nicht, wie funktioniert Springen? Sondern: Wie kann ich mich daran erinnern, dass ich springen wollte? Und dafür sind drei Schritte hilfreich.

Erstens: Entscheidung treffen

Sie finden einen Gedanken attraktiv, ein Ziel erstrebenswert? Es gibt zwei Möglichkeiten, wie Sie es dennoch nicht erreichen: Die einen stellen sich den Weg dorthin zu mühsam vor, wollen lieber gleich ankommen und starten daher gar nicht erst. Die anderen sehen es zu locker und überschätzen sich dabei: «Och, das muss ich nicht extra entscheiden. Das erinnere ich auch sooo!» Mal eben kurz etwas verstehen und dann für immer anwenden? Hmm ... Ausnahmefall. Bewusst eine Entscheidung zu treffen, ist deutlich vielversprechender. Daher: Entscheiden Sie lieber, welche Sätze Sie nutzen
möchten, und bestimmen Sie eine Erinnerungsstütze: ein Post-it, eine Kalendernotiz, Ihr Lieblingssatz auf einer Karte, die in einem Holzständer steht? Dafür habe ich extra ein Kartenset gestaltet. Auch ein Reminder-Armband kann ideal sein. Sehen Sie mal auf meiner Webseite nach.

Zweitens: Vertrag abschließen

Ernsthaft?! Wer sich gerade zu einer Entscheidung durchgerungen hat, möchte bei dieser Überschrift bestimmt gleich wieder aussteigen. Man kann's auch übertreiben ... Ich will trotzdem dafür werben, denn wir wissen doch, wie es ist: Wer keine Vereinbarung mit sich selbst trifft, ruft schon mal siegessicher an Silvester «Bis Februar nehme ich fünf Kilo ab!» in die Runde und landet dann am dritten Januar mit einer Doppelportion Tiramisu auf der Couch. Alles schon passiert.

Wir sind meist schnell dabei mit einer Unterschrift, lesen oft nicht mal das Kleingedruckte, aber wenn es um das eigene Wachstum geht, wollen wir lieber nichts unterschreiben. Das wirkt zu groß und viel zu offiziell. Dennoch, nach dreiundzwanzig Jahren Coaching ist es für mich erprobte Praxis: Wer sich selbst feierlich etwas verspricht, es aufschreibt, sogar unterschreibt und gleich noch seinen *Einsatz* festlegt, kommt am schnellsten weiter. Wer schreibt, der bleibt, ist hier tatsächlich wahr.

Wie könnte so ein Versprechen, ein Vertrag, eine Vereinbarung denn klingen? «Wenn das nächste Mal mein Puls hochfährt, weil ich etwas persönlich nehme, erinnere ich mich an mein Versprechen und sage entweder zu mir selbst oder laut zu anderen: *Das nehme ich mal lieber nicht persönlich*. Dann rede ich einfach weiter und bleibe souverän.» Und zum Einsatz vielleicht: «Wenn ich später merke, dass ich diesen Satz doch vergessen habe, spende ich noch am selben Abend 50 Euro an den Verband der Wortbrüchigen oder sehe meine Lieblingsserie zwei Tage später.» Was auch immer Ihr Einsatz ist: Er sollte hoch genug sein, um wehzutun, und klein genug, damit Sie ihn verkraften können. Denn wer einen gescheiten Einsatz bringt, bleibt lange im Spiel. Und weil ich schon die Entrüstung hören kann: Nein, das soll *keine* Strafe sein – im Gegenteil. Ihr Einsatz zeigt, wie ernst Sie sich selbst nehmen, und damit ist er keine Bestrafung, sondern beschreibt Ihren Wert.

Drittens: Üben

Wissen wird zu Können, wenn wir vergessen haben, wieso es funktioniert. Daher geht es im letzten Schritt darum, eine neue Gewohnheit zu *etablieren*. Am leichtesten gelingt Ihnen das, wenn Sie in Friedenszeiten üben – alte Apachen-Weisheit. Statt Pfeil und Bogen zum ersten Mal in die Hand zu nehmen, wenn sich am Horizont der feindliche Stamm formiert, übt das schlaue Apachen-Kind natürlich lange vorher spielerisch, wenn es noch um gar nichts geht. Gilt in unserem Fall genauso. Denn wir wissen ja, wie es sein kann, im Job und auch im Alltag: Auf einmal stecken Sie in einer Situation, mit der Sie nie gerechnet hätten, und dürfen blitzschnell reagieren. Daher, lieber bereits in Friedenszeiten üben, statt auf den nächsten Überraschungsangriff zu warten, in dem es plötzlich kriegsentscheidend ist, schlagfertig kontern zu können.

Wenn Ihre Haltung im entscheidenden Moment sitzen soll, dürfen Sie vorher in etlichen banalen Situationen üben: An der Käsetheke, auf einer Party, an der Kasse, im Sportstudio, am Telefon mit Freunden. Um «Ich fühle mich hier gar nicht zuständig» zu sagen, muss Sie niemand angreifen, das geht auch gut mal zwischendurch. «Dann nehme ich mal das hier» passt im Restaurant ganz wunderbar. «Wer mich ärgert, bestimme immer noch ich» können Sie beim Händewaschen mal kurz entscheiden. «Ich habe mich umentschieden», «Ich weiß es nicht», «Ich glaube, das ist dein Thema» – die allermeisten Sätze können Sie genauso gut in Friedenszeiten üben.

Und falls es am Anfang etwas ruckelt, Sie ganz euphorisch starten und erst mal eine Bauchlandung hinlegen? Dann verzeihen Sie sich am besten gleich mal selbst und machen es wie bisher auch im Leben: aufstehen, Krone zurechtrücken, weitergehen. Oder Sie singen die thailändische Nationalhymne: Mai pen rai – macht nichts. So oder so macht hier die alte Weisheit Sinn: «Wer stolpert, achtet wieder besser auf den Weg.»

Vermutlich klappt aber alles ganz schnell sehr gut, die Sätze sind immerhin sturmerprobt und haben für Tausende in den unterschiedlichsten Situationen bereits zuverlässig gute Dienste geleistet. Wenn Sie daher Anlaufschwierigkeiten haben, liegt es vermutlich eher am Tonfall. Denn wenn der zu ernst ist, zu bestimmend oder irgendwie ganz wichtig klingt, wirken Sie schnell aufgeregt. Das Gegenteil ist unser Ziel. Lassen Sie Ihre Sätze daher lieber selbstverständlich klingen, ganz leicht und nebensächlich. Wissen Sie noch? «Ich nehm dann mal 'ne Apfelschorle», ungefähr so darf es sich anhören, wenn Sie «Ich verstehe dich absolut, und ich möchte gern was anderes» sagen. Souveränität klingt immer ruhig.

Vielleicht erleben manche von Ihnen auch dieses wundersame Phänomen, das bei perfekter Vorbereitung eintreten kann. Siegessicher haben Sie dann Ihre Sätze parat, fehlt nur noch die passende Situation, in der Sie sich nun endlich mal so richtig cool behaupten können – und dann kommt sie nicht. Gar nicht. Wochenlang nicht. Vielleicht auch nie. In dem Fall: Herzlichen Glückwunsch! Sie haben Grund zur Freude. Denn wenn ein Gedanke sofort tief in Ihr System sackt, kann das tatsächlich aus dem Stand Ihre Haltung ändern. Und wenn Sie eine neue Haltung haben, brauchen Sie den Satz natürlich nicht mehr und damit auch keine Situation, in der Sie ihn üben müssten. Es ist schon irre: Sobald wir eine Antwort haben, ändert das Leben die Frage ...

Und jetzt? Jetzt bin ich gespannt, was Sie mit all den Sätzen anfangen wollen. Ob meine Geschichten Sie inspirieren konnten, zu Einsichten oder Aussichten, und wie groß Ihre Lust ist, etwas davon mit ins Leben zu nehmen. Denn das freut mich natürlich immer am meisten: viele schöne Magic Moments, die Ihr Leben leichter machen. Lassen Sie sich überraschen, von der Wirkung Ihrer Lieblingssätze, die mir so sehr ans Herz gewachsen sind. Ich schicke sie nun in die weite Welt hinaus und fühle mich wie das Banksy-Mädchen mit dem roten Herzballon. Als ob ich bei mir oben aufs Berliner Dach steige, an diesem strahlenden Sonntag, mit 50 kupferfarbenen Luftballons in der Hand. Gleich lasse ich los, die Hand noch in den Himmel gestreckt, und sehe voll Erstaunen, wie sie fliegen.

WAS IHNEN DIESES BUCH SCHENKT?

FREIHEIT. SELBSTFÜHRUNG. SOUVERÄNITÄT.

DANKSAGUNG

Laura Malina Seiler – Du Großzügige und Wunderbare! Hast mal eben eine E-Mail ins Universum geworfen, zwei Menschen erreicht und dadurch jetzt ganz viele. Danke, liebe Laura, für deine freigiebige Initialzündung. Einzigartig!

Ricarda Saul – Gibt es jemanden im Verlagswesen, der wertschätzender, klüger und wohlwollender ist als du? Danke für deine Begeisterung und dein promptes Vertrauen in mich. Ich möchte ein Adjektiv nach dir benennen. Jetzt sofort.

Thimon von Berlepsch – Danke für deine Empfehlung, mein Lieber, wodurch ja überhaupt erst alles ins Rollen kam. Danke für unsere verrückte Verbindung über all die Jahre und dein bedingungsloses Teilen. Priceless!

Hermann Scherer – Du lebender Superlativ. Wer weiß, wo ich gelandet wäre, wenn du nicht nach jedem fünften Satz geschrien hättest: «Das ist ein Buch!» Aus der Ferne nah und dankbar bin ich dir.

Sonja Ziemer – Immer werde ich erinnern, wie du strahlend vor meiner Wand kniest und staunst. Du warst es, die das Buch ausgewählt hat! Tausend Dank, liebe Sonne, du strahlende, siegessichere Goldgräberin! Schatzi und Patzi forever.

Sarah Gräfensteiner – Was haben wir schon alles erlebt, meine Liebe. Und als die Welt auf Pause stand, warst du wieder da, als wärest du nie weg gewesen, und wusstest sofort Bescheid. Danke für dein immer verständiges Sarah-Sein. Family Feeling.
Mama – Seit Jahrzehnten drückst du mir die Daumen, glaubst an mich und kannst dich immer für mich freuen. Danke, Mama! Ohne dich wäre ich nicht hier, du lebensfrohes, junges Räbchen.
Alex – Danke für deine Begeisterung und Freude, wenn ich selbst noch ganz still war. Danke für dein Strahlen und deinen unerschütterlichen Optimismus, der dich und die Welt so wunderbar trägt und mich immer staunend berührt.
Annelie – Du Wildentschlossene! Marschierst einfach mal so in den Sender rein. Und dann dieser Abend, an dem du plötzlich unverhofft aufstehst und gehst: «Sooo, dann kannst du jetzt mal direkt anfangen!» Voller Einsatz eben. So bist nur du!
Ben – Was warst du dir sicher. Von Anfang an. Du hast mir alles zugetraut, immer wieder, und du hast recht behalten. Thank you dearly, my friend, from the girl ... Well, you know what kinda eyes she got.
Egor – Danke für deine bedingungslose Großzügigkeit in der Endphase. Wie schön auch unser verrückter Humor, der immer so verlässlich Leichtigkeit ins größte Chaos bringt.
Florian – Du treuer Walk-and-Talker, mein ironischer Stichwortgeber. Gleich drei deiner wortwitzigen Metaphern haben sich hier versteckt. Hast du sie gefunden?
Jens – Was für ein Geschenk, dass du damals meine kreative Sehnsucht aus dem Stand ernst genommen hast und

einfach so eingesprungen bist. Wahnsinn. Ewig dankbar bin ich dir.

Kai – Wie oft habe ich unser tolles Mantra beim Schreiben gehört, du Künstler! Danke, dass du diesen Weg mit mir gegangen bist, vom Rollschuhsturz bis heute. Wahnsinn.

Katrin – 18 000 Schritte mehr pro Woche! Vielen Dank für dein immer geduldiges Ohr beim Imperiumsgeruckel und fürs Anreichen der Bananen entlang dieser Marathonstrecke.

Marco – Danke, dass du immer so gewissenhaft und präsent alles mitgetragen hast, du Treuer. Jeder sollte einen Marco haben! Das T-Shirt werde ich dann irgendwann noch drucken.

Mimmy – Als du die Insel verlassen hast, habe ich losgelegt. Wo sollte sie hin, all die geballte Energie, all die Liebe? Danke für alles, das ich durch dich gelernt habe, mein Lieber. Ich bin jetzt reicher durch dich.

Mitsch – So weit das schöne Herz, so groß dein Vertrauen. Du warst immer da. Hast mich immer gesehen. Hast immer zugehört. Tanti baci, bella mia. Wie schön, dass es dich gibt!

Sarah – Meine vorfreudige Schwärmerin. Was haben wir alles erlebt! Vom Plus Eins zur Klientin, zur Assistentin, zum Coach, zur Braut bis zur Freundin in der Brandung. Toll!

Tania Maria – Ich bin froh, dass ich nur ahne, was du alles wirklich weißt, sonst wäre ich längst umgefallen. Danke für deine Weisheit, deine Geduld, dein unfassbares Timing und all deine humorvolle Tiefe. Ich sage nur: Buuuch!

Herzlichen Dank auch an all die vielen wundervollen Corporate Clients. Durch eure Feedbacks habe auch ich viel gelernt, und so mancher ist mir dabei ans Herz gewachsen. Mein besonderer Dank geht an Eran Davidson, Mattias Frik, Ulrike Hasbargen, Marcus Höfl, Susanne Jäger, Katja Kahl, Conny Keller, Amelie Kern, Roman Köhne, Markus Link, Marko Müller, Christoph Schenk, Philipp Turowski und in bester Erinnerung: Mark Smith. Mit jeder und jedem hatte ich Magic Moments, ihr wart ein toller Spiegel. Danke für euer Vertrauen. Wie schön, dass es euch gibt!

ANHANG

VORWORT

Thimon von Berlepsch ist Magier und Hypnositeur. Er tourt mit seinen Shows regelmäßig durch Deutschland und bildet in Hypnose und Selbsthypnose aus. Sein zweites Buch «Update für dein Unterbewusstsein» war auf Platz 1 der SPIEGEL-Bestsellerliste.
https://thimonvonberlepsch.de

SATZ 3: ENTSCHULDIGUNG

Ben Furman: «Es ist nie zu spät, eine glückliche Kindheit zu haben», Borgmann Verlag 2013. Das Buch gehört zu den einhundert Meisterwerken der Psychotherapie.

SATZ 9: DAS VERZEIHE ICH MIR AM BESTEN GLEICH MAL SELBST

EDxTM steht für Energy Diagnostic and Treatment Method, ein bioenergetisches Coaching- bzw. Therapie-Verfahren, das davon ausgeht, dass psychische Störungen, wie zum Beispiel Ängste, mit energetischen Blockaden im Meridian-System zusammenhängen. Begründer ist Dr. Fred Gallo aus den USA.

SATZ 13: ICH BIN MIR NICHT SICHER, WAS DAS HEISST

Paul Watzlawick (1921–2007) war ein österreichischer Philosoph, Psychotherapeut und Kommunikationswissenschaftler, der auch die US-amerikanische Staatsbürgerschaft innehatte. Im deutschsprachigen Raum ist er besonders durch «Anleitung zum Unglücklichsein» bekannt geworden. Paul Watzlawick: «Anleitung zum Unglücklichsein», Piper Verlag 1983.

SATZ 15: WER MIT DEM FINGER AUF ANDERE ZEIGT, ZEIGT DABEI MIT DREI FINGERN AUF SICH

Friedemann Schulz von Thuns Modell ist unter vielen Namen bekannt: Vier-Seiten-Modell, Nachrichtenquadrat, Vier-Ohren-Modell, Kommunikationsquadrat. Erstmals vorgestellt hat er es in seinem Buch «Miteinander Reden», Band 1, Rowohlt Taschenbuch Verlag 1981.

SATZ 16: ICH KANN ES MIR NICHT LEISTEN, DAS NICHT ZU TUN

Bronnie Ware ist eine australische Autorin und Songwriterin. Ihr Buch *The Top 5 Regrets Of The Dying* hat in kürzester Zeit den Weg vom Blogartikel zum Weltbestseller geschafft. Bronnie Ware: «Fünf Dinge, die Sterbende am meisten bereuen», Arkana 2013.

SATZ 22: «ICH WEISS NICHT» HEISST IMMER «NEIN»

Yoda zu Luke Skywalker in Episode V, «Das Imperium schlägt zurück», Kapitel 31: «There is no Try.»

SATZ 23: ES TUT MIR LEID, WENN ICH DEN EINDRUCK VERMITTELT HABE, DASS SIE MIT MIR SO SPRECHEN KÖNNEN

«Am meisten Vorbereitung kosten mich immer meine spontan gehaltenen Reden.» Zitat von Sir Winston Leonard Spencer-Churchill. Schriftsteller, Nobelpreisträger für Literatur, Politiker und zweimaliger britischer Premierminister.

SATZ 25: DAFÜR WILL ICH MIR JETZT KEINE ZEIT NEHMEN

Lothar J. Seiwert ist Speaker und Autor zahlreicher Bücher, in denen es überwiegend um Zeitmanagement geht. Bekannt wurde er vor allem durch die Gemeinschaftsproduktion mit Werner Tiki Küstenmacher: «Simplify your life», Campus 2001.

SATZ 42: DAS NEHME ICH MAL LIEBER NICHT PERSÖNLICH

Kara Johnstad ist neben dem Dalai Lama die Einzige, die im Buch ihren eigenen Namen behalten hat. In Berlin-Zehlendorf gibt sie tatsächlich Gesangsunterricht, ist eine fantastische Sängerin und Inhaberin der *School of Voice*. https://karajohnstad.com

SATZ 45: ICH HABE KEINE AHNUNG, DESHALB MACHE ICH DAS JETZT MAL

Petra Bock: «Mindfuck – Warum wir uns selbst sabotieren und was wir dagegen tun können», Knaur 2011.

NDR Talkshow: Interview mit dem Schauspieler Sabin Tambrea. 12.03.2021, Moderation: Hubertus Meyer-Burckhardt. https://www.youtube.com/watch?v=e5j6ff51gxM

SATZ 47: DU HAST IMMER DIE WAHL

Clemens Kuby ist ein deutscher Dokumentarfilmer und Autor. «Unterwegs in die nächste Dimension» heißt sowohl einer seiner Filme als auch eines seiner ersten Bücher. Er berichtet darin über die Heilung seiner Querschnittslähmung und über Reisen zu Heilern und Schamanen. Clemens Kuby: «Unterwegs in die nächste Dimension», Kösel Verlag 2003.

Laura Malina Seiler ist eine deutsche Bestsellerautorin, Life-Coach, Speakerin und Podcasterin. Mit ihrem #1-Podcast *happy, holy & confident* hat sie im deutschsprachigen Raum eine moderne spirituelle Bewegung ins Rollen gebracht. https://lauraseiler.com

UMSETZUNGSRIESEN VOR!

Vielen Dank für die überwältigende Resonanz zum Buch! Über drei Jahre sind die 50 SÄTZE nun schon auf der Welt, und fast genauso lang berichten Menschen auf allen möglichen Kanälen von ihrem Durchbruch und von Magic Moments, in denen einer der Sätze mal wieder Wunder gewirkt hat. Weil die Nachbarin ihr Fahrrad dann plötzlich doch umgeparkt hat, der Schwiegervater das Sticheln auf einmal sein lassen kann oder der Chef einen seit Neuestem ausreden lässt. Herrlich! Genauso war's gedacht mit dem Buch: Satz und Sieg! So viele unterschiedliche Erfolgsgeschichten haben uns erreicht, dass wir gerne ein paar zeigen möchten. Welcher Satz hat Sie so richtig inspiriert?

«Sorgen sind genauso sinnvoll, wie sich ein Pflaster aufzukleben, bevor man sich geschnitten hat» ließ mich neulich in der Notaufnahme völlig ruhig werden. Ich war sofort fokussiert, konnte meinem Vater helfen und mit den Ärzten alles souverän klären. Die bewusste Entscheidung, wie ich mit meinen Gedanken und Emotionen umgehe, hat mein Leben grundlegend verändert und erleichtert. – **Alexandra**

«Ich glaube, das ist dein Thema» hat mich gestern wieder mal weitergebracht. Früher wäre ich beleidigt gewesen. Jetzt sage

ich das einfach mal. Nach Verwirrung beim Gegenüber, habe ich die Situation souverän verlassen. Außerdem liebe ich den Satz «Zweifeln ist keine Option!». Eine tolle Abkürzung aus negativen Gedanken. – **Jasmin**

Mein Mann wollte mir neulich seine «Baustelle» übertragen. Ich habe ganz ruhig gesagt: «Sorry, da fühle ich mich nicht zuständig», und habe den Ball an ihn zurückgegeben. Er war verwirrt, ich war stolz. Ich werde immer besser darin, klar und souverän meine Grenzen zu setzen. – **Caro**

Ich arbeite als Krankenschwester in einer Klinik und hatte eine unangenehme Situation mit einem Patienten. Mir kam sofort «Wer mich ärgert, bestimme immer noch ich» in den Kopf. Das hab ich dann einfach laut ausgesprochen. Erst haben alle verblüfft geguckt, und dann haben wir gelacht. Es fühlte sich richtig gut an. – **Angie**

Neulich bekam ich eine E-Mail, in der ich als schrecklicher Mensch bezeichnet wurde. Ich habe dem Absender mit einem herzlichen «Gute Besserung» geantwortet und bekam daraufhin mehrfache Entschuldigungen zurück. Das zeigt, wie mächtig Karins Sätze und eine andere Haltung sein können. Ich bin begeistert! – **Sylke**

«Im Moment treffe ich mich am liebsten mit mir selbst». Der Satz klang erst mal merkwürdig, doch auf den zweiten Blick sehe ich, dass er mir guttut. Ich brauche gerade Abstand von Menschen, um Raum zum Atmen zu haben. – **Petra**

Früher konnte ich meine Bedürfnisse nicht ausdrücken, ohne ein schlechtes Gewissen zu haben. Jetzt sage ich oft: «Ich mache das nicht gegen dich, ich mache das für mich!» So nehme ich vielen Situationen den persönlichen Stachel und bleibe bei mir. – **Dani**

Neulich war ich bei einem Familienfest. Als mein homophober Onkel wieder mit seinen Reden anfing, habe ich gesagt: «Es tut mir leid, wenn ich den Eindruck vermittelt habe, dass du so mit mir sprechen kannst. Kannst du nämlich nicht.» Da war er zum ersten Mal still. Den ganzen Abend lang, und ich war so erleichtert. – **Robert**

Ich bin Ärztin und liebe meinen Beruf, auch wenn es dort vieles gibt, was ich tun «muss». Karins Satz «Wollen ist wie müssen, nur freiwillig» hilft mir, das Ganze in ein anderes Licht zu rücken. So fühlt sich meine Arbeit leichter an, weil ich verstehe, dass ich diese Aufgaben eigentlich ja will, auch wenn es mal anstrengend ist. – **Daniela**

Neulich sagte ich zu meinem Partner: «Du hast recht, UND ich teile deine Meinung nicht.» Zuerst war er verwirrt, dann hat er gelacht und meinte, diesen Satz müsse er sich tätowieren lassen. Ein großes Kompliment an Karins Sätze! – **Mareike**

Meine 8 Jahre alte Tochter hatte gerade ihren Durchbruch in der Schule. Bei einem Lehrer, der sie nie ausreden lässt, meinte sie plötzlich souverän: «Ich bringe das erst mal zu Ende.» Er hat sie dann tatsächlich ausreden lassen, und die ganze Klasse hat geklatscht. Seitdem wurde sie nie wieder unterbrochen. Wir sind so froh! – **Bianca**

MEHR AUS KARIN KUSCHIKS WELT?

BLÄTTERN SIE MAL UM!

EXKLUSIV FÜR LESER*INNEN: DIE KOSTENLOSE MEDITATION ZUM BUCH

Für alle, die Lust auf einen mentalen Booster haben, kann diese geführte Meditationsreise eine wunderbare Unterstützung sein. 15 Minuten Augen zu und Ohren auf, damit es noch leichter ist, innere Souveränität verlässlich abzurufen.

MEIN GESCHENK FÜR SIE!

MEDITATION

DAS MERK ICH MIR!